〜法律構成の違いがわかる！〜

依頼者の属性別

弁護士が知りたい
キャッシュレス決済
のしくみ

金子宏直

［編著］

第一法規

は　し　が　き

　日本は、先進国の中でも現金の利用が根強く、キャッシュレス化が進んでいないといわれています。編者の参加する法とコンピュータ学会では、2019年に政府によるポイント還元キャンペーンの実施に合わせて、キャッシュレス決済をテーマとする研究大会を開催しました。そこでの論点は多岐にわたり、半日では議論し尽くせないことを痛感しました。その後も、2020年より改正債権法が施行され、オンライン取引の法環境にも変化が進み始めています。また、銀行法、割賦販売法、資金決済法等の一部改正などにより、キャッシュレス決済を取り入れた新たなサービスへのみちが拓かれようとしています。そこで、急速に進展・複雑化するキャッシュレスに係る法律全体をカバーする新たな書籍があればと考えました。

　日本は、独自の規制が多いことを紋切り型に「○○のガラパゴス」ということがあります。しかし、法によって社会の安定、取引の安全、消費者と事業者にとって使いやすい制度を実現するのは、立法者だけではなく、実際に法律問題に対応する実務家の活躍に大きくかかっています。

　キャッシュレス決済をめぐる法的問題は、複雑な業法の理解とともに横断的な視点も取り入れた丁寧な論点の洗い出しも必要です。

　本書は、弁護士をはじめとする実務家の方々の手元に置いて、実務に役立てていただけるよう、キャッシュレス決済を利用する「消費者」、導入する「店舗」、サービスを提供する「事業者」といったそれぞれの依頼者の視点から、コロナの状況下でも普及が進むキャッシュレス決済に係る多様な問題を整理した書籍です。目次、項目の内容を要約したリード文、キーワードから調べたい項目を選んで、その項目だけを読んでも分かりやすいように各項目をその分野の専門家に執筆していただいています。

　また、より広い視野から便利で安心できるキャッシュレス決済の発展にとって大切な項目を今後の課題として取りあげました。

　そして、各項目のように法的論点の説明とは別に、外国のキャッシュレス事情、成年後見や子どもの金銭教育についてコラムを収録しました。いずれ

i

のコラムも興味深い話かと思います。

　編者として甚だ力不足でご迷惑をおかけしたことも多かったかと思います。企画書だけのお願いにもかかわらず執筆を快くお引受け頂いた先生方にお礼を申し上げます。

　最後に、第一法規株式会社には、法とコンピュータ学会の事務局としてコンピュータやインターネットに係る法律の学際的研究活動を支えて頂いています。編集部の藤本優里氏、秀嶋紗千子氏には、本書の企画段階の相談から、項目の検討、編集の細部に至るまでご尽力を頂きました。さらに、本書のテーマをイメージした素敵なカバーをデザイナーの篠隆二氏に作成いただきました。ここに感謝申し上げます。

2021年9月1日

金子宏直

凡　例

1．内容現在

　本書は、2021年8月1日内容現在にて執筆・編集をしています。

2．裁判例の書誌情報事項の表示

　原則として第一法規株式会社の判例情報データベース「D 1-Law.com 判例体系」の検索項目となる判例IDを〔　〕で記載しています。

　　例：最判平成23年9月20日民集65巻6号2710頁〔28174063〕

判例出典略語

民集	最高裁判所民事判例集
刑集	最高裁判所刑事判例集
高刑集	高等裁判所刑事判例集
判タ	判例タイムズ
判時	判例時報
金融法務	金融法務事情

法令名略語

資金決済法	資金決済に関する法律
資金決済法施行令	資金決済に関する法律施行令
出資法	出資の受入れ、預り金及び金利等の取締りに関する法律
特商法	特定商取引に関する法律
独占禁止法	私的独占の禁止及び公正取引の確保に関する法律
景品表示法	不当景品類及び不当表示防止法
個人情報保護法	個人情報の保護に関する法律
改正前民法	平成29年6月2日法律第44号改正前民法

商標について

　下記の各社登録商標、商標をはじめ、本書に記載されている製品名及びサービス名は、各社の登録商標、商標又は商品名です。なお、本文中ではこれらについて®、TMなどのマークを省略しています。

- ・Android、Chrome、Gmail、Googleは、Google Inc.の商標です。
- ・LINE、LINE Cash、LINE Credit、LINE Pay、LNE ScoreはLINE株式会社の商標又は登録商標です。
- ・PayPayは、Zホールディングス株式会社の登録商標です。
- ・QRコードは、株式会社デンソーウェーブの登録商標です。

目次

~法律構成の違いがわかる!~

依頼者の属性別 弁護士が知りたい

キャッシュレス決済のしくみ

スマートフォンの操作が苦手で、○○ペイを使えない人や、銀行口座やクレジットカードがもてないために現金払いをせざるを得ない人に対して、どのような選択肢を示せるでしょうか。

法律の中には、支払の方法として金銭での支払を明確に定めているものがありますが、このような法律の規制は、キャッシュレス決済の場合にはどのようになるのでしょうか。

キャッシュレス決済の支払が滞ったときに利用者はどのような対応が必要でしょうか。また、利用者のキャッシュレス残高やポイント残高も強制執行の対象になるのでしょうか。

２．加盟店

加盟店になるにはどのような条件があるでしょうか。手数料の支払やキャッシュレス決済の機器の利用、知的財産権についてどのような注意が必要でしょうか。売上げが減った場合や加盟店をやめたい場合はどうすればよいでしょうか。

電子マネーやスマートフォンのアプリ決済の導入にあたり、デビットカードやクレジットカード等と法律上どのような違いがあるでしょうか。キャッシュレス決済と割賦販売はどのような関係にあるのでしょうか。

災害などで停電した時や、店舗の機器やアプリが故障した場合に、取引は正常に行われているのでしょうか。また、誤った代金の請求や消費者から返品を求められた場合、どのような対応ができるでしょうか。

決済事業者が破綻したときに、加盟店は、代金の支払を受けられますか。また、キャッシュレス利用者の支払は有効なのか、プリペイド式の場合の返金や、貯めたポイントにはどのように対応したらよいでしょうか。

3．決済事業者

第3章　キャッシュレス社会の法的課題

第1章

総　論

1 | キャッシュレス社会の現状

日本では、現金の利用が根強く、ATMをはじめ、現金決済のインフラ維持の
コストは非常に高くなっています。日本でキャッシュレス化が普及していくには
何が必要でしょうか。

KeyWord 銀行法、資金決済法、割賦販売法、ガイドライン、ポイント、
クレジット、暗号資産、フィンテック、API、バリアフリー、
サステナビリティ

[1] キャッシュレスの現状

　日本では現金の利用が根強く、いわゆるタンス預金の金額は、2020年12
月末時点で101兆円に及び過去最高になっています[1]。キャッシュレス決済
は先進国では60%以上に及ぶものの日本では30%ほどといわれます。2020
年に始まった新型コロナウイルス（COVID-19）感染症の世界的感染拡大の
対策として、キャッシュレス決済は新しい生活様式の1つとしての意義が高
まっています。

　キャッシュレスの推進は現金決済コストの削減、人手不足への対応、外国
人観光客のインバウンド需要の取り込みなど、複数の目的をあわせもってい
ます。経済産業省は、2013年度から商店街まちづくり事業として、全国22
の地方商店街で決済端末導入に係る端末費用・工事費用の補助、地方創生交
付金により全国6地域の自治体でプレミアム付商品券事業の実施等とあわせ
た決済端末費用の補助等を行い、地方経済振興、観光振興の一環としてキャ
ッシュレスを推進してきました。

　そして、2019年には消費税率引上げに伴う需要平準化対策として、経済
産業省によるキャッシュレス決済の利用高に応じたキャッシュレス・ポイン
ト還元キャンペーンが2020年6月まで行われました。また、マイナンバー
カードには現在決済機能はありませんが、マイナンバーカードの普及に向け

て、カード取得者や家族名義の交通系カードや電子マネーなどのキャッシュレス決済にポイント還元が行われています（ポイント還元は2021年12月末まで予定）。

　一般社団法人全国銀行協会「2020年版決済統計年報」によると、ATM設置店舗数は2万7159件、ATMは9万7895台設置されています。日本の金融機関はこれらのインフラの維持に大きな投資をした一方で、決済サービスの適正な対価を得てこなかったともいわれています[2]。近年は、インターネット・バンキングの強化や通帳のデジタル化等により現金決済インフラの維持コスト削減を進めています[3]。

　それに対して、銀行以外の資金決済業、決済の反対側にある流通、Eコマース等モノやサービスの取引企業、フィンテック企業、消費者とサービスをつなぐ通信事業者やSNS系企業が参入することで、キャッシュレス決済が急速に発展しています。

　「情報通信白書令和2年版」[4] によると、2019年におけるインターネットで購入する際の決済方法（複数回答）のうちキャッシュレス決済にあたるものは、クレジットカード払いは79.7%、インターネット・バンキングやモバイル・バンキングによる振込みは17.7%、通常料金プロバイダ利用料金上乗せによる支払（キャリア払い）は16.8%、電子マネーによる支払（楽天Edy、Suicaなど）は15.5%です。これに対して、現金払いに関連する決済としてコンビニエンスストアでの支払は40.5%、代金引換は25.2%、銀行・郵便局の窓口・ATMでの振込み・振替は24.6%と依然高い割合です。

　決済（資金）は、国庫制度を除けば、最終的には日銀ネット当預系を利用します。払込み等は全銀ネット、決済事業者及び金融機関により行われ、口座引落し、クレジットカードは金融機関により行われるため最終的には日銀ネット当預系を利用します[5]。

　新しいキャッシュレス決済において、何らかの価値を表すトークンという概念やブロックチェーン技術等が重要な役割を果たします。このことにより、情報のやりとり自体を規制対象とせず、実社会の金銭、商品のやりとりの段階で規制することでイノベーションと法的規制を調和することができていま

す[6]。

［2］キャッシュレスの種類

　キャッシュレス決済は大きく分けて、前払い（プリペイド）方式、即時払い方式、後払い（ポストペイ）方式の3つがあります[7]。まず、前払い方式については、資金決済法により前払式支払手段と呼ばれ、発行者から物品、借受け、サービスの提供を受けその代価の弁済に使用できる自家型前払式支払手段（資金決済法3条4項、5条、6条）とそれ以外の第三者型前払式支払手段（同法3条5項、7条〜12条）に分かれます。

　次に、即時払い方式については、デビットカード等の銀行口座から引落しや払込みなど銀行法（昭和56年法律59号）（2条2項2号）による為替取引にあたるものと個人間送金の場合にもみられる決済事業者による資金移動（資金決済法2条2項）や収納代行等があります。

　2020年の資金決済法改正（令和2年法律50号、令和3年3月19日政令52号により令和3年5月1日から施行）では、100万円を超える高額送金を取扱い可能な類型（第一種）（資金決済法36条の2第1項）は認可制として創設され、100万円まで取扱い可能な類型（第二種）（同条2項、資金決済法施行令12条の2第1項）は登録制として維持し、5万円以下の資金移動については少額類型（第三種）（同条3項、資金決済法施行令12条の2）としています。

　いわゆる収納代行のうち、「割り勘アプリ」は資金移動業の規制対象として明確化されましたが、宅配業者の代金引換え・コンビニの収納代行は、これまで利用者保護上の重大な問題は指摘されていないとして、特に規制はありません。

　そして、後払い方式については、クレジットカード（その他の物又は番号その他の符合）に代表される信用支払については割賦販売法（昭和36年法律159号）が定めています[8]。割賦販売は2か月を超える支払の場合であり（同法2条1項1号）、一括及び2か月以内の1回払い（マンスリークリア）は割賦販売とは扱われません（同法35条の16第2項）。

　2020年の割賦販売法の一部改正（令和2年法律64号、令和2年12月16日

政令351号により令和3年4月1日から施行）により、極度額が10万円以下の登録少額包括信用購入あつせん業者（35条の2の3〜35条の3、割賦販売法施行令24条）と経済産業省令で定める基準に適合する算定方法による包括支払可能見込額の調査に代わる各社の与信審査手法を用いる事業者として認定を受けた認定包括信用購入あつせん事業が新設されました（同法30条の5の4）。

　暗号資産もショッピングなどの支払・資金決済に利用されるようになっています。「情報通信技術の進展に伴う金融取引の多様化に対応するための資金決済に関する法律等の一部を改正する法律」（令和元年法律28号、令和3年3月19日内閣府令11号により令和3年5月1日から施行）で、従来の仮想通貨の名称から暗号資産へ変更されました[9]。暗号資産交換業（資金決済法2条7項）は登録が必要であり、利用者保護とマネー・ローンダリング対策のため取引時の本人確認などが義務付けられています。

［3］ポイント・クーポン、新しいサービス

　ポイントの法的な定義はありません。ポイント発行について対価を支払うのではなく、発行者が利用者に対して優待や特典の一種として付与するもので、年会費に応じてポイントの付与率が高くなるなどの違いもあります。これに対して、利用者が対価を支払って発行されるものは前払式支払手段にあたり、資金決済法の対象になります。

　特典等であれば景品類について規制する景品表示法（昭和37年法律134号）との関係を考える必要があります[10]。

　「景品類」とは物品、金銭その他の経済上の利益とされています（景品表示法2条3項、「不当景品類及び不当表示防止法第二条の規定により景品類及び表示を指定する件」昭和37年6月30日公正取引委員会告示3号、改正平成21年8月28日公正取引委員会告示13号等）。1ポイント1円など価格が明示され、次回、自社商品の値引きに用いられるポイントは、値引きとして位置付けられています。自社商品の値引きに用いられ得るポイントが、同時に同価値の他社商品・役務の値引きに用いられる場合には、原則として総

付景品の上限規制（「一般消費者に対する景品類の提供に関する事項の制限」（昭和52年３月１日公正取引委員会告示５号等））にはかかりません。ポイントが付与されない商品・サービスに付与されるように表示する場合は、有利誤認とされる可能性がありますので注意が必要です（景品表示法５条３号）[11]。

　前払支払手段に関連して、決済事業者が利用者の資金残高に利息に相当するようなポイントを付与する場合には、為替取引に用いられる見込みがない資金の受け入れに該当するおそれがあります（資金移動業者に関する内閣府令30条の２）。また、事務ガイドライン（資金移動業者）によれば、出資法（昭和29年法律195号）の預り金規制に触れる可能性があるとされています[12]。

　キャッシュレス決済は、主に資金決済法、銀行法、割賦販売法により規制されています。他業種からの新規参入やフィンテックの発展により、規制のないサービスや複数規制に関わるサービスも現れてきています。この点に関連して、2018年施行の改正銀行法11条１項は、銀行など金融機関がフィンテック等の電子決済等代行業者が利用者から口座情報等を取得しなくても、金融機関に係る電子決済等代行業等ができるように努力義務を定めました。具体的には金融機関のAPI（アプリケーション・プログラム・インターフェイス）をフィンテック事業者が利用できるようにしていくこと等が必要になってきます。今後、キャッシュレス決済で付与されるポイントを利用した少額投資等以外にも、新しいサービスが現れたときに必要な規制について、貸金業法、出資法、金融商品取引法等を含め法律の調整が必要になります[13]。

　さまざまなサービスが相互に接続して利用ができるようになると、消費者のスマートフォンのアプリやワレットを利用した決済や支払い手段を選択する際に誤りを防止する対策や、誤りが起きた場合の問題について民法等の議論も必要になります。

［4］キャッシュレス決済と安全・安心

　キャッシュレス決済の普及を進めるには、利便性のみならず安全と安心の確保が不可欠です。㉛が決済事業者に、㉚が加盟店に、㉝が消費者に求められる事項として整理してみます。各事項の後に本書の関連する項目を表示し

てあります。

ア　情報の提供と管理……㈱㈭

　決済事業者や加盟店は、キャッシュレス決済についての説明や安全管理が求められています。書面に代えて電子的な情報で利用者に提供することも必要になります。前払式支払手段に関しては、利用者保護の見地から必要な情報（資金決済法13条１項）をインターネット等で提供でき、（前払式支払手段に関する内閣府令（平成22年内閣府令３号、令和３年内閣府令11号による改正）21条２項）、後払式支払手段に関しては、割賦販売業者は利用者に交付が必要とされる書面を利用者の承諾を得てインターネット等で提供できます（割賦販売法４条の２）。また、暗号資産交換業者は、暗号資産交換業者に関する内閣府令に従い暗号資産の性質に関する説明、手数料その他の暗号資産交換業に係る契約の内容について情報の提供する必要があります（資金決済法63条の10）。

　情報の安全管理については、前払式支払手段及び資金移動業に関して情報の漏えい、滅失又は毀損の防止その他の当該情報の安全管理のために必要な措置を講じる義務があります（資金決済法21条、49条）。なお、暗号資産交換業者は資金決済法63条の８が定めています。

　また、クレジットカード番号の情報漏えいリスクに対する懸念が高まっています。クレジットカード情報の保護に関して、割賦販売法は適切な管理と改善命令を定めており（割賦販売法35条の16、35条の17、改善命令に違反した場合の罰則は51条の６第５号）、カード情報の漏えいや不正入手には罰則が定められています（同法49条の２）。加盟店にも十分な管理が求められており、事業者の具体的な対応などに関するガイドライン等も定められています[14]。

　〔本書 2-1(4)、(5)、2-2(1)、(2)、2-3(3)、(4)、3-1〕

イ　キャッシュレス・リテラシーの向上……㈡㈭

　消費者や加盟店は、キャッシュレス決済に使用するアカウントのID・パ

スワード、銀行口座の暗証番号等を第三者に容易に推測できないように設定し管理することが必要です。キャッシュレス化とともに通帳や明細書の電子化が進められており、利用者である消費者側でも自分が行った取引の履歴や、暗号資産交換業者に預けている金銭や暗号資産の残高を確認することが重要です。これらの取引履歴等の情報がトラブル発生時の証拠として必要になります。

同様のことは加盟店にもあてはまります。

［本書 2-1(1)、(2)、(4)、(7)、 2-2(1)、(3)、(6)］

ウ　苦情処理、紛争の解決……(消)(決)(加)

消費者保護の観点からは、苦情処理や紛争の解決に対する事業者の取組みも重要です。前払式支払手段発行者に対しては、利用者からの苦情の適切かつ迅速な処理のために、必要な措置を講じることを義務付けています（資金決済法21条の３）。また、包括信用購入あつせん業者にも同様の義務があります（割賦販売法30条の５の２）。

法律上、苦情処理や紛争解決のための指定紛争解決機関には（銀行法52条の62、資金決済法99条)、一般社団法人全国銀行協会や一般社団法人日本資金決済業協会があります。一般社団法人日本暗号資産取引業協会は、東京弁護士会等の紛争解決センター・仲裁センターと協定を締結しています。

電子決済等代行業者については、利用者に対する誠実義務（銀行法52条の61の９）の一内容として苦情の適切な処理が求められると解されています[15)]。

そして、より迅速で簡便な解決方法として、オンラインによる紛争処理手続も導入されていくことが考えられます。

［本書2-1(1)～(4)、(7)、 2-2(3)、 2-3(3)］

エ　詐欺などの不正利用への対応……(消)(加)

キャッシュレス決済は、SNS等のコミュニケーションツールとの結び付きも強く、フィッシング等のメールやメッセージを受けとる危険性も高いです。

消費者も加盟店も、クレジットカード情報、キャッシュレス決済のアカウント情報、パスワード等の管理がより一層重要になってきます。

　クレジットカードや資金移動サービスの不正利用の場合の補償に関しては、統一的なルールはなく各事業者が約款に定める対応によっています。事業者団体が申し合わせガイドライン等の策定に取り組んでいます[16]。

　［本書 2-1(1)、(7)　2-2(3)、(6)、2-3(3)、(4)、3-1］

オ　事業者破綻への対応……�決㊎

　決済事業者が破綻することにより、決済を利用する加盟店と利用者だけではなく社会全体へ影響が及び、キャッシュレス決済への信頼にも関わります。銀行等が破綻した場合には預金保険法により保護されます。

　万が一の場合に備えて、前払式支払手段の発行を行っている決済事業者については、発行保証金の供託義務等があります（資金決済法14条〜16条）。資金決済事業者が破産した場合には、利用者は発行保証金から優先して還付を受けることができます（同法31条2項2号）。資金移動業者については、履行保証金の供託義務等があります（同法43条）。

　クレジット会社の倒産に関して、割賦販売法に規定はありませんが、新たに電子決済等代行業に関しては登録を要求し、電子決済等代行業社が破産した場合には、届出が必要とされています（銀行法52条の61の7第1項4号）。暗号資産交換業者が破産した場合も届出が必要です（資金決済法63条の20第1項2号）。

　加盟店は決済事業者からの払込みが数か月先になるような場合も多く、キャッシュレス決済手段を選択する際に決済事業者との契約に注意する必要があります。

　［本書 2-1(3)〜(5)、(10)、2-2(3)、(4)、2-3(1)、(2)、(5)］

カ　バリアフリー……�決㊎

　キャッシュレス決済が進み、生活に不可欠になるにつれて、高齢者や障がい者の利用が妨げられないようにしていく必要があります。総務省は情報バ

リアフリー環境の整備を進めており[17]、金融庁も金融機関の障がい者に関する取組みについて調査を行っています[18]。

　2021年5月12日にデジタル改革関連法が成立しました。それに先立ち「デジタル社会の実現に向けた改革の基本方針」（2020年12月25日閣議決定）の基本原則の1つとして「包摂・多様性」を挙げ、アクセシビリティ、高齢・障がい・病気・育児・介護と社会参加の両立を目指すとしています。キャッシュレス決済におけるバリアフリーへの対応が必要になってきます。

　［本書　2-1（8）、2-2（5）、3-2〜3-4］

キ　サステナビリティ……決加

　災害時にも強い、災害時にでも利用できるキャッシュレス決済のシステムが重要であるともに、加盟店でも災害時に対応できる手順などを策定しておくことが必要です。

　キャッシュレス決済があらゆるライフステージで利用可能になるためには、高齢化に伴う認知機能の低下や利用者の死亡後について決済事業者はよりよい対応を考えていくことが望まれます。これらの理由で、利用者がキャッシュレス決済手段のアカウントにアクセスできなくなる場合に関して、例外的な前払金の払戻し、クレジットカード払いのサブスクリプション契約の自動的解約等の実務的な対応や立法的な対応も必要になると考えられます[19]。

　［本書　2-1（6）、（7）、（9）、2-3（4）、3-1〜3-3、3-5］

（注1）　日本銀行「資金循環統計（速報）（2020年第4四半期）」2020年12月時点家計部門現金101
　　　　兆円、流動性預金540兆円
　　　　「日本銀行が17日発表した2020年10〜12月の資金循環統計（速報）によると、昨年12月
　　　　末時点で個人（家計部門）が保有する現金が、初めて100兆円を突破した。前年同期と比べ、
　　　　5.2%増の101兆円と過去最高となった。高齢者を中心に、自宅で現金を保管する『タンス
　　　　預金』を増やす傾向が強まっている」（読売新聞オンライン2021年3月17日）
（注2）　日本経済新聞「決済手段林立、日銀が警戒、『キャッシュレス』収益安定に課題」2019年
　　　　3月28日（朝刊）、日本銀行「決済システムレポート（2019年3月）」（https://www.boj.
　　　　or.jp/research/brp/psr/psr190327.htm/）。
（注3）　みずほ銀行の大規模なシステム障害は移行期に発生しました（2021年2月〜3月）。
（注4）　総務省『情報通信白書令和2年版』第5章第2節「ICTサービスの利用動向」（https://

www.soumu.go.jp/johotsusintokei/whitepaper/r02.html）。

（注5）　前掲（注2）6頁。

（注6）　暗号通貨と決済システムについては、井上哲也『デジタル円 日銀が暗号通貨を発行する日』日本経済新聞出版（2020年）。

（注7）　千葉惠美子編『キャッシュレス決済と法規整―横断的・包括的な電子決済法制の制定に向けて』民事法研究会（2019年）、「《特集》キャッシュレス社会の法」法とコンピュータNo.38（2020年）。

（注8）　阿部高明『逐条解説 割賦販売法〈第Ⅰ巻〉』青林書院（2018年）。

（注9）　増島雅和＝堀天子編著『暗号資産の法律』中央経済社（2020年）、河合健ほか編著『暗号資産・デジタル証券法』商事法務（2020年）。

（注10）　https://www.caa.go.jp/policies/policy/representation/fair_labeling/premium_regulation/

（注11）　経済産業省「企業ポイントの法的性質と消費者保護のあり方に関する研究会報告書」（2009年）30頁。

（注12）　金融庁「事務ガイドライン第三分冊：金融会社関係（14．資金移動業者関係）Ⅱ－2－2－1－1（5）（注）」。

（注13）　法律以外により詳しい問題に対応するためガイドラインが定められています。金融庁「事務ガイドライン第三分冊：金融会社関係（5．前払式支払手段発行者関係）、（14．資金移動業者関係）、（16．暗号資産交換業者関係）」があります。

（注14）　一般社団法人全国銀行協会「インターネット・バンキングにおける預金等の不正な払戻しについて」（2016年6月14日）（https://www.zenginkyo.or.jp/news/2016/n6389/）、クレジット取引セキュリティ対策協議会「クレジットカード・セキュリティガイドライン【2.0版】〈公表版〉」（2021年3月10日）（https://www.j-credit.or.jp/security/pdf/plan_2021.pdf）、及び、一般社団法人日本資金決済事業協会「資金移動サービスの不正利用防止に関するガイドライン」2021（令和3）年4月2日（https://www.s-kessai.jp/cms/topics-news/topics-detail/267）参照。

（注15）　金融庁「『銀行法施行令等の一部を改正する政令等（案）』に対するパブリックコメントの結果等について」の（別紙1）「コメントの概要及びコメントに対する金融庁の考え方」参照。

（注16）　一般社団法人全国銀行協会は、「『預金等の不正な払戻しへの対応』について」を2008年2月19日に公表しています。一般社団法人キャッシュレス推進協議会は「コード決済における不正利用に関する責任分担・補償等についての規定事例集（利用者向け利用規約）」を2019年8月30日に公開しています。

（注17）　https://www.soumu.go.jp/main_sosiki/joho_tsusin/b_free/b_free1.html

（注18）　金融庁「障がい者団体と金融機関関係団体との意見交換会」（2019年6月12日）、「障がい者等に配慮した取組みに関するアンケート調査の結果について」（2019年8月2日）及び同（2020年11月6日）。

（注19）　アカウントの譲渡相続ができないにもかかわらず相続人が解約できないために被相続人死亡後発生する利用実態のない定期料金の支払請求は公序に反し無効と考えられる。

〔金子宏直〕

2 | 弁護士を取り巻く諸課題

新しい決済サービスの登場は、利便性を増す反面、消費者、加盟店、決済事業者の直面する問題も日々新しくなります。弁護士には最新のサービスの知識と専門的な知識が求められるようになっています。

KeyWord ライフステージ、登録、職務基本規程、デジタル証拠、情報の保全、成年年齢引下げ、特殊詐欺、成年後見

[1] 技術リテラシー

　技術は急速に進歩して、子どもの頃からインターネットに慣れ親しむデジタルネイティブ世代が弁護士実務に携わるようになっています。シニア世代もICTをさらに実務に取り入れていく必要があります。最新のデジタル機器への慣れ不慣れは個人差があり、すべてに習熟するのはとても無理です。しかし、法律実務に携わる弁護士には、法律の情報更新と技術（テクノロジー）の知識の更新が普段から必要になります。

　デジタル社会に関する直接の条文はありませんが、日本弁護士連合会の弁護士職務基本規程７条（研鑽<ruby>研鑽<rt>けんさん</rt></ruby>）には、「弁護士は、教養を深め、法令及び法律事務に精通するため、研鑽に努める」と定められています。技術についても教養の一部になるでしょう。

　社会から、トラブルが発生すると法律の対応が遅い、不十分だ、法的規制をするべきといわれることも多いと思います。

　ビジネスは他社がやらないところをみつけて、新しい方法で業務をするのですから、従来のままでは対応できないのはある意味で必然的でしょう。特に、ICTを活用するビジネスは、新しい技術を開発、応用しますから、広まるのも非常に速いです。あらかじめ規制を用意するのは難しく、逆にあらかじめ広範な法律規制をすることは、新しいビジネスの芽を摘みイノベーショ

ンを妨げることになります。技術の進歩と適正な法整備の橋渡しをするのも弁護士の重要な役割になります。

［2］事業の統廃合

　キャッシュレス決済の分野には、金融とは無関係だった他業種からの参入も多くなっています。少額の後払式決済に関連する法改正等も、こうした新規参入を促進することに役立ちます。新規に事業を開始する場合もあれば、既にある決済事業者の事業を買収することで、キャッシュレスサービスの統廃合も進みます。決済を利用していた利用者の個人情報等はそのまま合併や事業譲渡された事業者に引き継がれることもあります。利用者及び個人情報を集めることを背景にした事業買収もこれからのビジネスでは必要とされるからでしょう。

　利用者からみれば、個人向けサービスの変更が行われることも多いですが、その際の約款の変更にも気付かないことが多いと思われます。これらの約款をすべて保存することは期待できません。消費者に一方的に不利益になる変更が行われる場合には、消費者法の観点から約款の効力を議論する必要があります。

［3］事業者の登録情報の確認

　キャッシュレス決済に係る事業を行うには、資金決済法、割賦販売法等により事業者の登録等が義務付けられています。登録に基づいて業務の監督が行われます。そこで、依頼者からの相談が、どの事業に係るのか、必要な登録の種類を確認することが必要です。

　依頼者が加盟店や消費者である場合には、キャッシュレス決済の事業者に万が一事業に関して登録がない、又は、登録されて認められた事業の範囲を超えた部分がある場合は、違法の可能性があります。決済事業者が廃業する場合にもその旨の登録がされます。その際には払戻しなどの必要な手続をする必要があります。

ア　前払式決済手段

　金融庁への登録が必要なものとして、以下があります。第三者型前払式支払手段の事業者（資金決済法7条）、資金移動業者（同法37条）、暗号資産交換業者（同法63条の2）、外国暗号資産交換業者（同法63条の22）などです。

　一方で、事業や業務を廃止した場合には、登録は効力を失います。第三者型発行者の業務廃止の届出（同法33条2項）、資金移動業者の廃止の届出（同法61条2項）をする必要があります。違反した場合の罰則については、登録をしない場合、変更登録をしない場合（同法107条）、登録の届出書若しくは添付書類等で虚偽の記載をした場合などがあります（同法112条）。

イ　即時払決済手段

　銀行業については免許が必要です。それ以外に金融庁への登録が必要なものとして、電子決済等代行業が該当します（銀行法52条の61の2）。廃業の届出についての定めがあります（同法52条の61の7）。違反した場合の罰則については、登録をしない場合、変更登録をしない場合（同法61条）、虚偽の記載をした場合などがあります（同法63条）。

ウ　後払式決済手段

　経済産業省への登録が必要なものとして、以下があります。包括信用購入あつせん業者（割賦販売法31条）、登録少額包括信用購入あつせん業者（同法35条の2の3）、個別信用購入あつせん業者（同法35条の3の23）があります。廃止の届出に関しては、登録包括信用購入あつせん業者（同法35条）、登録少額包括信用購入あつせん業者（同法35条の3による26条の準用）、個別信用購入あつせん業者（同法35条の3の35による26条の準用）などです。違反した場合の罰則についての定めがあります（同法49条）。

[4] 取引情報の保全

　多発しているSNSをめぐる誹謗中傷事件では、投稿を記録・保存するこ

とが必要です。キャッシュレス決済でもトラブルが起きた早い段階で、依頼者の取引に関わる電子的記録を保存することが必要です。

依頼者が、消費者か加盟店か事業者かで、情報の保全の規模、手間やコストに大きな違いがあります。

依頼者が、消費者の場合には、電子的記録が消去される前にできる範囲で保存をするように指示をする必要があります。その際、他に方法がなければスマートフォン等の画面を別のカメラで撮影するのでもよいです。電子的な情報を保全する作業の出発点です。

日本では、デジタル情報の証拠（デジタル証拠）は、そのままでは裁判所では証拠調べされることは、ほとんどありません。こうして集めた記録をとりまとめて書証として証拠調べをしますので、電子的記録をプリントアウトしても、画面を撮影した写真と内容を文書化して説明するのでもよいでしょう。弁護士がまずやることは、取引記録がなくなる前にを保存することが第一歩です。

依頼者が大きな事業者の場合には、依頼者のシステム技術者や管理者と協力して、専門家に情報や記録の保存を迅速かつ確実に行う必要があります。情報の記録には３か月といった保存期間が定められている場合がありますので少なくともその期間内の情報については確実に保存する必要があります。

依頼者が加盟店で中小事業者・個人事業者の場合には、システム部門の技術者がいない場合も多いでしょう。可能な方法で記録の保存を行うように心掛ける必要があります。パソコンで操作画面等が表示できてPDF出力ができるようなシステムの場合には、PDFで出力し、画面のURLや日付日時が同時に記録される方法をとることが望まれます。そのようなシステムではない場合には、消費者の場合のように画面を撮影することも考えられます。

依頼者が決済事業者の場合には、中小事業者であってもシステムの技術者、管理者がいないこと自体が法律上の問題があるかもしれません。もしも十分な技術者がいない場合には、外部の専門家に協力を求める必要があります。

これらの場合に、弁護士は、それらの技術者と協力して適切な情報の保全を進めるようにすることが望まれます。

[5] 消費者からの相談

ア 決済と物品取引

　キャッシュレス決済のトラブルは、オンラインショッピングの決済の場合に起きることも多いでしょう。その場合、トラブルの内容が、決済についての問題なのか、物品のやりとりについての問題なのかで適用される法律が異なります。消費者が決済と物品のどちらの問題で困っているのかを、法律相談の段階で明らかにする必要があります。また、両方を問題にしていることもあり区別が困難な場合もあるでしょう。

　近時の特商法の一部改正（令和3年法律72号）では、消費者への書類の交付義務を電子的な方法に置き換えることができるようになります。（改正法4条2項、3項）（公布日令和3年6月16日から2年を超えない日に施行）。少額のキャッシュレス決済でも消費者へは電子的記録のみで書類は一切渡されなくなってしまいます。どのような取引が行われたのか、どのような法的な問題があるのかを判断するために必要になる証拠を保全することが困難になってしまいます。

　前述の取引情報の保全に関して、消費者の手元にある情報をできるだけ保存しておくことが望まれます。

イ ライフステージへの考慮

　キャッシュレス決済の利用とその影響は、消費者のライフステージによって異なります。以下、デジタルネイティブ世代、働き盛り世代、シニア世代、児童等の世代に分けて整理してみます。

　キャッシュレス決済に初めから慣れたデジタルネイティブ世代は、使い過ぎによる経済的な破綻、また、スマートフォンなどのキャッシュレス決済の仕組みを利用した不正送金や特殊詐欺の被害者にも加害者にもなることがあり、犯罪に巻き込まれることに注意が必要でしょう。民法改正により、2022年4月1日から成年年齢が18歳になります。急に成年として扱われる若者は学生であることも多く、経済的な自立の面では未熟な場合が多いでしょう。それまでは親権者の同意が必要であったクレジットカードの作成も単独で行

うことができ、民法5条2項による未成年者を理由とする契約の取消しができなくなるため、新たなキャッシュレス決済をめぐるトラブルが増えるものと思われます。

現金決済からキャッシュレス決済に移行しつつある働き盛り世代は、キャッシュレス決済と現金決済の違いによるトラブルに対応することが必要でしょう。たとえば、それまでは利用明細書が書面で発行されていたものの、電子化が進むことにより、自ら積極的に支出の確認をする必要があることの自覚が必要です。

シニア世代は、特に、キャッシュレス決済に慣れないことで、経済的な不利益を被ることをどう防ぐかについて考える必要があります。少額の利用でも、日々積み重なれば高額になります。

成年後見人・保佐人制度等の財産管理のうえでも、被後見人等が日常生活で行うキャッシュレス決済の利用を日常生活の支援の中に結び付けることも必要になります。依頼者の金銭に関する認知能力が十分とは思われない場合には、弁護士と依頼者間の関係規律に反しないように注意しながら、依頼者の利用できる自治体の福祉サービスを調べて情報提供するなどの橋渡しをすることも必要でしょう。

決済事業者側の対応が必要とされる面もあります。クレジットの利用限度額の設定は、日本では利用者から積極的に利用限度額の引下げを届け出ない限りと変更されない場合や、逆に、利用者の信用度に応じて定期的に金額が高く変更される場合があります。また、クレジットカードに公共料金の引落し、複数のキャッシュレス決済が利用者の口座等に紐付けられているときに、利用者が支払うべき決済に優先順位を設定するなどの選択はできません。

事業者側も、高齢者等、経済的な保護が必要な利用者のキャッシュレス決済について、総額上限や1回あたりの利用金額の制限を低くすることも必要になる場合があります。突然利用が停止されると生活に支障が生じることもあるため、限度を超える前に利用者や後見人等に警告されるようなサービスの検討も必要と思われます。

いま、未就学の子どもや義務教育年齢の青少年は、店舗やインターネット

での買物をはじめからキャッシュレス決済する世代です。子どもと十分に話し合って理解してもらうことが最も大切になりますが、さらに親権者などが支払を管理する方法も必要になるでしょう。現金決済ではあまり起こり得ない高額利用の危険性も高くなると考えられますので、社会全体で、児童、学童、若年層の教育啓発活動も必要になります。そうした活動に弁護士の協力もさらに期待が高まると思われます。

　キャッシュレス決済化を進めるうえでは、消費者のライフスタイル、ライフステージに合わせて利用できるようにすることを考える必要があります。弁護士は、自分の世代を基準にして、決済をするときにはこの程度は注意するだろうという予断をもたずに、依頼者がどのような経緯でトラブルに至ったのか、依頼者がどれくらいキャッシュレス決済に慣れているか、キャッシュレス決済利用の経験に結び付けて相談に応じていくことが望まれます。

〔金子宏直〕

3 民法（債権法）改正について

民法の債権法の大改正は、電子商取引への対応も盛り込まれています。多岐に及ぶ改正項目の中で、キャッシュレス取引で注意が必要なことや、どのような影響が考えられるでしょうか。

KeyWord 民法（債権法）改正、契約の成立時期、到達主義、定型約款、預貯金口座、振込み、弁済、免責的債務引受

［1］民法（債権法）改正の2020年施行

　民法の改正が、近時、頻繁に行われるようになってきましたが、その中で最も大規模なものが、2017年に公布され、2020年4月から施行されている「債権法改正」と呼ばれているものです。

　現行民法（明治民法）は、1896年に公布され、1898年から施行されているので、施行以来120年を超えています。形式としては、ドイツ民法に近いですが、個々の条文には、フランス民法をモデルにして1890年に公布され、結局施行されなかった旧民法の規定を承継したものがかなり混ざっています。しかし、施行後しばらくしてからは、ドイツ民法の学説がそのまま日本にも持ち込まれ、日本の民法がドイツ民法の学説に基づいて説明されるという時期がかなり続きました。さらに、第二次世界大戦後、裁判所は、現実の問題への対応のために独自の新たな解釈を展開する傾向にありました。その結果、民法は、テキストとしての民法、継受されたドイツ民法学に基づく旧通説理論、裁判所の判例ルールという三層構造になっており、条文を読んだだけでは、現実に適用されている規範がよくわからないという状況が生じていました。

　にもかかわらず、民法の債権や契約に関する規定の大部分は、カタカナ文語体からひらがな口語体への民法現代語化と保証の規定の改正（2005年4

月に施行）を除けば、制定以来、変わらないままの状態でした。その理由として、第1に、家族法の改正や担保法の改正と異なり、社会や経済界からの改正圧力がなかったことがあります。必要な場合は、消費者契約法や動産及び債権の譲渡の対抗要件に関する民法の特例等に関する法律などの特別法が制定されました。第2に、契約法の領域は、当事者で特約をすれば、民法の条文よりも特約の方が優先するので、経済取引では民法の条文とは異なった特約を付すことによって不都合を回避することができました。第3に、民法の文言は抽象的なものが多く、また信義誠実の原則といった一般的な規定もありますから、裁判官として柔軟な解釈を施して適切な解決を提示することが可能でした。

　債権法改正の目的は、第1に、制定以来の社会・経済の変化への対応を図ること、第2に、国民一般にわかりやすいものとすることにありました。第1の目的はかなり達成されましたが、第2の目的に関してはわかりにくい部分がなお多数残っています。

　ここでは、改正された多数の規定の中から、キャッシュレスに比較的関連があると思われる4項目について触れます。

［2］契約の成立時期についての発信主義から到達主義への変更

　決済としてのキャッシュレスは、店舗等での対面取引の決済でも、郵便やFAXを利用した遠隔地にある当事者間の取引の決済でも、さらにオンライン取引の決済でも用いることができますが、キャッシュレスによる決済の原因となった取引契約の成立時期についてのルールが、債権法改正によって変わりました。

　離れた場所にいる当事者間で、郵便でやりとりしているような場合を隔地者間の契約といい、対面あるいは電話でやりとりしているような場合を対話者間の契約といいます。債権法改正前の民法では、隔地者間の意思表示の一般原則としては、その意思表示が相手方に到達した時から効力が生じるという到達主義が採用されていましたが（改正前民法97条1項）、契約については承諾の通知を発した時に成立するとして発信主義が採用されていました

（改正前民法526条1項）。この理由は、郵便による隔地者間取引だと承諾の発信から申込者への到達までにかなりの日時がかかりますが、契約の迅速な成立を望む経済界の要望に応えて、成立時期を発信時まで早めたからです。

　他方、隔地者間の申込みに承諾期間の定めのある場合には、その期間内に承諾の通知が申込者に到達しなければ、申込みは効力を失うとされていました（改正前民法521条2項）。

　その結果、改正前民法526条1項と同521条2項との関係をどのように整合的に説明するかという問題が生じ、承諾期間の定めがない場合において、承諾通知が発信されたものの、最終的に到達しなかった場合の契約の成否の問題等をめぐって論争がされてきました。

　ところが、電子メールやウェブサイトへの書き込みによる意思表示であれば、発信とほぼ同時に相手方に到達するのが通常ですから、発信時と到達時の違いを前提とした改正前民法のルールは意味がなくなります。そこで、2001年に成立した「電子消費者契約及び電子承諾通知に関する民法の特例に関する法律」4条は、隔地者間の契約において電子承諾通知を発する場合については、改正前民法526条1項の規定を適用しない旨を定めました。

　債権法改正によって、電子承諾通知の場合のみに限定されていた契約成立時期についての承諾の到達主義の立場が、民法一般のルールとされました。同時に、「電子消費者契約及び電子承諾通知に関する民法の特例に関する法律」から電子承諾通知に関する民法の特例の部分が削除されて、「電子消費者契約に関する民法の特例に関する法律」となりました。

　すなわち、意思表示は、その通知が相手方に到達した時から効力を生じるため（民法97条1項）、契約は、対話者間では承諾の意思表示と同時に、また隔地者間では承諾の通知が申込者に到達した時に成立することになります。申込みに承諾期間の定めのある場合には、その期間内に承諾の通知が申込者に到達しなければ、申込みは効力を失う（民法523条2項）との点は、条文番号の変更を除けば、債権法改正前と同じです。

[3] 定型約款制度の新設

ア　定型約款とは

　事業者が、不特定多数の者を相手方として取引をするために、あらかじめ定めている契約条項のセットは、従来から約款あるいは普通取引約款などと呼ばれてきました。約款は、作成する事業者側に一方的に有利な内容になりがちなので、どのような場合にそれが契約の内容となって相手方を拘束するかについて、学説において議論がされてきました。債権法改正では、約款一般についてではなく、そのうちの「定型約款」についての規定が新設されました。

　改正民法でいう定型約款とは、①ある特定の者が不特定多数の者を相手方とする取引であって、②その内容の全部又は一部が画一的であることが双方にとって合理的である取引において、③そのような取引の契約の内容とすることを目的としてその特定の者によって準備された条項の総体をいいます（民法548条の２第１項）。①、②を満たす取引を「定型取引」と呼びますが、雇用契約や事業者間取引の多くはこの「定型取引」に該当しません。

　ビジネスにおいて用いられている無数の約款のうち、どの約款が改正民法でいう定型約款に該当するかは、今後の判例の積み重ねを待たないとわかりませんが、不特定多数の者を相手とするキャッシュレス決済のために決済サービス提供者が事前に作成している約款が定型約款に該当するだろうことはほぼ疑いがないと思われます。

イ　定型約款の拘束力

　約款についての従来の理論では、取引の当事者の一方が作成している約款が取引の相手方を拘束するためには、第１に、約款が契約の内容となることがあらかじめ示されており、かつ、その約款の内容を確認しようと思えば確認できる機会が事前に相手方に与えられていること（契約内容への組入れ）、第２に、契約に組み入れられた約款の内容が約款作成者に不当に有利な内容であったり、相手方に不当に不利な内容であったりしないこと（内容の非不当性）が必要と考えられてきました。

この点で、改正民法は、定型約款については、「相手方の権利を制限し、又は相手方の義務を加重する条項であって、その定型取引の態様及びその実情並びに取引上の社会通念に照らして第1条第2項に規定する基本原則（信義誠実の原則のこと）に反して相手方の利益を一方的に害すると認められるものについては、合意をしなかったものとみなす」（民法548条の2第2項）としており、従来の約款理論のいう第2のステップを、契約内容への組入れという第1のステップの問題として処理しています。

他方、定型約款全体の契約内容への組入れに関しては、定型約款を契約内容とする旨を合意した場合や、定型約款準備者があらかじめその定型約款を契約内容とする旨を相手方に表示していた場合には、事前に相手方が定型約款の内容を確認しようと思えばできる状態にしておかなくても、その定型約款が契約内容として合意されたものとみなされます（民法548条の2第1項）。さらに、行政の規制を受ける一部の業種では、定型約款準備者がその定型約款を契約内容とすることをあらかじめ公表していたときは、定型約款を合意の内容とする旨を個別に相手方に表示する必要すらないとされています（電気通信事業法167条の3ほか）。相手方が合意の前に開示を求めたのに、定型約款準備者が開示を拒否した場合にのみ、契約の内容にならないとされるにとどまっており（民法548条の3第2項）、上記第1ステップを求める従来の約款理論より定型約款準備者の負担を少なくするものです。

なお、上記の民法548条の2第2項は、不当な契約条項の無効を定める消費者契約法10条とほぼ同じレベルの相手方保護の規定で、相手方が消費者契約法の適用されない個人事業者や小規模事業者の場合には、従来の民法によるよりはその保護が厚くなります。

ウ　中心条項を含む定型約款の変更

従来の約款理論では、何をいくらでという、商品やサービス、価格・料金といった主たる給付義務の内容を定める部分は契約の中心条項と呼ばれ、個別の合意が必要であって、包括的な合意で契約内容に組み入れられる付随的条項とは区別して論じられてきました。

　ところが、改正民法は、定型約款には料金やサービス内容に関する条項も含まれるとしたうえで、料金やサービス内容の変更を含む定型約款の変更について、その変更が、「相手方の一般の利益に適合するとき」及び「契約をした目的に反せず、かつ、変更の必要性、変更後の内容の相当性、この条の規定により定型約款の変更をすることがある旨の定めの有無及びその内容その他の変更に係る事情に照らして合理的なものであるとき」は、相手方との個別の合意がなくても、変更後の定型約款の条項について合意があったものとみなされるとしており（民法548条の4第1項）、従来の約款理論より定型約款準備者にとって便利なものとなっています。

　そこで、定型約款の内容の一方的な変更に同意できない相手方には、少なくとも解約料なしに契約から離脱できる権利が与えられるべきでしょう。

［4］預貯金口座への払込みによる弁済の効力発生時期

　債権法改正前の民法における債権の消滅事由としての債務の弁済（たとえば代金債務の支払）の部分には、原則的な規定がなく、いきなり「債務の弁済は、第三者もすることができる」（改正前民法474条1項本文）という例外規定から始まっていました。かろうじて、「弁済をすべき場所について別段の意思表示がないときは、特定物の引渡しは債権発生の時にその物が存在した場所において、その他の弁済は債権者の現在の住所において、それぞれしなければならない」（改正前民法484条）との規定がありましたが、一見してわかるように、現金を債権者の住所に持参して支払うというやり方を念頭に置いたルールでした。

　債権法改正によって、「債務者が債権者に対して債務の弁済をしたときは、その債権は、消滅する」（民法473条）との原則規定が新設されたことに加えて、ここでいう「債務の弁済をしたとき」に関して、「法令又は慣習により取引時間の定めがあるときは、その取引時間内に限り、弁済をし、又は弁済の請求をすることができる」（民法484条2項）が新設されましたが、これは従来の考え方を踏襲したものです。

　キャッシュレスでの支払方法にはさまざまなタイプがありますが、改正民

法では、債権者の預金又は貯金の口座に対する払込みという方法による弁済に関して、「債権者の預金又は貯金の口座に対する払込みによってする弁済は、債権者がその預金又は貯金に係る債権の債務者に対してその払込みに係る金額の払戻しを請求する権利を取得した時に、その効力を生ずる」（民法477条）との規定が新設されました。本条の払込みには、口座振込みと口座振替の双方が含まれます。本条は、預貯金口座への払込みによる弁済が許されることを前提に、弁済の効力発生時期を定めた規定ですから、特定の預貯金口座への払込みのみに限定するとか、現金決済に限定するという特約も有効です。また、弁済の効力発生の時点、すなわち債務消滅の時点についても、民法477条と異なったもっと早い段階、たとえばキャッシュレスを仲介する事業者が一定の確認をした場合に、債務者の債務は消滅すると定めておくことも可能です。

　民法477条は、預貯金債権者が金融機関に対して預貯金の払戻しを請求する権利を取得するのがどの時点なのかについては触れていません。この点は、預貯金取引の約款の規定や、本条についての今後の解釈に委ねられることになります。

［5］免責的債務引受に関する規定の新設

　前払式の電子マネー（前払式支払手段）によるキャッシュレスの場合の法律構成はいろいろ考えられますが、その1つに免責的債務引受という考え方があります。債権法改正前の民法には、債権の同一性を維持したままで債務者が交代するという債務引受に関する規定はありませんでしたが、学説上、債務引受の有効性は認められていました。

　改正民法は、まず、既存の債務者のほかに、引受人が新たな債務者として加わるという併存的債務引受に関する規定（民法470条）を置いたうえで、次いで、免責的債務引受に関する規定として、「免責的債務引受の引受人は債務者が債権者に対して負担する債務と同一の内容の債務を負担し、債務者は自己の債務を免れる」（民法472条1項）と定めています。

　併存的債務引受であれば、従来の債務者と新たに加わった引受人とが連帯

債務あるいは保証債務の関係になるので、弁済の確実性が増すことになりますが、免責的債務引受の場合には従来の債務者が債務を免除されて、新たに加わった引受人だけの債務になるので、弁済の確実性は引受人の資力に依存することになります。

そのため、免責的債務引受が有効となるための要件は、①債権者と引受人となる者とが契約をしたうえで、その旨を債務者に通知すること（民法472条2項）、あるいは、②債務者と引受人となる者とが契約をしたうえで、債権者が引受人となる者に対して承諾をすること（同条3項）であり、債権者の関与が前提とされています。

免責的債務引受によっても債務の同一性は維持されているので、引受人は免責的債務引受によって負担した債務について、債務者が主張することができた抗弁を債権者に対して主張することができます（民法472条の2）。

免責的債務引受における引受人が債務を弁済した場合は、自己の債務を弁済しただけなので、第三者弁済や保証人による弁済とは異なり、債務者に対して求償権を取得しません（民法472条の3）。もっとも、ビジネスの世界では、引受人が債務を負担して弁済するということについての事前の合意あるいは委託が債務者と引受人との間にあるのが通常でしょうから、免責的債務引受の原因行為において引受人となる者への一定の対価の支払の合意がされることが多いでしょう。キャッシュレスで免責的債務引受が使われるとすれば、当然、そのような取決めがあるはずです。

〔松本恒雄〕

4 ｜ 電子決済に関する法制度

電子決済とは、何を指しますか。また、制度全体はどのような仕組みになっていて、どの法律が適用されるのでしょうか。

KeyWord　電子決済、クレジットカード、電子マネー、為替、資金移動、前払式支払手段、包括信用購入あっせん、マンスリークリア、イシュアー、アクワイアラー、資金決済法、割賦販売法

[1] 概　要

　電子決済という用語は、法律上の用語ではなく、一般に、キャッシュレス決済すなわち現金以外の支払手段を用いた支払をいいます。ここで決済とは支払という意味であり、また、現金とは日本では政府が発行する貨幣（現在発行されているのは硬貨）と中央銀行が発行する銀行券です。

　現金以外の支払手段にはさまざまなものがあります。日本で用いられているのは、預金（口座振込み・振替）、クレジットカード、電子マネー（例としてSuica、PASMOなど）、その他（例としてLINE Pay、PayPayなど）です。日本のリテールでの電子決済は、金額のうえでは、口座振込み・振替を除くと、クレジットカード決済が圧倒的に大きいのが現状です。以下では、買主（商品やサービスの購入者、利用者と呼ぶこともあります）が売主（商品やサービスの売主ないし提供者、クレジットカード等の場合に加盟店と呼ぶこともあります）に購入した商品やサービスの代金の支払をする場面で買主が消費者である場合を主として念頭に置いて述べます。

[2] 法制度の概要
ア　概念整理

　電子決済では、通常、買主と売主の間に仲介業者が介在します。この仲介業者を一般に決済サービス事業者と呼びます（以下「決済事業者」という）。

　たとえば、銀行、クレジットカード事業者、コンビニ、電子マネー事業者などです。さらに、決済事業者と売主の間に中間事業者が入ることが少なくありません。

　電子決済の仕組みを大別すると、支払のタイミングでの分類として「前払い決済（プリペイド）」、「即時決済」、「後払い決済（ポストペイ）」の３つに分けられ、また決済媒体に関する分類としてカード・スマートフォン端末等・その他などに分けられます[1]。

イ　私法上の法律関係

　代表的な電子決済の仕組みは、①銀行口座振込み・振替、②クレジットカード、③その他に分類できます。いずれも、基本形は買主・売主・決済事業者の３者関係ですが、実際には、②を例にとると、カード会社から機能分化した決済代行事業者等の事業者が関与するいわゆるオフアス取引が一般化しています。

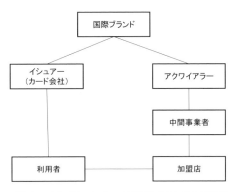

<図１>クレジットカード取引（オフアス取引）

　また、近年の決済方法が多様化する中でQRコードによる後払決済サービスを提供する事業者などの新たな主体も登場しています。なお、実際には、②、③の場合でも最終的な決済は銀行口座の振替等による場合が少なくありません。

　決済に関する当事者間の私法上の法律関係は、関係当事者間の契約によっ

て定まりますが、実際には監督当局や自主規制機関・業界団体のガイドライン等も重要です。事故が起きた際の補償などは業界団体のガイドラインで定められている場合も少なくありません。関係当事者間の契約は一様ではなく、仕組みによって異なっていることに注意が必要です[2]。

　利用者（買主）からみた場合に、最も重要と考えられるのは、利用者の原因債務（売主である加盟店に対して負う代金支払債務）が消滅する時点です。たとえば、利用者が決済事業者に対してスマートフォン上で一定の操作をした時点でこれが消滅すると法律構成されるのであれば、その後に決済事業者が破綻等をして加盟店（売主）への支払が完了しなくなったとしても利用者は被害を受けません。この場合には、支払が完了しないリスクは売主が負うことになります。しかし、関係する契約において常にそのように定められているわけではなく、債務消滅の時点が遅くなると、その間に事故等によって支払が完了しないというリスクを利用者（買主）が負うことになります。また、仮に債務消滅の時点が早くなるように契約で定められている場合であっても、BtoCの取引はともかく、CtoCの取引すなわち売主も消費者である取引においては、売主である消費者が支払を受けられないリスクを負うことになり、それが適切かという問題があります。このため、資金決済法（後述）の2020年改正は、CtoCのいわゆる割り勘アプリ等について資金移動業として規制の対象にすることとしています。

　もう1つ私法上の法律関係が明確でない問題の例として、支払手段が移転する場合があります。たとえば、事業法上認められる場合において電子マネーの残高を移転したときやポイントの残高を移転したときについての私法上の法律関係は明確ではなく、債務の消滅と新債務の発生なのか債権の譲渡なのかなど、見解が分かれています。関係する契約から必ずしも答えが出てくるわけではなく、また、資金決済法等の事業法もこの点に関する私法上の性質について特定の立場をとっているわけではありません[3]。

ウ　事業法

　電子決済の類型によって決済事業者について異なる事業法が適用されま

す。また、事業法の規制を補うものとして監督当局の監督指針・ガイドライン等や自主規制機関・業界団体の自主規制（ガイドラインを含む）も実際には非常に重要です。

(ア) 銀行法

　銀行預金を用いた口座振込みないし振替の場合には、決済サービス事業者は銀行であり、銀行法（昭和56年法律59号）の適用があります[4]。

　預金を用いた口座振込み・振替は為替取引であり（銀行法2条2項2号）、銀行法上、銀行の固有業務とされています（銀行法10条1項3号）。為替概念について銀行法上明文の定義は置かれていませんが、著名な最決平成13・3・12刑集55巻2号97頁〔28065111〕は、銀行法2条2項2号「にいう『為替取引を行うこと』とは、顧客から、隔地者間で直接現金を輸送せずに資金移動する仕組みを利用して資金を移動することを内容とする依頼を受けて、これを引き受けること、又はこれを引き受けて遂行することをいう」と判示しています。

　中間事業者については、2018年6月1日から「電子決済等代行業」に関する新しい制度が開始し、日本国内で電子決済等代行業を営むには銀行法等に基づく登録が必要とされています（銀行法52条の61の2以下。電子決済等代行業と同業者の定義は同法2条17項、18項）。

　なお、決済事業者の決済仲介取引に係る手数料について、現行法制度のもとで特に規制が存在するわけではありませんが、2020年4月21日に公正取引委員会が「フィンテックを活用した金融サービスの向上に向けた競争政策上の課題について」と「QRコード等を用いたキャッシュレス決済に関する実態調査報告書」を公表し、加盟店への出金フロー（振込取引）について、①各銀行は、銀行間手数料の必要性を含めた検討を行ったうえ、設定水準、設定根拠に関する説明責任を十分果たすことにより、事務コストを大きく上回る銀行間手数料の水準が維持されている現状の是正に向けて取り組むべきである、②全銀ネット（一般社団法人全国銀行資金決済ネットワーク）は、その運営する全銀システムへの接続に求められる条件を整理し、条件を満たす資金移動業者に対しては、アクセス開放を検討する

ことが望ましいと提言しました。この提言を受けて、全銀ネットは「次世代資金決済システムに関する検討タスクフォース」を設置して検討を行い、2021年1月14日にその報告書が公表され、全銀システムへの加盟資格の拡大が望ましいとしています。また、2021年3月18日に銀行間手数料の引下げを2021年10月1日から行うことが公表されています[5]。

(イ) 資金決済法

　資金決済法のもとで、第1に、銀行以外の者であっても、資金決済法に基づいて登録を受けた資金移動業者は、資金移動業（銀行以外の者が為替取引を業として営むこと）を行うことが認められます（資金決済法37条、2条2項、3項）。資金決済法の2020年改正により（2021年5月1日施行）、資金移動業は、第一種資金移動業・第二種資金移動業・第三種資金移動業の3つの類型とされています（資金決済法36条の2）[6]。第二種資金移動業は100万円以下の資金の移動に係る為替取引のみを業として営むこと（第三種資金移動業を除く）、第三種資金移動業は5万円以下の資金の移動に係る為替取引のみを業として営むことをいい、これら以外は第一種資金移動業となります（資金決済法施行令12条の2参照）。第一種資金移動業者には送金額の上限はありませんが、登録に加えて業務実施計画の認可を受けることが求められます（資金決済法40条の2第1項）。そして、具体的な送金指図を伴わない利用者資金の受入れは制限され、運用・技術上必要な期間を超える利用者資金の滞留も制限されます（資金決済法51条の2第1項、2項）。第二種資金移動業者についても利用者資金の滞留制限が設けられています（資金決済法51条）。また、第一種資金移動業者・第二種資金移動業者には利用者資金の保全措置が義務付けられています。なお、第三種資金移動業は1件あたりの送金額・利用者1人あたりの受入額とも5万円までとされており、資産保全も簡素な方法が認められています。

　第2に、資金決済法のもとでは、資金移動業のほか、いわゆる電子マネーは前払式支払手段とされ（自家型前払式支払手段と第三者型前払式支払手段があります）、決済事業者は「前払式支払手段発行者」として同法の規制を受けます（資金決済法3条以下）。紙型・磁気型・IC型等の前払式支

払手段に加えて、サーバ型の前払式支払手段も資金決済法上の前払式支払
手段とされています。そして、自家型発行者は資金決済法で定める基準日
に未使用残高が1,000万円を超えたときは届出が義務付けられ、第三者型
発行者はあらかじめ登録を受けることが義務付けられています（資金決済
法5条、7条）。また、原則として払戻しは認められませんが、払戻金額
が少額の場合や、利用者のやむを得ない事情の場合など、発行者の業務の
健全な運営に支障を来すおそれがない場合は、例外として払戻しが認めら
れています（資金決済法20条5項）。

　第3に、暗号資産（仮想通貨。例としてビットコイン）を支払手段とす
る場合は、資金決済法上は「暗号資産交換業者」として同法の規制（登録
制）を受けます（資金決済法63条の2以下）。

　以上のように、歴史を反映して、資金決済法では決済事業者は前払式支
払手段発行者・資金移動業者・暗号資産交換業者の3類型に分かれていま
すが、将来は決済事業者として横断化されることが望まれます。なお、収
納代行（コンビニ決済など）は、一定のもの（割り勘アプリなど）を除い
て、資金決済法の規制対象とされていません（資金決済法2条の2）。また、
クレジットカード決済は割賦販売法で規制されており資金決済法の適用は
なく、各種のポイントが支払手段となる場合は資金決済法その他の事業法
の規制対象とされていません。

　なお、自主規制機関・業界団体による自主規制も重要である例を1つ挙
げますと、近時、悪意のある第三者が不正に入手した預金者の口座情報等を
もとにその預金者名義で資金移動業者のアカウントを開設し、銀行口座と
連携したうえで、銀行口座から資金移動業者のアカウントへ資金をチャー
ジすることで不正な出金を行う事象が複数発生しました。こうした事象を
防止するために、監督当局の監督指針等のほかに、自主規制機関・業界団
体によるガイドラインが定められています[7]。

（ウ）割賦販売法

　クレジットカード事業者は、割賦販売法（昭和36年法律159号）上の「包
括信用購入あつせん業者」として同法の規制（登録制）を受けます（割賦

販売法2条3項、30条以下）。2020年改正（2021年4月1日施行）後は、登録包括信用購入あつせん業者・認定包括信用購入あつせん業者・登録少額包括信用購入あつせん業者の3つの種類があります。登録少額包括信用購入あつせん業者は、極度額10万円を上限とした包括信用購入あつせん業業を営む事業者であって、簡素な規制とされています（割賦販売法35条の2の3以下）。

　割賦販売法によるクレジットカード事業者の規制については、マンスリークリア方式（翌月一括払い）の取引については、原則として同法の適用対象外とされています（マンスリークリア取引を含めて2か月以内の後払いは「包括信用購入あつせん」の定義に含まれていません。割賦販売法2条3項1号）。その理由は、2か月以内の後払いは現金払いと同視するという歴史的経緯によります。

　割賦販売法の2016年改正（2018年6月1日施行）により、アクワイアラー（加盟店契約会社）及び決済代行業者（中間事業者）に対する登録制とクレジットカード番号等の適切管理義務・加盟店調査義務等が導入されました（割賦販売法35条の16以下）。これらの事業者に対する義務付けはマンスリークリア取引をも適用対象とされていますが、イシュアー（カード発行会社）のマンスリークリア取引については適用されません。その後、2020年改正により、クレジットカード番号等の適切管理義務を負う事業者の範囲が拡大されています（割賦販売法35条の16第1項4号以下の追加）。その一例は＜図2＞のとおりです。

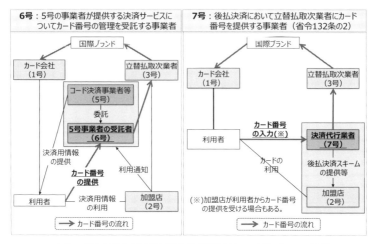

出典：経済産業省商取引監督課「割賦販売法の一部を改正する法律について
（令和2年法律第64号）」（2021年3月）

<図2＞クレジットカード番号等の適切管理の
義務主体の拡充（割賦販売法35条の16）

(I) 横断的な規制

　以上に述べた各種の決済事業者について、横断的に適用される規制の代表的なものは次のとおりです。実務上の負担等の観点からは、実際問題としては、前払いの場合の資産保全とマネー・ローンダリング規制の2つが特に重要であるといわれています。

　第1に、与信と決済は別の概念です。このため、決済事業者が与信行為をするには、銀行等である場合等を除き、貸金業法（昭和58年法律32号）のもとでの登録が必要となる場合が少なくありません。

　第2に、前払いの場合については決済事業者の手元に利用者の資金が滞留するという問題があります。資金決済法のもとでは、前払式支払手段発行者は、未使用残高が1,000万円を超える場合には、その未使用残高の2分の1以上に相当する額について、発行保証金の供託、発行保証金保全契約の締結又は発行保証金信託契約の締結を義務付けられます（資金決済法14条〜16条）。資金移動業者は、原則として未決済残高の全額について、履行保証金の供託、履行保証金保全決済の締結又は履行保証金信託契約の

締結を義務付けられますが（資金決済法43条〜45条）、第三種資金移動業者はより簡素な預貯金等による管理も認められます（資金決済法45条の2）[8]。

　第3に、上記の点とも関係しますが、出資法は、他の法律に特別の規定のある者を除き、預り金を業としてする行為を広く禁止しています（同法2条）。このため、たとえば、資金移動業者が為替取引と無関係に利用者の資金を受け入れたりすると出資法に違反するおそれがあります。また、決済事業者による残高へのポイント付与は出資法に違反するおそれがあると一般に解されています。

　第4に、決済事業者にだけではありませんが、マネー・ローンダリング規制が重要です。日本の規制は、FATF（Financial Action Task Force on Money Laundering：金融活動作業部会）の勧告に定められたマネー・ローンダリング対策（顧客の本人確認（取引時確認）、確認記録の作成・保存、疑わしい取引の届出等）について、犯罪による収益の移転防止に関する法律（平成19年法律22号）において対応し、FATF勧告により対策を講じることとされた事業者にこれらの措置が義務付けられています[9]。

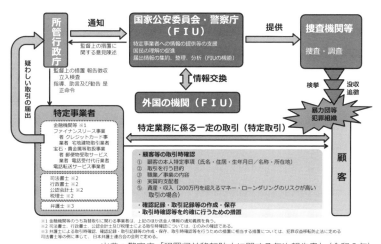

出典：警察庁「犯罪収益移転防止に関する年次報告書」（令和2年）

＜図3＞日本のマネー・ローンダリング対策

（注1） 各種の電子決済の仕組みと今後の動向等については、たとえば、一般社団法人キャッシュレス推進協議会「キャッシュレス・ロードマップ2021」（2021年3月31日）（2021年5月28日公表）を参照。また、電子決済に関する法制について、岩原紳作『電子決済と法』有斐閣（2003年）、千葉惠美子編『キャッシュレス決済と法規整―横断的・包括的な電子決済法制の制定に向けて』民事法研究会（2019年）参照。

（注2） たとえば、クレジットカード決済（後述する包括信用購入あっせん）の当事者間の私法上の法律関係について、阿部高明『逐条解説 割賦販売法〈第Ⅰ巻〉』青林書院（2018年）263頁－268頁参照。

（注3） その他の問題や事業法に関する問題を含めて、近年の課題について、加藤貴仁ほか「＜座談会＞決済法制および金融サービス仲介法制に関する論点と展望〔第1部〕資金移動業関係」金融法務事情2137号（2020年）10頁以下、同「〔第2部〕前払式支払手段・収納代行」金融法務事情2138号（2020年）50頁以下参照。

（注4） 銀行などの預金受入金融機関は業態別の法制度とされており、銀行法に基づく免許を得た銀行のほか、たとえば信用金庫は信用金庫法に基づく免許を得た金融機関です（本文では預金受入金融機関の代表として銀行を取り上げますが、預金受入金融機関を銀行等と記述することがあります）。また、振込みと振替という概念は、一般に、前者は送金をする側が資金移動プロセスを起動し、後者は送金を受ける側が資金移動プロセスを起動する場合をいいます（振替の例として、口座自動引落し）。

（注5） 公正取引委員会「フィンテックを活用した金融サービスの向上に向けた競争政策上の課題について」（2020年4月21日）、一般社団法人全国銀行資金決済ネットワーク「次世代資金決済システムに関する検討タスクフォース」報告書について（2021年1月14日）、同「為替取引に係る銀行間手数料の見直しについて」（2021年3月18日）。以上の動向について、木村健太郎＝髙尾知達「決済サービス（下）」ビジネス法務21巻6号（2021年）140頁以下参照。

（注6） 資金決済法については、堀天子『実務解説 資金決済法〈第4版〉』商事法務（2019年）と高橋康文編著『新・逐条解説 資金決済法』一般社団法人金融財政事情研究会（2021年）が詳しいです。その2020年改正については、岡田大ほか「『金融サービスの利用者の利便の向上及び保護を図るための金融商品の販売等に関する法律等の一部を改正する法律』の解説―資金決済に関する法律関連―」金融法務事情2156号（2021年）34頁以下参照。

（注7） たとえば、一般社団法人全国銀行協会は、銀行向けに「資金移動業者等との口座連携に関するガイドライン」（2020年11月30日）を定め、一般社団法人日本資金決済業協会は、資金移動業者向けに「銀行口座との連携における不正防止に関するガイドライン（資金移動業）」（2020年12月3日）、前払式支払手段発行業者向けに「銀行口座との連携における不正防止に関するガイドライン（前払式支払手段）」（2021年1月28日）を定めています。また、一般社団法人キャッシュレス推進協議会「コード決済における不正な銀行口座紐づけの防止対策に関するガイドライン」（2020年9月18日）もあります。

（注8） 暗号資産交換業者については、利用者の金銭を自己の金銭と分別して管理して信託しなければならず、また、利用者の暗号資産を自己の暗号資産と分別して管理しなければなりません（資金決済法63条の11）。そして、暗号資産交換業者に暗号資産を預託した者は、暗号資産交換業者に対して「暗号資産の移転を目的とする債権」を有し、その債権について他の債権者との関係で優先弁済権が付与されます（資金決済法63条の19の2）。この優先弁済権の対象となるのは、暗号資産交換業者が資金決済法のもとで、①分別管理する利用者の暗号資産と、②履行保証暗号資産です。②は①をいわゆるホットウォレットで保有す

る場合に保有が要求されるもので、管理すべき顧客の暗号資産と同種同量の暗号資産を意味し（資金決済法63条の11の2第1項）、暗号資産交換業者の自己勘定で保有するものですが暗号資産交換業者は履行保証暗号資産以外の自己の暗号資産と分別して管理しなければなりません（同条同項、暗号資産交換業者に関する内閣府令29条参照）。

（注9）　金融庁所管の事業者について、金融庁「犯罪収益移転防止法に関する留意事項について」（2021年2月）、伊藤謙一ほか「『マネー・ローンダリング及びテロ資金供与対策に関するガイドライン』改正の概要」金融法務事情2157号（2021年）6頁以下、クレジットカード事業者について、経済産業省「クレジットカード業におけるマネー・ローンダリング及びテロ資金供与対策に関するガイドライン」（2019年8月）参照。

〔神田秀樹〕

キャッシュレスの国、エストニア

　エストニアは小国ですが、ヨーロッパのデジタルの未来を設計するような役割を果たしています。電子政府のリーダーであることに加えて、エストニアは、キャッシュレス決済の最も大きなシェアをもち、世界中のデジタルで行われる金融取引の99%以上に及びます。電子IDとブロックチェーンがフィンテックで幅広く使われ、世界でも有名なTranferwise（現Wise）のような革新的なスタートアップから、ブロックチェーンのリーダーのガードタイム（Guardtime）などの80を超えるフィンテックがエストニアをこの分野での世界的リーダーにしています。ヨーロッパ中央銀行の統計によると、欧州連合では、人あたり年間220回キャッシュレスで支払を行っているそうです。エストニアでは、1人あたりのキャッシュレス支払回数は331回で66%がカード払いということになります。現時点では、キャッシュレス支払の60%が銀行カードを使って行われています。

　キャッシュレスを積極的に進めることで、時間と資源の節約になるのに加えて、不正行為や資金洗浄の追及が可能になります。

　さらに、現金は、新型コロナウイルス（COVID-19）感染症発生後の社会には適さず、その代わりに非接触の支払方法（公共交通機関を利用する場合も含めて）が従来の支払環境を維持しつつ、疾病と戦うことに役立ちます。10年も前に経済学者のアーメッツ・ラウル教授（Raul Eamets）が、電子マネーシステム全体がより安価で手軽になると予測していました。

　EU加盟国のエストニアは、電子マネー事業者の営業に関するEU指令（2009/110/EC）のようなEUの支払環境水準に関する法規制に従っています。クレジット事業者法（Credit Institutions Act）、債務法に関する特別法（Law of Obligations Act）、支払事業者及び電子マネー事業者法（Payment Institutions and E-money institutions Act）等のエストニアの法律が支払環境を規制しています。さらに、EUとエストニア国内に、証券決済を規制する法律があります。

　2010年には、支払事業者及び電子マネー事業者法が施行されています。この法律は、銀行と他の支払サービス事業者が、支払サービスを行ううえでの行動と責任に関する新しいルールを定めています。現在、支払システムを規制する新しい法律が、エ

ストニア中央銀行と財務省の主導で準備が進んでいます。主な目的は、急速に発達する電子化とフィンテックの状況において、誰が主な利害関係者なのかを定義して社会の法的安定性を高めることにあります。それに加えて、監督システムもあらゆる革新的な支払取引が特定の技術的標準と基準に適合させるように現代化されます。新法の立案者が述べるように、支払システム、システム参加者、システム操作者の全体的な定義が欠けているなど、決済完了性の原則がいまだ不十分な規制であるため、システム参加者の権利と義務を十分に決められていません。これまで実務に現れる問題は適切な法の不足により市場参加者の競争が阻害されること、すなわち、エストニアの現行法が異なって解釈されることにより、エストニアの企業が外国の支払システムへの接続が困難であったことであります。それこそ、この分野で進むデジタルイノベーションに法的ルールが追いつかなければいけない理由です。

最期に、金融マーケットと特に流動性を機能させることは健全な決済方法に依存します。もし、支払と決済システムに付随する法律上、金融上、オペレーション上のリスクが十分に管理できなければ、金融システムと経済に重大な崩壊をもたらしかねません。

ヨーロッパ委員会による、ヨーロッパにおける目標の１つは、カード、インターネットとモバイル支払の間で標準化と相互に情報交換を可能にすることです。

エストニアは、間近に新しい法律と技術的ソリューションによるベストプラクティスの例があるパイロットケースの国といえるでしょう。

Tallinn University of Technology (TalTech)
タリン工科大学法科大学院教授、ヨーロッパ法政策、法と技術専攻
Tanel Kerikmäe　タネル・ケリクマー
日本語訳：金子宏直

COLUMN /

中国におけるキャッシュレス決済

中国におけるキャッシュレス決済には、さまざまな方法があります。これまで、実際の消費において、キャッシュレス決済方式は主にpos機を使ってユーザーの銀聯（ギンレン）カードから引き出していました。ネットを通した消費は、主にインターネットバンキングに依存しています。しかし、どちらも便利とはいえず、pos機は、販売店側が追加で設備を設置する必要があり、しかも高い手数料がかかります。ネットバンキングは、処理過程が複雑で、支払手続も煩雑です。毎回銀行カード番号を入力し、その他の情報を登録し、コンピュータに支払のための周辺機器を接続し、コンピュータのプラグインをダウンロードする必要もあります。

現在、中国のキャッシュレス決済の二大キャリアは、主にテンセント傘下のウィーチャットペイとアリババグループ傘下のアリペイです。利用者は携帯電話からアプリをダウンロードし、携帯電話番号やメールアドレスなどで口座を登録し、銀行カードと口座を結び付けることができます。ユーザーは、アプリケーションやクレジットカードを組み合わせることができますが、クレジットカードを使うと一部のアプリ機能が制限されるため、ユーザーの多くはアプリケーションを選ぶようです。ウィーチャットペイとアリペイは、基本的に中国国内のすべての銀行と提携しており、迅速な支払契約があるため、決済プロセスも決済プロセスも非常に迅速です。ソフトウェアの指示に従って銀行名を選択して、カード番号を入力して、銀行に登録された携帯電話番号を入力して銀行カードへのひも付けを完了できます。ソフトウェア内に6桁の支払パスワードを設定しておくことで、取引時にはパスワードを入力すると支払が完了します。

二大キャリアの機能は類似しており、三種類の機能をもっています。

1つ目は、ストレージ機能で、キャリアを介して他人の口座から電子マネーを直接受け取ることができ、また、自分の銀行カードでキャリア口座にチャージすることができます。入金された通貨、銀行カードのチャージされた通貨は個人のキャリア口座に保存されており、ユーザーは引出しによって、電子マネーを銀行の口座に入金することができます。引出しには手数料がかかるため、十分な残高のあるユーザーに対しては、ワンクリックでキャリア口座の残高から、高収益でいつでも引き出すことがで

きる財テク商品を第三者の金融機関と提携して、提供しています。送金のときには、ユーザーはキャリア口座残高、財テク商品の残高、銀行口座残高から選択することができ、相手の口座番号又は銀行カード番号を入力することで送金することができます。

2つ目は、支払です。オフラインの物理的な消費は、主にアプリケーションソフトウェアのQRコードとスキャン機能に依存しています。アプリ内では、支払QRコード、受け取りQRコード、それぞれ提供されています。ユーザーは、携帯電話で業者が提供した領収書コードをスキャンし、商品の金額を入力し、支払パスワードを入力すれば、直接業者の口座に支払うことができます。領収書コードは、アプリから直接ダウンロードして保存したり印刷したりすることができます。コストがかからないため、小規模事業者に好まれています。また、お店は、リーダー等で顧客の決済コードをスキャンすることができ、機械に商品金額を入力し、顧客の決済コードをスキャンし、顧客は暗証番号を入力せずに支払を完了することができます。この方式の方が顧客にとって便利なので、ある程度の規模でユーザーサービスを重視しているお店に多く採用されています。

3つ目は娯楽です。ウィーチャットは、中国最大のチャットアプリで、チャットボックス内でウィーチャットペイを使ってラッキーマネーを送ることができます。休日やお祝いのとき、チャットグループで配って、お正月のお年玉など、ラッキマネーを奪い合って楽しむことができます。アリペイは、環境に配慮した消費記録に基づいてアプリケーション内で森林にエネルギーを供給したり、エネルギーを集めてバーチャルツリーを育成するなどのレクリエーション活動を展開しています。アリババグループは、個人が大木を育てると、砂漠に本物の苗木を植えるので、キャッシュレスでより多くのグリーン消費を奨励しています。信用を評価する消費記録に胡麻粒があります。ユーザーが獲得した胡麻粒によって芝麻（ジーマ）信用のスコアを引き上げ、より条件のよい貸金サービスも提供しています。

このような支払システムを安全に運営し、ユーザーの損失を回避するために、二大キャリアは、ログインパスワードの設定やリアルタイムで支払コードを変更するなどの技術的な措置のほか、アカウントが盗まれた場合は全額賠償すると約束しており、ユーザーから信頼され、携帯電話支払の場合に加入する人が増えています。

現在、これらのキャリアで支払できる範囲は非常に広く、社会システムのあらゆる

面に浸透しています。

　キャッシュレス決済方法は、鉄道やバスでも利用できます。他の生活に関わるサービスにも広まり、水道、ガスなどの生活費に関わる費用を支払うことができます。社会保険、医療保険、交通罰金などの公共料金を支払うことができます。航空券や列車のチケットを購入することができ、中国では"網約車"と呼ばれているアメリカのUberのようなサービスの配車、出前などの日常的な利用に広がっています。中国人は二大キャリアのキャッシュレス決済方法に大きく依存しており、海外に出た中国人も支払方法を利用しています。多くの外国企業がウィーチャットペイとアリペイの利便性を感じ、二大アプリを使い始めています。

北京師範大学法学院

博士課程　李賽璞
日本語訳：北京師範大学法学院教授　劉栄軍

韓国におけるキャッシュレス決済

　韓国は、スウェーデンなどとともにキャッシュレス決済の利用度が高く、キャッシュレス社会への進展が速いです。日本以上だといわれています。

　韓国銀行の「2019年支払手段とモバイル金融サービスの利用形態調査結果」(2020年3月) 4頁-5頁によると、消費者の現金使用の割合は、件数ベースでは26.4%で、2年前に比べ9.7ポイント低下しました。キャッシュレスのクレジットカード (43.7%)、チェック・デビットカード (19.2%)、モバイルカード (3.8%) は、それぞれ14.4、4.2、1.2ポイント増え、口座振替は3.0%で3.5ポイント減少しました。また、金額ベースでは17.4%で、2年前より2.9ポイント低下しました。キャッシュレスクレジットカード (53.8%)、チェック・デビットカード (15.3%)、モバイルカード (3.8%) はそれぞれ21.0、5.2、1.8ポイント増え、口座振替は8.0%で6.7ポイント減りました。ATMの設置台数は12.0万台 (2018年末) で、5年前に比べ4%ほど少ないです。このような傾向からキャッシュレス店舗が増えてきています (スターバックスコリアの一部店舗など)。

　クレジットカード、チェック・デビットカード、モバイルカードの保有率は2019年にはそれぞれ81.3%、68.0%、17.8%に達し、20代のチェック・デビットカードの保有率はクレジットカードより高いです。

　金融委員会と韓国銀行、そして一部の政治家たちは現金流通の重要性を強調します。国会に発議された電子金融取引法改正法律案 (2019年5月30日) には、加盟店が利用者に特定の支払手段を強要したり、電子マネーのユーザーを特別扱いすることがないように、消費者の支払手段の選択保障が明記されています。そして、制度的に法貨の強制通用力を排除したスウェーデンとは異なり「キャッシュレス店舗」で顧客が求める場合、現金決済を可能にしています。

　背景には、自然災害や火災などによる大規模な停電や電算システムの障害、システム内の利害関係者の間の法的紛争などによる電子支払手段の使用制約への懸念があります。当局は、スウェーデンが支給決済サービス法を改正し、2021年1月から商業銀行の現金取扱業務 (入・出金サービスなど) を義務化した事例を注視しているようです。

　クレジットカードの使用増加の背景には、カードの義務受取制（1987年）、カード決済拒否や利用時の不利な適用不可（与信専門金融業法19条1項、70条4項4号）、加盟店への指導、カード使用額への税制上の所得控除（1999年）などがあります。

　一方、法律上の迅速な対応が求められる分野の1つとして、仮想通貨（暗号通貨）・デジタル通貨など、キャッシュレス決済手段の導入と活用の拡大に備えた法的対応が指摘されるでしょう。ビットコインなどの暗号資産市場の規模や、利用者が急速に拡大したにもかかわらず、政策対応を自制していた政府は、2021年5月になって主務官庁として金融委員会を指定しました。そして、ブロックチェーン技術の発展・産業育成の主務官庁に科学技術情報通信部を指定しました。

　キャッシュレス社会への進展を加速させるのが簡便決済や簡便送金の増加といえます。"簡便決済"はカードの情報などをモバイル機器に事前に保存し、取引時にパスワードや端末接触で決済するサービスで、電子金融取引法上の電子支払決済代行業者が運用します。全体決済における（カードベース）簡便決済の割合は、2020年第4四半期では、18.0％で、対モバイル機器やパソコン決済の同割合は41.5％に至ります。利用額は2020年には1日平均、4,492億ウォンで2016年の7倍の規模です。

　"簡便送金"はモバイル機器を介した口座振替などで充填した前払金を電話番号やSNSなどを使って、受取人に送金するサービスで、電子金融取引法上のプリペイド電子支払手段発行者が行います。電子資金振替と前払電子支払手段に区分できます。利用額は、2020年第4四半期ベースで1日平均3,566億ウォンで、2016年の50倍規模です。現実におけるサービスによっては、電子資金振替とプリペイド電子支払手段の区別が法的に明確でない事例も指摘されるようです。

韓神大学名誉教授
裵埈晧

第2章

クライアントの
属性別

1 | 消費者

（1）消費者トラブルの現状

新しいサービスが次から次に出てきて理解するのも大変です。消費者が、便利そうだと使い始めてトラブルに巻き込まれるのはどのような場合でしょうか。

 KeyWord キャッシュレス・ポイント還元制度、電子商取引、キャッシュレスの種類、前払い、即時（デビット）払い、後払い、個人情報漏えい、デジタル・ディバイド、デジタルプラットフォーム

［1］消費者からみたキャッシュレス決済サービス

　「キャッシュレス」という言葉が消費者に一般的に使われるようになり、実際に日々利用される場面が増えています。2024年には、紙幣が刷新されるほど造幣技術の発達している日本では、偽造紙幣などの心配が少なく、現金決済が日常生活では最も信頼され、即決できる支払方法として利用されてきました。そのため、世界各国と比較するとキャッシュレス決済の普及が先進国の中で遅れ、2025年の万国博覧会開催までにはキャッシュレス決済の普及率を40％までに高めようと、政府主導で2019年10月の消費税率の引上げに合わせて、キャッシュレス・ポイント還元制度（以下「ポイント還元制度」という）が2020年6月まで実施されました。クレジットカードやデビットカード、電子マネーなどのキャッシュレスで支払をした人に対し、中小企業や個人が経営する店舗では購入額の5％、コンビニエンスストア・外食・ガソリンスタンドなどのフランチャイズチェーン等では購入額の2％相当のポイントが還元されるというものでした。さらに、ポイント還元制度の終了後には、マイナンバーカードの普及促進や、キャッシュレスの中でQRコード決済の共通化推進を目的に、総務省がマイナポイント還元制度を2020年9月から2021年3月末までの予定で始めました。それが2021年12月末まで

延長されて、この2年間に全国の中小企業や個人経営の多くの店舗にキャッシュレス決済サービス（以下「キャッシュレス決済」という）用の機材が導入され、消費者が店員や現金に触れずに衛生的で素早く支払える方法としてキャッシュレス決済が増えてきました。商品購入だけでなく、交通機関の利用や外食サービス、行政サービスなど、利用範囲も日々全国的に広がっています。

　他方で2020年は新型コロナウイルス感染症まん延防止対策による緊急事態宣言等で長期間自宅待機、自粛生活を強いられました。消費者の多くは、パソコンやタブレット、スマートフォン（以下「スマホ」という）でインターネット通信販売（以下「ネット通販」という）やインターネットオークション、動画配信サービスやデリバリーサービス、銀行や証券会社、保険会社等の金融サービスなど複数の電子商取引で、支払方法としてキャッシュレス決済を選ぶ機会が増えました。その結果、ポイント還元制度が始まる前にはキャッシュレスの言葉も知らなかった、利用したことがなかった消費者も、現金以外で支払う「キャッシュレス決済」を利用するようになりました。あわせてポイント還元を経験することで、「ポイント」についてもキャッシュレスの一種として、現金と同様の価値があるものと誤解する消費者も出てきました。さらに、「暗号通貨（仮想通貨）」といわれるインターネット上での電子的な決済手段として流通しているデジタル通貨も含めてキャッシュレスと認識する消費者もみられるようになっています。

　キャッシュレス決済の定義として公式なものはないようですが、消費者行政の司令塔として2009年に創設された消費者庁が行った消費者向け意識調査[1]では、「物理的な現金（紙幣・硬貨）を使用せずに商品・サービスの料金の支払等を行うことを指します（ただし、銀行等の口座振替・振込等による決済を除くこととします。）」と定義しています。また、2018年に経済産業省の提言で設立された、一般社団法人キャッシュレス推進協議会（以下「キャッシュレス推進協議会」という）では「物理的な現金（紙幣・硬貨等）ではなく、デジタル化された価値の移転を通じて活動できる状態を指します」としています。

　日本には、商品券や図書券（いまは図書カード）、小切手などの紙幣や貨幣以外で取引の決済をしてきた歴史が江戸時代末期からあります。したがって、現金以外での決済方法を消費者の多くが経験し、利用してきました。しかし、近年のデジタル社会の中で進む「キャッシュレス決済」の種類は非常に多く、利用場面も店舗だけでなくカタログやTVショッピングの電話やFAX、インターネットでも可能で、利用方法もカードやスマホ以外にもさまざまあり、便利ですが仕組みがわかりにくく、トラブルになりやすいのが現状です。

　では、消費者が利用するキャッシュレス決済にはどのような種類があるでしょうか。

　キャッシュレス推進協議会による啓発資料[2)]では、キャッシュレスの種類を前払い（プリペイド）、即時払い（デビット）、後払い（ポストペイ）の支払時期とプリペイドカードや電子マネー、デビットカードやクレジットカード、スマホなどの手段によって大別しています。流通業界や通信業界、金融業界などの事業者間では、カードやスマホをどう使うかで、タッチ（かざす）決済、コード（バーコードやQRコードの読み取り）決済、電子決済、スマホ決済、非接触決済（タッチ、コード、スマホのすべてをまとめて）などの呼び方がバラバラに使われています。

　支払時期が違っても、手段としては電子マネーとしてのカードだけでなく、スマホを使ってのバーコードやQRコードを読み取るコード決済も増えてきており、さらにスマホのアプリだけでなく、アプリ入りのリングやペン、QRコード入りのリストバンドなどの専用器具による非接触のキャッシュレス決済も増えてきています。

［2］消費者の理解と利用

　キャッシュレス決済について消費者がどの程度理解し、利用しているかを知るためにいくつかのアンケート調査結果があります。

　5年に一度国が行う全国家計構造調査が2019年10、11月に行われ、「家計収支に関する結果」が2021年2月に公表されました[3)]。その中で、購入形

態の支払方法として「現金」「クレジット、掛買い、月賦（電子マネーのポストペイを含む）」「電子マネー（プリペイド）」の３つに分けた結果が出ています。ただし、「現金」には「現金、ポイント、商品券、デビットカード、口座間振込等及び「自分の店の商品」とされたもののほか、自動引落しによる支払のうち「クレジット、掛買い、月賦」に該当しない支出を含める」としているので、キャッシュレス決済の分類方法とはだいぶ異なりますが、利用率が最も高かったクレジットや新しい電子マネーの傾向がわかります。全世帯の消費支出の支払方法として「現金（口座間振込も含む）」が73.5%、「クレジット、掛買い、月賦」が22.5%、「電子マネー」が4.0%で５年前の2014年調査と比較して現金以外が上昇し、「電子マネー」の利用は2.5倍になっています。

　また、ポイント還元制度が始まる直前の2019年７月に消費者庁が行った前述の「［参考・７月（確報）］キャッシャレス決済に関する意識調査結果」[4]では、キャッシュレス決済を全く利用していない人は全体の9.0%と少なく、既に消費者の９割以上がキャッシュレス決済を利用していました。最も利用されていたのはクレジットカードで86.4%、次に交通系以外の電子マネー（WAON、nanaco、楽天Edyなど）56.2%、交通系電子マネー（Suica、ICOCAなど）44.4%が続きました。同調査でキャッシュレス決済を利用する理由として、現金と比べてどんなメリットがあるかについての問いには、「支払手続が簡単・迅速」と「割引やポイントの特典」が約７割、「現金を持ち歩く必要がなくなる」が約６割でした。このほかコロナ禍の前の調査でしたが、１割弱の人が「現金に触れる必要がなく、飲食店等で衛生的に支払ができる」と答えており、日本の消費者の生活意識が反映されていました。年代別に分析した結果からは60代以上の高齢者層で「支払手続が簡単・迅速」「割引やポイント」「現金を持ち歩く必要がない」のそれぞれの割合が他の年代よりもっとも高くなっていました。高齢になって身体能力が劣ってくると重い財布をもちたくないし、小銭を出したり数えたりする手間が省けることがその理由のようです。

　ほかにも、ポイント還元制度の期間中である2020年６月にキャッシュレ

ス推進協議会が発表した消費者へのアンケート調査結果[5]からは、8割以上の消費者がポイント還元制度を知っていて大都市だけでなく町村部でも認知され、利用箇所の少ない地方でもポイント還元される店舗で5割前後の消費者がキャッシュレスを利用していました。さらに、20代〜60代の約5割以上、10代と70代以上の約4割弱がポイント還元制度前より利用頻度が増えていました。手段としては、50、60代はクレジットカード、10、20代の若者層は交通系のプリペイドカードや電子マネー、20代はデビットカード、20、30代はQRコード、50代は交通系以外の電子マネーの利用が多いとの結果でした。

　世代別に利用頻度が異なっているキャッシュレス決済手段ですが、消費者はどのような商品やサービスの購入に利用しているでしょうか。前述の2019全国家計構造調査[6]では、現金以外のクレジットカードや電子マネーでの支払割合の多い費目を世帯主の年齢階級別に分析しています。その結果、80歳以上を除く各年代では、「被服及び履物」「家具・家事用品」「交通・通信」の順に高く、80歳以上では「被服及び履物」「交通通信」「食料（外食を除く）」の順でした。つまり、消費者の多くが被服や家具など日用品以外の高額商品の購入や、Suicaなどの電子マネーでの交通機関利用などにキャッシュレス決済が広がっているといえます。さらに、同調査で購入先別の結果からは「通信販売（インターネット）」の割合が2014年の前回調査に比べ2.1%から3.3%に上昇しており、もっとも多い購入先「スーパー」24.6%、「一般小売店」14.7%、「ディスカウントストア・量販店」7.4%には及びませんが、キャッシュレス決済の利用がコロナ禍の前から増加していたことがわかります。

［3］ トラブルの現状と消費者被害

　ポイント還元制度の実施やコロナ禍で、デジタル化したキャッシュレス決済を積極的に利用し始めた消費者も多い中、どんなことを消費者が不安視しているのか、前述の消費者庁の「［参考・7月（確報）］キャッシャレス決済に関する意識調査結果」[7]からみてとれます。この調査で、キャッシュレス決済を利用するにあたって不便に感じていたり懸念したりしていることを複

数回答で調べています。その結果では、「個人情報の流出や不正使用等の被害が発生するおそれがある」61.4％、「カード等の紛失・盗難のおそれがある」48.5％、「お金を使っている感覚がせず、使いすぎてしまうおそれがある」41.4％、「自身の購入・決済履歴等の個人情報が事業者等に取得・利用される」33.2％、「決済サービスによって利用できる店舗が異なり利用可能範囲がわかりにくい」31.2％、「決済サービスが乱立して自分に最適なものがわかりにくい」29.7％、「災害等の非常時に決済できない場合がある」28.6％の順で不便や不安さを感じていました。

　実際に、2020年9月に発覚したゆうちょ銀行と提携するドコモ口座をはじめとする電子決済サービスの不正利用の事件などが起きていました。この事件に関しては、総務大臣が公表したこともあり、消費者側の被害は救済されて事なきを得た感がありますが、2021年3月の通信大手アプリLINEの個人情報が中国や韓国に漏えいした可能性があるとの報道には多くのLINE利用者が驚いたのではないでしょうか。グローバル化した流通、通信＆金融サービスの事業者の組織や関係、国家間の法規制の違いなどが消費者には情報もなく、あったとしても複雑で理解できないことが多いようです。得体が知れないと感じる消費者には事件が起きるたびに不安や懸念がつのってしまい、キャッシュレス決済の利用阻害要因にもなっています。キャッシュレス決済は、消費生活の中に急激に広がり、種類も多く使い勝手もさまざまです。使えるシーンは日々増えていますが、使えない不自由さには複数の要因があり、利用を広げ定着させるには解決していくべき課題がまだまだ多くあります。

［4］トラブルは、なぜ起きるのか？

　キャッシュレス決済と一口にいっても、「○○決済」「○○Pay」などと複数の用語が使われ、カードやスマホで複数のキャッシュレス決済が利用できるため、自分の利用するキャッシュレス決済を判別し、正しい理解で利用して、家計管理ができるか否か、消費者のリテラシーが問題です。「キャンペーン」や「初めての方限定」「初回無料」などの誇大な広告や有利さをきっか

けに、初めてカードをつくったりアプリを導入して、後で費用がかかること
がわかったなどの初期トラブルの多くが、消費者のキャッシュレス決済の選
択ミスや理解不足による場合も多いからです。消費者側の課題として、キャ
ッシュレス決済を始めようとする場合にスマホのアプリ設定や登録方法など
がわからなかったり、通信環境が悪くて設定できずに利用前から諦めてしま
ったり、アプリの購入方法がわからずにトラブルになるケースなどもありま
す。

　高齢者世代では目が悪い・耳が遠いなどの身体能力が減退していることを
認めたくない消費者の中には、スマホの操作方法を説明されても見えない・
聞こえないのにわかった振りをする消費者もいます。認知症とはいわないま
でも記憶力や理解力も落ちている高齢者も多々いますから、新しいキャッシ
ュレス決済の手段を選んで、利用することをどれだけ正しく理解しているか、
トラブルになった際に第三者が確認するのは、難しい課題です。

　消費者に最も利用されているクレジットカードを選ぶにも、複数のキャッ
シュレス機能が付いています。クレジットカードの場合には加入時に与信審
査があるので、単体でもつ場合には使い過ぎの不安は少ないと思われます。
しかし、カード発行会社も信販会社独自だけでなく、銀行系や流通系、交通
系や通信系など事業者間の提携がなされた数千種類のクレジットカードが存
在します。また、クレジット機能だけでなく、キャッシング機能や、国際ブ
ランドといわれる海外利用が可能な加盟店を多くもつVISAやMastercard、
日本ブランドのJCBなどの5社のマークのうちの1つが付き、さらにカー
ド利用で貯まるポイントやチャージ可能な電子マネー、デビットカードの機
能も付いているものもあり、これらの複数の機能が搭載されたICチップ入
りの1枚のプラスチックカードが現在のクレジットカードの主流です。1枚
のカードで複数のキャッシュレス決済を行うことができます。他方で、スマ
ホの場合もアプリを入れることによって同様に複数のキャッシュレス決済機
能をもつことができ、プリペイドだとしてもチャージする元が銀行口座なの
かクレジットカードなのかでも決済事業者は異なります。

　スマホのアプリをインストールするときには、ペーパーレスでスマホの画

面上に契約内容や利用規約の条項が細かく表示され、その内容を全部読んでから「同意」ボタン等をクリックして契約する方式になっています。しかし、消費者のどれほどの人がスマホ上で契約内容及び利用規約や個人情報保護規定等の全文を読んでいるでしょうか。読むには相当の時間と法的な知識や理解力が必要であり、利用したい欲求が先に立って読まずに手続をしてしまう消費者がほとんどではないでしょうか。クレジットカード会社はクレジットカード発行時に、本人確認や契約内容を書面で発行することになっていますが、アプリの事業者にはスマホ上に記載した内容を消費者が同意すればよいので、海外事業者の場合などでは理解に苦しむ日本語訳の文章を延々と表示しているだけのこともあり、消費者に契約内容を理解させようという配慮はありません。トラブルになったときに、事業者が、「同意」ボタンを押してインストールした消費者側に責任があると強く主張するためとしか思えない表記をしていることもあります。そのうえ、スマホアプリには「おさいふケータイ」などの複数のキャッシュレス決済機能をまとめたサービスもあります。

　つまり、消費者がキャッシュレス決済を利用しようとするときに、どれだけの知識や情報をもち理解できているのかは、事業者とのデジタル・ディバイド（情報格差）が原因でトラブルになった際には重要なポイントです。さらに、店舗での購入であればクレジットカードやデビットカード、スマホでも利用明細やレシートが発行されますが、インターネット利用での電子商取引ではメールでの通知やHPでの明細確認をしない限り、自分の利用したキャッシュレス決済の詳細が確認できず、トラブルになった際に、事業者のどこへ連絡すべきか誰に訴えるべきかも判断できないことになります。

　また、キャッシュレス決済を導入した事業者、販売店側の問題から生じるトラブルもあります。「読み取り、認証が上手くいかなかった」「操作に時間がかかったり、戸惑ったりした」「誤った請求や決済があった」など店舗側のキャッシュレス決済用の機器の不具合や通信障害、操作ミスや店員の理解不足などで起きるトラブルです。さらに、ネット通販やインターネットでのサービス利用の場合には、プラットフォームと呼ばれる情報サイトやショッピングモールなどが関係してくることも多々あります。インターネットの場

合には、事業者が海外の場合も多くあります。したがって、ネット通販の場合、消費者がトラブルになった手段や事象は説明できても、なぜ、誰が、いつ、どこで関わったのか、どのキャッシュレス決済を選んだのかなど、自身で証明することは難しいことが多く、原因究明や問題解決が困難になります。

　このほか、消費者が本来のキャッシュレス決済と区別ができないでいる「ポイント」や「マイル」「クーポン」「メダル」などの名称で、支払方法として現金と同様に扱われるサービスによるトラブルもあります。デジタル社会が進む中で、デジタルオンチといわれるような、横文字だらけの専門用語でいくら説明されても理解できない消費者もいます。こうしたデジタル・ディバイドを失くし、消費者が電子商取引を安心して利用できるよう2020年5月27日に成立した「特定デジタルプラットフォームの透明性及び公正性の向上に関する法律」（令和2年法律38号。デジタルプラットフォーム取引透明化法）や2021年春の国会に上程され4月と6月に成立した「取引デジタルプラットフォームを利用する消費者の利益の保護に関する法律」（令和3年法律32号）「消費者被害の防止及びその回復の促進を図るための特定商取引に関する法律等の一部を改正する法律」（令和3年法律72号）により、これまでよりも電子商取引に関連する事業者の消費者保護の対応が具体化されるのを期待しています。

（注1）　消費者庁「［参考・7月（確報）］キャッシュレス決済に関する意識調査結果」（2019年8月15日）（https://www.caa.go.jp/policies/policy/consumer_research/price_measures/pdf/price_measures_190815_0003.pdf）

（注2）　一般社団法人キャッシュレス推進協議会「主なキャッシュレス決済手段のご紹介」（https://www.paymentsjapan.or.jp/wordpress/wp-content/uploads/2020/07/introduction_to_paymemt_methods_fy2019.pdf）

（注3）　総務省統計局「2019年全国家計構造調査—家計収支に関する結果　結果の概要」2021年2月26日（https://www.stat.go.jp/data/zenkokukakei/2019/pdf/gaiyou0305.pdf）

（注4）　前掲（注1）

（注5）　一般社団法人キャッシュレス推進協議会「2020年度　消費者インサイト調査」（https://www.paymentsjapan.or.jp/wordpress/wp-content/uploads/2021/05/insights_fy2020.pdf）

（注6）　前掲（注3）

（注7）　前掲（注1）

〔唯根妙子〕

（2）消費者相談の実例

現金を使わないキャッシュレスに不安を感じる消費者も多くいます。未払いや二重請求、返品希望など消費者相談ではどのように対応しているでしょうか。

国民生活センター、PIO-NET情報、架空請求対策パッケージ、キャリア決済、解約、定期購入、返金、二重払い、未成年者契約の取消し、出会い系サイト、中途解約、架空請求、消費者ホットライン（188）、消費生活センター、消費者相談、消費者白書

---

[1] キャッシュレス決済の相談事例

　消費者相談の経験から、キャッシュレス決済に関連した相談のポイントを説明します。

　キャッシュレス決済は、消費者相談においては消費者が日常生活の中で購入したい商品や利用したいサービスの対価として、現金以外で支払う方法の総称です。店舗での現金決済であれば、商品やサービスに問題があった場合には、店員や店主に直接苦情をいうことができますが、それでも契約したことを証明するために商品やサービスの対価を支払ったレシートや領収書類が必要です。それが、キャッシュレス決済では、たとえばカード決済やスマートフォン（以下「スマホ」という）又は（キャリア）決済を利用した場合には、販売事業者だけでなくカード会社や通信事業者などのキャッシュレス決済事業者も関わってきます。これがインターネット上の電子商取引（以下、ネット取引という）になると、ショッピングモールや価格比較サイトなどもあり、購入やサービス利用時にそれらを利用すれば、プラットフォーマーと呼ばれるサイト事業者なども関わってくることになります。このように関係者が複数で、複雑になると、もし弁護士がキャッシュレス決済の仕組みをしっかり理解していないと、誰とどう交渉すればよいか、トラブルの原因究明や問題解決が困難になります。

　独立行政法人国民生活センター（以下「国民生活センター」という）の

PIO-NET（全国消費生活情報ネットワークシステム）情報[1]などによると、キャッシュレス決済がまだ広く消費者に認知されていなかった2017年頃には架空請求の相談が年間約20万件、その支払方法としてキャッシュレス決済が使われ約13億円の被害が出ていました。典型的な手口は、はがきや電子メールで届いた請求内容に驚いて、弁護士等を名乗る相手に消費者が電話をすると、仮想通貨の購入代金の送金やプリペイドカードをコンビニエンスストア（以下「コンビニ」という）で購入しカード番号をメール等で通知させるというものです。この対策として2018年に国が「架空請求対策パッケージ」[2]と銘打って消費者庁だけでなく、金融庁、警察庁、総務省、法務省、経済産業省、個人情報保護委員会、国民生活センター等の関係省庁が民間事業者にも協力を求め複数の防止対策を実行しました。キャッシュレス決済関連では、電子マネー発行者に対しコンビニ等と連携し、複合端末画面での注意喚起や仮想通貨交換事業者には取引時本人確認の実施状況のモニタリングを求めました。この取組みが功を奏して、2019年に入ってからの架空請求の被害件数は減少してきました。しかし、似た手口の架空請求は現在も横行しています。このほかにもキャッシュレス決済に関係した最近の消費者相談の事例と対応策をいくつか紹介します。すべてが解決できるわけではありませんが、消費者被害救済のポイントがみえてきます。

＜事例1：解約＞　スマホのポップアップ広告で電子タバコを500円のキャンペーン価格でスマホ決済したところ、注文後定期購入で最低2万円以上購入しなければならないことがわかり解約したい。しかし、利用規約にキャンセル不可となっていた。決済してからまだ数時間しか経っていないが、クーリング・オフできないか。
◎対応：（定期購入の違法広告、クーリング・オフの理解不足、スマホ決済）
　相談者にスマホでのネット取引なので、特商法（昭和51年法律57号）の電子商取引にあたり、契約成立時期及びクーリング・オフ制度はないことを説明。申込完了の事業者からの承諾メールの有無を確認し、まだ届いていない場合は、すぐに定期購入とは気付かずに、1回のみの購入と思って申し込

んだので取り消したい旨のメールを、発信日時が確認できるように本文中に書き込んで、販売事業者とスマホ決済した事業者に発信するようアドバイスをした。既に、承諾メールが届いている場合には、契約が成立しているので商品が届く前に、最初のポップアップ広告や電子タバコの広告画面の保存、サイト名やURL、キャンペーンの内容、利用規約、申込画面などの事業者側の証拠のデータを残し、キャンセルや返品特約の記載がないかどうかも確認しすべてプリントもするよう指示し、スマホ決済した事業者のカスタマーサービスにメールと電話で連絡し、状況を説明し証拠のデータもあることを伝え、支払をストップできないかを打診するようアドバイスをした。

　消費生活センターがあっせん交渉する場合は、キャンペーンメールの内容や電子タバコの販売サイトの表示内容からは最低2万円以上購入する条件の説明がわかりにくく、申込時に画面をスクロールして注意深く読むことでわかる画面構成であり、利用規約でキャンセル不可としているが、消費者契約法の消費者に重要事項説明が不十分な表示に問題があるのではないかと指摘する。本件では、販売事業者に連絡したが連絡がつかなかった。そこで、スマホ決済がクレジットカード会社だったので、資料提供と事情を説明し検討してもらえないか打診し、カード会社からキャンセル扱いとする旨消費者センターに回答があり、解決できた。

※特商法が2021年6月の改正により「詐欺的な定期購入商法」の防止策として重罰化も規定された。

＜事例2：返金＞　3か月前にデリバリーサービスのアプリをインストールし、1回だけ注文して利用した。その後利用しないでいたが、身に覚えのない引落しがクレジットカード明細にあった。980円が3回引き落とされたので返金してほしい。

◎対応：（契約内容の誤解、利用規約の不読、クレジットカード決済）

　特商法では、通信販売は広告及び利用規約等に書かれている内容に縛られるので、相談者に3か月前の申込画面もなく、利用規約の内容も読まず、ダウンロードもせず、データを残していないのではアプリ運営事業者（以下「事

業者」という）との交渉ができないため、メールで事業者に連絡して申込当時の画面や利用規約を確認させてもらうようアドバイスをした。事業者から返事が届き、「既に登録したアプリは月額980円のサービスで無料期間や適用条件などを利用規約で説明しており、登録時に承諾されている。利用の有無はシステムの不具合等ではないため、解約はできるが返金はできない」というものだった。アプリを知った経緯や広告内容が確認できないため、これ以上の交渉は難しいと説明した。

＜事例3：二重払い＞　大手通販サイトでペットフードを3種類注文し、代金8,200円をコンビニで電子マネーとポイントを使って支払った。後刻、サイト事業者からの支払御礼のメールとともに商品情報の写真が届き、3種類のうち1つが新製品で材料の内容が変わっていて、自分のペットが食べないことがわかったので1種類2,700円分だけキャンセル手続をした。サイト事業者からキャンセルの場合全額をギフト券で3日以内に返金対応することになるので、再度2種類分の代金を払う必要があるとのメールが届いた。1種類のキャンセルなのに全額再請求されるのは心外である。大手通販サイトに苦情を申し出たいが問い合わせフォームに該当するコメントもなく、連絡する手段もない。どうにかならないか。
◎対応：（一部の返金、電子マネー決済）
　特商法上の表示の内容を確認するよう相談者に説明し、キャンセルの手続方法や返金方法の記載を確認し、その方法と今回の対応で異なる点があれば、大手通販サイトの特商法上で表記されている電話番号に連絡し、事情を説明してキャンセル分の返金のみをしてもらえないか自主交渉するようアドバイスをした。後日、相談者から大手通販サイトのキャンセル手続はすべてギフト券での返金で、いったん全部キャンセルして再契約になることを確認したので、それに従うしかないと諦める旨の連絡があった。

＜事例4：未成年者契約の取消し＞　スマホで「副業」と検索し、出てきた広告とチャット画面から紹介サイトにつながったので、試しに登録をしたと

ころ複数の人からメッセージが届くようになり、そのうちA氏と恋愛や出産の悩みなどを話すうちに、相談相手になってくれれば月50万円支払うといわれた。契約するには別のステップが必要で15,000円を銀行から指定口座、指定名義宛てに振り込むよういわれそのとおりにした。その後もセキュリティコードや暗証番号の登録が必要なサイトで登録料などをコンビニのプリペイドカードを購入して支払った。3か月経ってもA氏からの報酬がなく、話が違うので家族に相談し、19歳であり未成年なので取り消して返金してほしい。

◎対応：（未成年者契約の取消し、出会い系サイト、プリペイドカード決済）

　未成年者だということの身分証明と銀行振込みとプリペイドカードの購入記録をもっていることを消費生活センターで確認し、あっせん交渉するためには銀行振込分とプリペイドカード7枚分85,000円の総額10万円の未成年者契約の取消しの文書を経緯も詳細に書いて、カードの購入記録のコピーとともに、サイト業者とプリペイドカード発行事業者に送り、警察にも届け出て、振込詐欺救済法（「犯罪利用預金口座等に係る資金による被害回復分配金の支払等に関する法律」（平成19年法律133号、平成30年法律95号改正））に基づいて、銀行口座凍結手続をとってもらうようアドバイスをした。プリペイドカード発行事業者とあっせん交渉し、後日プリペイドカード分の全額返金ができたが、銀行振込分は口座が閉鎖されており諦めたと消費者から報告があった。

　なお、2022年4月1日に成年年齢が20歳から18歳に引き下げられるため、それ以降は未成年者契約取消権は18歳未満となる。

＜事例5：返金＞　クーポンサイトで痩身目的のエステのクーポンを買った。追加で、コースや期間に定めがなく自由に利用でき、プリペイドカードにチャージして来店の都度施術代を払う仕組みを勧められ、初回に10万円チャージし18,000円を利用した。来月はキャンペーンで追加チャージするとその分の同額が施術代として割り引かれるといわれ、さらに翌月分の5万円をチャージしたが利用せずに帰った。コロナ禍で3か月通えず妊娠したことがわかりチャージした残金の返金を求めたが、原則払戻しはできないといわれ納得

できない。

◎対応：（エステの中途解約、チャージ式電子マネー決済）

　プリペイドカードで入金する場合、資金決済法では原則払戻しを禁止していることを説明。また、エステ契約の内容がコース契約ではないため特商法上の特定継続的役務提供取引の適用条件に当てはまらないので、中途解約権も主張できないことも説明。しかし、妊娠したため利用できない事情をエステ店に説明し、キャンペーンで追加チャージした5万円は返金してほしいと交渉してみてはどうかアドバイスをした。後日、エステ店が最初のチャージ残金分も出産予定日から2年延長するとの文書を作成し、追加の5万円の返金に応じたとの報告が消費者からあった。

＜事例6：架空請求＞　大手通販サイトの名で、重要なお知らせとショートメールが届き、記載の電話番号に連絡したら昨年4月に自分が音楽や映画配信サービスに入会しており未納金と延滞金で5万円の滞納があるといわれた。記憶になかったが今日の午後6時までにいったん支払えば後で返金手続ができるといわれコンビニに行き、そこで再度電話するようにいわれた。そのとおりにすると複合端末機で3万円と2万円の電子マネーを購入する手続を指示され、レジで現金で支払うところまで行ったが店員に「188」に電話してから支払うようにいわれ、消費生活センターに電話して詐欺だとわかった。今後、嫌がらせ等されないか、個人情報が漏えいしないか不安だ。

◎対応：（架空請求の典型、電子マネー決済）

　スマホ利用者のショートメールに届く架空請求の典型的な手口であることを紹介し、今後も不審なショートメールはアドレスを確認してから開封するか、不審メールの削除を心がけるようアドバイスをした。

［2］キャッシュレス決済の相談は

　消費者問題では、多くの消費者が商品やサービスの購入や利用をする中で起きるトラブルで、商品やサービスの対価の支払方法の1つとしてキャッシュレス決済がとらえられるため、相談現場では、いつ、どんな商品・サービ

スを、どこで購入・利用したときに支払った方法かなどを具体的に相談者に尋ねることが重要です。それがわからないと、キャッシュレス決済の種類や事業者が判別できず原因究明や解決策のアドバイスも適切にできないからです。

　消費者が消費生活上で疑問や不安があるときやトラブルになったときに相談できる行政サービスの窓口として、全国には1,800か所以上の消費生活センターや相談窓口（以下「消費生活センター」という）があり、国家資格をもつ3,300名以上の消費生活相談員が直接対応しています（※2020年4月現在、相談窓口の名称は自治体によって異なります）。消費者庁が設けた188（イヤヤ）の短縮の電話番号「消費者ホットライン」で、電話やFAX、面談等で相談が受けられ、相談者である消費者に最も近い相談窓口をその都度紹介しています。

　各地の消費生活センターでは、苦情だけでなく消費生活に必要な新しい知識やトラブル防止の啓発も行っています。「キャッシュレス決済」の知識を得たいという相談もでき、学ぶための資料提供や啓発講座なども行っています。とはいえ、入ってくる大半が苦情相談です。相談内容によって、自主交渉の助言（アドバイス）や事業者とのあっせん交渉を行って、トラブルの解決を目指します。民事調停が司法型ADRといわれるのに対し、行政型ADRともいわれます。行政サービスのため、電話代や交通費等の相談者の実費以外は、相談から解決まで無料で行われています。なお、消費生活センターは各都道府県や市区町村の自治体が運営しており、基本的に居住者か在勤在学の消費者個人からの相談窓口なので、事業者（弁護士も含む）からの苦情相談は受け付けていません。

　国民生活センターは、消費者庁と連携して各地の消費生活センターが利用できない祝日や休日の相談窓口となり、また国民生活センター越境消費者センター（Cross-border Consumer center Japan：CCJ）は、海外ネットショッピング等、海外の事業者との取引においてトラブルに遭った消費者の相談窓口となっています。CCJでは、海外の提携消費者相談機関と連携し、海外に所在する相手方事業者に相談内容を伝達するなどして事業者の対応を促

し、日本の消費者と海外の事業者のトラブル解決を支援しています。さらに国民生活センターでは、各地から挙がってくる被害事例の中で消費者保護の観点でADRが必要な事業者とのあっせん、仲裁をして、結果の公表等も行っています。

全国の消費生活センターに入った消費者相談情報を集約し、データの分析・管理を行っているのが国民生活センターのPIO-NET（全国消費生活情報ネットワークシステム）情報[3]です。その情報は、消費生活センターだけでなく消費者庁とともに内閣府をはじめ各省庁の関係部署や日本弁護士連合会、適格消費者団体[4]等へも情報提供されて、消費者問題、消費者被害回復等の解決の一助を担っています。

PIO-NET情報は、毎年、消費者白書の中で前年度の消費者相談の概要として公表されています。「令和3年版消費者白書」[5]で、2020年の集計結果として年間93.4万件の相談件数があり、消費者被害・トラブル額は、推計約3.8兆円（既支払額（信用供与を含む））にのぼり、被害の規模がわかります。2020年はコロナ禍での消費者相談概要だったので、前年度の令和2年版消費者白書のキャッシュレス決済に関連した概要から傾向をみると、販売購入形態（支払方法）別の件数が、2019年の特徴として「不明・無関係」の割合が、2016年の2倍近くの28.3％となっていました。「不明・無関係」には、販売購入形態がわからないもの等が分類されており、2019年では架空請求の約7割はこの分類に該当しています。上記［1］で紹介した＜事例6＞の、事業者からの指示で電子マネーを購入し、電子決済を意味もわからずに消費者が行ってしまうケースなどです。

また、「インターネット通販」について、商品・サービス別にみると、2019年は、2017年に相談の6割近くを占めていたアダルト情報サイトや出会い系サイト等の「デジタルコンテンツ」の割合が減少する一方で、ネット取引の拡大を背景に、健康食品、化粧品、パソコンソフト等の「商品」に関する相談の割合が増加しました。2019年は2018年に比べて「商品」に関する相談の割合が10ポイント以上上昇しています。この傾向は、2020年のコロナ禍で益々増えています。こういった毎年の消費者相談の特徴や傾向は消

費者白書に掲載されるだけでなく、国民生活センターや消費者庁のHP等を通じて、急激に広がるような製品等の事故防止や消費者被害の注意喚起のために、随時公表されています。

　警視庁をはじめ全国の警察署や自治体が検挙したり、行政指導・行政処分した事業者の場合には、消費者庁や国民生活センターのHPからリンクされた特設サイト等（たとえば「特定商取引ガイド」）で、社名公表等が行われています。

　消費者契約法（平成12年法律61号、平成30年法律54号改正）に違反する事業者の広告や被害に関しては、前述の全国に21ある適格消費者団体（2021年7月末現在）が条項や表示の差止請求訴訟を起こしたり、特定適格消費者団体が被害に遭った消費者に代わって、集団訴訟を提起し被害救済を図ろうとした結果等が、消費者庁のHPに公開されています。インターネットでの情報検索に慣れた消費者や事業者には、どのような被害実態があるか、どのような違法行為をすると取締りを受けるかなどの具体的な事案内容がわかるので、関係者だけでなく広く消費者被害の予防や救済に役立っていますが、認知度が低いのが課題です。

［3］キャッシュレス決済のトラブルの注意点は

　キャッシュレス決済による相談が日々消費生活センターには寄せられています。消費者庁が創設されて12年、相談窓口の認知度は3割以上になりましたが、消費者から消費生活センターに入ってくる相談は、実際の消費者被害のまだ1割程度と言われています。上記［1］で紹介した事例は、その中の典型的なもので1件ごとの被害額は少額なものが多く、ほとんどの消費者は相談するのも面倒だと諦めるか、自分を恥じて泣き寝入りをしてしまうことが多いのが日本人の気質なのかもしれません。キャッシュレス決済の消費者被害はまだ始まったばかりなので、消費者自身の誤解や認識不足もトラブル発生の要因であることは否めません。また、ネット取引では特に関係者の複雑な取引関係やグローバル化したデジタル社会で、消費者自身が知らないうちに海外事業者と取引を行って、トラブルの交渉相手が外国語でしか通じ

ないなどのリスクも付加されていることもあるため、慎重な購買行動が重要です。しかし、被害に遭うまでは、「自分は大丈夫！」と思っている消費者が多いのです。

キャッシュレス決済で、消費者被害に遭わないために、若年層への消費者教育、高齢者までの成人には消費者啓発を行政機関や消費者団体等が行っています。既に約9割の消費者が何らかのキャッシュレス決済を利用している現在、コロナ禍の影響も含め、これからもインターネットを利用しての情報収集や勧誘をきっかけとしたネット取引が増加すると思われるからです。

法律相談する場合に、消費者のキャッシュレス決済のトラブルを取り扱う際の注意点をいくつか書き出してみます。ネット取引では、電子消費者契約法（「電子消費者契約に関する民法の特例に関する法律」平成13年法律95号、平成29年法律45号改正）が遵守されているか、販売事業者「特定商取引法ガイド」の執行状況で検索したり、販売事業者のサイト情報の中に特商法上の表示義務の記載があるか、内容も確認し、記載がない場合や表示があったとしても、不十分な場合や虚偽内容などがあれば、危険な事業者だといえます。

キャッシュレス決済の支払時期として、「前払い」では商品・サービスが提供されていない状態での支払なので、商品未着やサービス未提供といったリスクが消費者にあります。前払いの際には販売サイト運営者名と口座名義人が同一であるか、特に、個人名口座への振込みは慎重にすべきです。他方、「後払い」の代表であるクレジットカード決済では、ネット上でカード情報を入力するため、情報漏えいのリスクがあります。クレジットカード番号などを入力する画面では、通信が暗号化（SSL）されているか、二段階認証などを導入し情報の取扱いがしっかりしているかを確認することが重要です。信頼性が低いと思われるポータルサイトや販売事業者では、クレジットカードでの購入を控えた方が無難です。また、ネット取引におけるID・パスワードは推測されにくいものにし、他のサイトでの使い回しはやめているか、また、パスワードは定期的に変更し、記録を別途しているかなど消費者の意識や認識もポイントになります。支払方法に前払いだけでなく決済手段が複数

用意されている場合には、選ぶ決済手段によって適用される法律が異なるので、トラブルの解決策も交渉相手も違ってくることもあります。商品やサービスの広告表示や契約内容では、消費者契約法、景品表示法（昭和37年法律134号、令和元年法律16号改正）、家庭用品品質表示法（昭和37年法律104号、平成23年法律105号改正）、食品表示法（平成25年法律70号、平成30年法律97号改正）など複数の表示に関する法律の規制もかかっています。したがって、消費者が購入前にみた広告表示や契約内容のデータ保存も重要です。さらに、ポータルサイトなどの利用規約の画面保存やダウンロードも日時を入れてデータ保存し、事業者との送受信メールの保存も消費者が行えるか、行っている必要があり、それらの有無がトラブル解決の重要なポイントになります。

　こうした自衛策がとれる消費者でも、漏えい事故に遭うかもしれませんし、パソコンやスマホが突然壊れて電源も入らなくなるなどのアクシデントで被害に遭う場合や事業者の倒産や行方不明などもあります。消費者が個人であれば最新の情報を消費生活センターから入手できる可能性があります。ネット詐欺などでは同様の被害が同時期に多数発生していることもあり、消費生活センターに相談することで金融ADRや集団訴訟などの弁護団、適格消費者団体等への紹介や、行政指導等の情報もいち早く教えてもらえるので、救済のための対策を立てることが可能になる場合もあります。海外事業者との取引だった場合は、相手国によっては前述のCCJを紹介されることもあるので、情報源として「188」は知っておくべきでしょう。

[参考文献]
山田茂樹編著『インターネット消費者取引被害救済の実務』民事法研究会（2014年）
東京弁護士会消費者問題特別委員会編『ネット取引被害の消費者相談〈第2版〉』商事法務（2016年）
甲斐道太郎ほか編集代表『消費者六法〈2021年版〉─判例・約款付』民事法研究会（2021年）

（注1）　独立行政法人国民生活センター「PIO-NETの紹介」（http://www.kokusen.go.jp/pionet/）

（注2）　消費者政策会議決定「架空請求対策パッケージ」（2018年7月22日）

（注3）　前掲（注1）

（注4）　適格消費者団体については消費者庁HP（https://www.caa.go.jp/policies/policy/consumer_system/collective_litigation_system/about_qualified_consumer_organization/）参照。

（注5）　消費者庁『令和3年版消費者白書』（https://www.caa.go.jp/policies/policy/consumer_research/white_paper/assets/2021_whitepaper_all.pdf）

〔唯根妙子〕

（3）決済事業者の破綻

キャッシュレス決済の○○ペイというものがさまざま登場しています。○○ペイが倒産した場合、前払金、支払、貯めたポイントはどのようになるでしょうか。また、注意すべき点は何でしょうか。

倒産、プリペイド、電子マネー、前払式支払手段、資金移動、ポストペイ、信用購入あっせん、企業ポイント、利用者保護、債権回収、発行保証金、履行保証金、償還、不当請求

［1］キャッシュレス決済事業者が倒産した際の注意点

　キャッシュレス決済事業者が提供する決済サービスは多種多様です。プリペイド電子マネーのサービス名も「○○マネー」、「○○キャッシュ」、「○○ポイント」などさまざまで、さらにクレジットカードも利用できるなど、決済手段も複合的に組み合わされています。

　決済サービスの多様化は、消費者の利便性を促進するのに極めて有用ですが、反面、利用しているサービスの法律関係や法律構成の正確な把握が難しくなります。その結果、キャッシュレス決済事業者が倒産した際、消費者が拠出済み資金の回収不能リスクを負うばかりか、予想外の請求を受けたり、状況によっては倒産処理に便乗した不当請求を受ける危険もあります。

　キャッシュレス決済事業者のこうした複雑なサービス形態を踏まえると、「○○ペイ」が倒産した際に利用者である消費者から相談を受けた弁護士は、（Ⅰ）○○ペイが提供するキャッシュレス決済事業をめぐる複合的な法律関係を整理し、（Ⅱ）適切な法的措置をとることにより消費者が被る損害を最小限に抑えるとともに、（Ⅲ）大規模倒産に便乗した不当請求を拒否し得るよう適切な助言指導をすべく活動を行う必要が出てきます。

［2］消費者から相談を受けた弁護士がとるべき対応

　キャッシュレス決済を取り巻く環境を前提とすれば、「○○ペイ」の倒産

に際し消費者から相談を受けた弁護士は、具体的には次の対応をとるべきでしょう。

（Ⅰ）キャッシュレス決済事業をめぐる法律関係の整理・明確化

   ① 事業の概要とその法的性質を把握する

   ② 利用対象のサービスの内容と取引残高を把握する

（Ⅱ）適切な法的措置を通じた被害の最小化

   ③ 倒産処理以外の手続による債権回収の可否を検討し実行する

   ④ 上記③の手続で回収不能の資金につき倒産処理手続上の債権届出を行う

（Ⅲ）法的請求等への対応

   ⑤ 関係者等から法的請求がある場合、正当性を見極め処理・助言する

［3］事業者が提供するサービスの概要とその法的性質の把握（①）

ア　サービス全体の理解・把握が必要な理由

普段利用していた○○ペイの「倒産」という突然の事態を受けて、消費者がまず感じる不安は、「事業者に対して支払ったお金はどうなるか」という点です。もちろん「今もっている（企業）ポイントは無効となるか」との懸念もあるでしょうが、本当に深刻なのは、やはり拠出済み資金の回収不能です。

倒産実務において、債権の保全・回収に必要な証拠の確保が債権者にとっては急務ですから、相談を受けた弁護士がとるべき対応は、まずは支払済みの金銭の残高の確認と回収可能な方法の模索だ、と思われるかもしれません。

しかしながら、この対応はあくまでも、弁護士が○○ペイの事業内容を適切に把握済みであることが前提です。今般、○○ペイとして普及している複合的なキャッシュレス決済サービスのもとでは、事前調査なく債権の性質を把握することは相当に困難です。加えて、キャッシュレス決済事業者の主要な事業を規律する資金決済法では、事業の種類ごとに利用者を保護する制度が異なるため、業務の不正確な把握はかえって適切な債権回収を妨げます。したがって、債権調査に先んじて事業の概要と法的性質の把握（①）が必須なのです。

イ　支払済み（プリペイド）の資金の法的性質の多様性
《電子マネーと資金移動》

　これまでは、電子マネーといえば前払式支払手段を指すのが一般でした。そのため「○○ペイ」に対する支払済み資金は、プリペイド式の電子マネー、すなわち資金決済法3条に規定された前払式支払手段の発行対価として支払われた前払金（いわゆるチャージ）と考えるのが普通でした。

　しかし近時は、キャッシュレス決済事業者が「送金サービス」、すなわち資金移動を目的とする電子マネーを発行するケースが多くなっています。こうした送金サービスの場合、チャージ金の全部又は一部が「為替取引」、すなわち資金移動業（資金決済法2条2項、2条の2）のための資金の受入れと評価されます。しかも、2020年6月12日の資金決済法改正[1)]により、資金移動業は取扱金額の上限額に応じて三類型に分類され、サービスが多様化することから（資金決済法36条の2）、事業者との契約関係はさらに複雑となることが予想されます（類型により利用者保護の程度も異なります）。

　したがって、利用規約等によって電子マネーがいかなる使途で利用可能なのかを事前に把握し、チャージとして前払いした資金の法的性質を明確にする必要があるのです。

ウ　後払い（ポストペイ）に関する法的性質の多様性
《立替払いの可能性》

　○○ペイがポストペイ型の決済手段を提供している場合、クレジットカード会社の収納代行業務であることが多く、その場合、○○ペイの倒産は加盟店側のリスクになります。

　しかしながら「後払いサービス」として、短期間の資金立替えサービスを提供する事業者もいます。たとえば2か月以内の一括払いの約定であれば、割賦販売法における包括信用購入あっせんの適用が除外され（割賦販売法2条3項1号）、業者登録も不要です。消費者がこのサービスを利用している場合、後日、倒産処理において破産管財人や更生管理人、再生中の会社から消費者へ請求される可能性もあります。

　加えて、2021年4月1日から施行された改正割賦販売法[2]において、カードを発行せず10万円以下の少額な割賦販売を認める登録少額包括信用購入あつせん業者制度が新設され（割賦販売法35条の2の3〜35条の3）、キャッシュレス決済事業者による積極的活用が見込まれています。ポストペイ型決済の法的性質も、利用規約を精査し判断する必要があるでしょう。

エ　想定し得るキャッシュレス決済サービスのサンプルと特質

　現在キャッシュレス決済事業者が提供するサービスの種類や性質のサンプルを示すと、以下の「○○ペイが提供するサービスの例」の＜表1＞のように整理できます。

＜表1＞○○ペイが提供するサービスの例　※あくまでも一例です。

サービスの種類		サービスの具体例	適用法令／該当事業	拠出済み資金	倒産時の留意点
キャッシュレス決済	プリペイド	ICカード型／サーバ型の電子マネーの提供	資金決済法前払式支払手段	○	**発行保証金の還付手続が利用可能な場合あり。**
	即時決済	デビットカード・Jデビットカード利用に際する引落指図代行及び弁済委託代行	銀行法（一部）	×	引落指図が実行されなかった場合、加盟店側の損失となる。
	ポストペイ	クレジットカードの収納代行・自社による立替／後払いサービス登録少額包括信用購入あつせん	割賦販売法（包括信用購入あつせんの適用除外／登録少額包括信用購入あつせん）	×	倒産業者が主催する立替払いサービスや登録少額包括信用購入制度を利用している場合、倒産処理手続において管財人等から請求を受ける可能性あり。
資金移動		送金／割り勘サービス、払戻しサービス等の提供	資金決済法資金移動（改正資金決済法2条の2）	○	為替取引に利用する電子マネーは本サービスに該当。**履行保証金の還付手続が利用可能な場合あり。**
企業ポイント		対価を伴わず発行される電子マネーの「ボーナス」等	－	×	対価の支払なく付与されるため前払式支払手段ではない。倒産処理法制において債権と評価されることはまれ。

※銀行代理業によりローンや貸付業務を提供する事業者もあります。

　もっとも、各事業者は顧客獲得のため、新たなサービスを日々生み出しているので、実際に事業者が提供するサービスはより一層ユニークであろうことが予想されます。○○ペイの倒産に際して消費者保護を図るためには、資金決済法の画一的な適用ではなく、サービス内容の特性を柔軟にかつ正確に把握して対応する必要があるのです。

オ　サービス概要や契約内容を把握するために必要な調査及び留意点

　当然のことですが、消費者からの聴取のみでは○○ペイの複雑な事業内容を把握することは困難です。したがって、消費者から相談を受ける弁護士は、あらかじめ、次の方法等を通じ、○○ペイの事業内容や事業規模を把握するべきでしょう。

　①　商業登記簿謄本の取得
　②　金融庁及び経済産業省のウェブサイトによる事業者登録状況等の確認
　③　事業者のウェブサイト上で公表される各種利用規約の精査

　　（自社又は親会社の株式が上場されている場合にはIR情報も有益です）

　サービス概要及び契約内容の調査の際に留意すべき点は、精査する「利用規約」の範囲です。消費者に提供される利用規約のみを閲読しても、事業全体の状況が把握できない可能性があります。

　たとえば、サーバ型の電子マネー（ICカードにチャージするのではなく、携帯電話に残高が表示されるタイプ）を発行する事業者の多くは、本人確認や与信状況確認のため、利用者のクレジットカード情報の提供を求めます。そのため、消費者側としては、○○ペイが収納代行業者としての役割を果たすと思い込みがちです。しかし、既に述べたとおり、事業者によっては自社による立替払いサービス（さらには登録少額包括信用購入あつせん）も提供し、これらを一括して「後払いペイ」などと説明する可能性もあります。名称や手順などに頼って安易に支払手段を特定することは危険なのです。

　キャッシュレス決済事業者の利用規約は通常、「利用者」（すなわち消費者）向けと、「加盟店」（すなわち事業者）向けで分離されており、事業者によってはさらにサービスごとに規約が分かれている場合もあります。これらを可

能な限り広く閲読し、事業者のサービスの全体像や規模を把握し、相談者の被害状況の分析に臨むべきでしょう。

［4］消費者が利用しているサービスの内容と取引残高の把握（②）
ア　消費者のサービスを把握するうえでの留意点《企業ポイント》

　○○ペイの事業の全体像を把握しておけば、依頼者である消費者と○○ペイとの契約内容に対する理解の精度は高まります。事前に仕入れたこれらの基礎知識を前提に、消費者に対する聴取、利用規約との照合や利用履歴の確認を通じて取引残高を確定し、個別具体的な権利関係を把握することが、消費者の○○ペイに対する債権回収の確実性をより高めます。

　ただし、この取引残高を把握する作業にあたって一般的に想定し得る留意点があります。それは、「○○マネー」と総括されている電子マネーの全部が、（資金移動のための受渡し金を除いたとしても）前払式支払手段とは限らないことです。

　消費者が物品の購入やサービスの対価として費消する「○○マネー」の多くは、事前にリアルな資金をチャージした前払式支払手段です。ところが、消費者が○○ペイを利用するインセンティブは、決済時の利便性に加え「企業ポイント」による実質的な割引サービスにも求められます。キャッシュレス決済ではこの「企業ポイント」が、「○○キャッシュ」や「○○ポイント」という呼称のもと、前払式支払手段と併存的に電子マネーとして（あるいはこれに準じて）取り扱われるケースが一般化しています。

　ところが企業ポイントは、前払金の対価として消費者に付与又は提供されるわけではないため、前払式支払手段とは評価されません[3]。また倒産処理において企業ポイントが債権として計上された事例もまれです。

　したがって、弁護士として消費者の取引状況を確認するに際しては、「○○マネー」と総称される決済手段のうち、どこまでが資金決済法上の前払式支払手段や資金移動を目的とした資金として保護され、どこまでが法的保護から除外される企業ポイントなのかを慎重に見極め、回収可能な取引残高を正確に把握することが必要です。

イ　取引残高の把握の際の留意点《電子記録としての取引履歴》

　消費者への聴取方法は、一般的な法律相談と何ら変わりません。ただ、キャッシュレス決済特有の問題として、取引履歴が電子データとして管理されるため、紙面としての「取引明細書」が存在しない可能性が高い点には留意すべきでしょう[4]。特に、○○ペイが破産手続に至った場合、事業者が既に支払不能に陥り、利用者のデータを記録しているサーバの管理・運営費用すら捻出できない危険もあります。そうした場合には、サーバの機能停止により、消費者側が電子データで蓄積された取引履歴を閲覧できなくなる事態も想定し得ます。

　大手企業が主催するキャッシュレス決済事業であれば、手続中における利用者保護も想定し、余力のある状態で倒産処理を開始するでしょうから、極端に警戒する必要はありません。しかし、第三者が保管する電子データがいつでも利用可能である保証はない以上、消費者から相談を受けた弁護士は、早い段階で、取引情報をCSV形式[5]でダウンロードしたり、自分のアカウントの画面表示をスクリーンショットで保存したりするなど、取引残高や取引履歴に関する証拠を保全するよう指示すべきです。

［5］利用者保護のための手続の利用（③）

　倒産した○○ペイのアカウントに、相談者である消費者の電子マネーの取引残高がある場合、利用者保護制度を積極的に利用しましょう。支払済みの資金の拠出目的に応じて、利用者を保護する制度が異なるため、それぞれ説明していきます。

ア　前払式支払手段の発行保証金償還手続

（ア）発行者による発行保証金の供託義務等

　前払式支払手段発行者には、利用者保護の観点から発行保証金の供託義務が課せられています（資金決済法14条）。毎年2回の各基準日（3月末及び9月末。資金決済法3条2項）において、利用者から受領した前払金の未使用残高が1,000万円を超える場合（資金決済法施行令6条）、前払式

支払手段の発行者は「発行保証金」として「未使用残高の1/2の額（要供託額）」以上の額の金銭等を供託する義務を負います（資金決済法14条1項）[6]。

(イ) 発行保証金償還手続

　前払式支払手段発行者が倒産し、前払式支払手段の保有者の利益の保護を図るために必要があると認められる場合には、同発行者が供託した発行保証金等は、前払式支払手段の保有者、つまり消費者に対して優先的に弁済されます（資金決済法31条1項、2項[7]）。つまり、倒産処理とは別の手続を通じて消費者に償還・配当されます。

　発行保証金の還付手続は、法律上は内閣総理大臣が行うこととされていますが、法律上その権限は金融庁長官に委任されており（資金決済法104条）、手続自体も委託を受けた金融機関等（権利実行事務代行者）が代行します（同法31条3項、前払式支払手段に関する内閣府令52条）。権利事務代行者は、

　①　60日を下らない（つまり60日超）期間内に債権申出を求めること

　②　期間内に債権申出のない場合には権利実行手続から除斥されること

の2点を官報に掲載して公示し（同法31条2項、前払式支払手段発行保証金規則17条）、債権申出を受け付け、申出のあった債権を前提に権利調査のうえで配当を行います（資金決済法施行令11条、前払式支払手段発行保証金規則5条〜15条）。

イ　資金移動業の履行保証金償還手続

(ア) 資金移動業者による履行保証金の供託義務等

　資金移動業では、利用者保護の観点から履行保証金の供託義務が課せられます（資金決済法43条1項）。

　この制度は、資金移動業者に対し、事業規模を問わず、1か月を超えない期間内（1週間。資金移動業者に関する内閣府令11条）における「各営業日の未達債務額と権利実行手続費用の総額（要履行保証額）」の最高額以上に相当する額の金銭等を期間の末日（＝基準日）から1週間以内に

「履行保証金」として供託する義務を負わせるもので、要履行保証額の最低額が1,000万円と定められていました。

　ところが2020年6月12日資金決済法改正により、資金移動業は、送金可能額の上限に応じて次のとおり3分類され（資金決済法36条の2）、制度が大きく変わりました。

　①　限度額無制限の「第一種資金移動業」
　②　少額として政令で定める額（資金決済法施行令12条の2第1項条により100万円）以下の資金移動のみを取り扱う「第二種資金移動業」
　③　特に少額として政令で定める額（同施行令12の2第2項により5万円）以下の資金移動を取り扱う「第三種資金移動業」

　まず、供託すべき要履行保証額の最低額が1,000万円であることに変わりありませんが、同一事業者がこれら複数の類型の資金決済業を複数営むことができるため、類型ごとの最低要履行保証額は、原則として1,000万円を事業の数で割った金額と定められました（資金決済法施行令14条）[8]。

　その上、供託すべき履行保証金額の算定手法と支払期限が資金移動業者ごとに定められることになりました。改正法に基づき各資金移動業者に求められる履行保証金保全措置における履行保証額の算定方法及び供託期限は、各種別により＜表2＞のとおり定められています。

＜表2＞保証金履行の算定方法

	第一種資金移動業者	第二種資金移動業者及び 第三種資金移動業者
履行保証金の算定手法	各営業日における要履行保証額以上の額に相当する額	1週間以内で資金移動業の種別ごとに資金移動業者が定める期間ごとに、当該期間における要履行保証額の最高額以上の額に相当する額
供託期限	当該各営業日から内閣府令で定める期間内（2営業日以内）において資金移動業者が定める期間内に供託すること	当該期間の末日＝基準日から1週間以内で内閣府令で定める期間内（3営業日以内）において資金移動業者が定める期間内に供託すること
備考	資金決済法43条1項1号、資金移動業者に関する内閣府令11条1項	資金決済法43条1項2号、資金移動業者に関する内閣府令11条1項

　法改正において特に注意が必要なのは、取引上限額が最も低い第三種資金移動業者が、受け入れた資金のうちあらかじめ内閣総理大臣に届け出た割合（預貯金等管理割合）の資金を専用の預貯金口座で分別管理することにより、その割合（預金等管理割合）の分だけ履行保証金の供託義務を免れる点です（預金等管理方法）[9]。預貯金等方法により分別された資金は、同事業者が倒産した際、後述の発行保証金償還手続による優先弁済を受けることができません。

(イ) 履行保証金償還手続

　資金移動業者が倒産し、利用者の利益の保護を図るために必要があると認められる場合には、前払式支払手段と同様の権利保護手続がとられます（資金決済法59条1項、2項[10]）。ただし、預金等管理方法を採用する第三種資金移動者については、履行保証金償還手続は行われず利用者が優先弁済を主張できるのは、既述のとおり自己の債権に預貯金等保管割合を乗じた額に限られます。

　履行保証金の還付手続は、前払式支払手段の還付手続と同様、内閣総理大臣から委託を受けた金融機関等が権利実行事務代行者として手続を行います（資金決済法59条3項、資金移動業者に関する内閣府令37条）。権利実行事務代行者は、

　①　60日を下らない（つまり60日超）期間内に債権申出を求めること

　②　期間内に債権申出のない場合には権利実行手続から除斥されること

の2点を官報に掲載して公示し（資金移動業履行保証金規則18条）、債権申出を受け付け、申出のあった債権を前提に権利調査のうえで配当を行います（資金決済法施行令19条、資金移動業履行保証金規則5条～17条）。

ウ　○○ペイ倒産に伴う償還手続等の情報収集

　倒産した○○ペイが、一定の事業規模のもと前払式支払手段の発行保証金や資金移動業の履行保証金の保全措置をとっており、かつ消費者がこれらを利用していた場合には、各保証金の償還手続により債権回収が可能です。消費者から相談を受けた弁護士は、○○ペイに支払済みの資金の法的性質を見

極めたうえ、各償還手続の実施の有無や指定された権利実行事務代行者の名
称、手続の進捗を把握し、必ず期限内に債権申出を行うよう消費者に助言す
べきでしょう。状況によっては債権申出につき代理業務を受任する必要もあ
ります。

　発行保証金償還手続の公示は官報に掲載されるため、手続に関する調査は
官報を確認するのがもっとも確実ですが、官報による公示に消費者に対する
告知としての現実的な実効性が望めないことから、所轄の財務局がウェブサ
イトにて手続の情報提供を行っています。なお、資金決済法87条に基づく
認定事業者である一般社団法人日本資金決済業協会（https://www.s-kessai.
jp）が、各手続に関する情報の集約及び発信を行っています。

　したがって償還手続の進捗管理はこれらのウェブサイトを確認すると効果
的です。

［6］倒産処理の債権届出を行う（④）

　キャッシュレス決済事業者の倒産に際しては、前述の前払式支払手段及び
資金移動業に関する利用者保護制度を通じて一定の範囲で債権回収を図るこ
とができますが、全額回収できる保証はありません。

　前払式支払手段については、償還金の原資となる発行保証金が未使用残高
の半分を基準に定められていることから、制度を利用しても全額回収は困難
です。また資金移動に関する履行保証金も、未達債務額が日々変動するもの
である以上、確実に全額が保全されているわけではありません。これらの手
続を利用したとしても未回収部分が残る可能性は高いといえます。

　○○ペイの倒産に際し、資金決済法の利用者保護手続を通じて償還を受け
てもなお未回収部分が残る場合には、残債務については本来の倒産手続を通
じて回収せざるを得ません。そこで消費者は、○○ペイの事業者につき係属
している倒産手続において債権届出を行うことになります。

　なお、前払式支払制度における発行保証金償還手続や資金移動業における
履行保証金償還手続、この2つの資金決済法上の利用者保護手続と、破産、
会社更生、民事再生等の倒産処理手続は法形式上の競合関係には立たないこ

とから、特に連動することなく進行していくことになります。手続の簡便性からは、資金決済法の利用者保護手続が迅速に終結する可能性が高いので、倒産手続における債権届出額は未回収残額となるのが一般と思われます。しかしながら、倒産処理における債権届出期間までに回収額が確定できない事態も想定されるため、柔軟に対応する必要があるでしょう。

　いずれにせよ、資金決済法上の手続は、公告に掲載された債権申出期限を徒過すると理由のいかんを問わず失権します。ですから、倒産処理と比べて資金決済法上の手続を優先すべきことはいうまでもありません。

［7］法的請求等への対応（⑤）

ア　倒産に便乗した不当請求に注意

　○○ペイが名の知れたキャッシュレス決済事業者であれば、倒産は瞬く間に報道されますので、これを知った悪徳業者により倒産の混乱に乗じた関連会社や司法機関を騙った不当請求が多発する危険は極めて高いといえます。混乱に乗じて○○ペイから個人情報が流出するリスクもゼロではありません（昨今の情勢から可能性はあまり高くありませんが）。

　こうした不当請求の多くは、専門家からみれば極めて不自然な体裁や内容ではあるものの、一般消費者がその不自然さを冷静に分析し判断することは困難です。したがって、消費者から相談を受けた弁護士は不当請求の危険性をあらかじめ指摘し、請求に応じることのないよう注意喚起し、状況に応じて請求拒絶のための支援を行うべきでしょう。

イ　管財人等からの正当な請求もあり得る

　もっとも、キャッシュレス決済事業者の営む複雑かつ多様なサービス内容から考えると、後払いサービスなどの利用の結果、消費者に対する正当な請求がなされる可能性も十分にあり得ます。

　たとえば、消費者が○○ペイが提供する短期・一括後払いサービスを利用したり、今後普及するであろう登録少額包括信用購入あつせんを利用したような場合、○○ペイの破産管財人等から未収金を請求される可能性がありま

す。

　消費者が不当請求を過度に警戒するあまり、正当な請求すら拒絶し無用なトラブルに巻き込まれないよう予防するためにも、相談を受けた弁護士は、利用規約その他の情報から○○ペイの事業の全般をしっかり把握したうえで、消費者による利用状況を十分に聴取し事実関係を確認し、未回収債権額のみならず債務額で適切な助言をすることが必要といえるのです。

（注1）　金融サービスの利用者の利便の向上及び保護を図るための金融商品の販売等に関する法律等の一部を改正する法律（令和2年法律50号）

（注2）　割賦販売法の一部を改正する法律（令和2年法律64号）

（注3）　経済産業省「ポイントサービスに関する資金決済法の取扱いが明確になりました～産業競争力強化法の『グレーゾーン解消制度』の活用～」（2016年7月5日）

（注4）　包括信用購入あっせん業者から顧客に対する情報提供は、従来は書面交付の方法によるとされていましたが、割賦販売法の2020年改正で原則的に電子メール等の方法によることが可能となり（割賦販売法30条の2の3。ただし同法30条の2の4において契約解除の催告はなお書面交付が原則。）、スマホ・パソコン完結型サービスに至っては完全電子化されました（割賦販売法30条の2の3第6項、同法30条の2の4第1項かっこ書）。今後も消費者契約における取引関係書面の電子化は一層広がると考えられます。

（注5）　「Comma Separated Value」と呼ばれるファイル保存形式。シンプルなテキストファイルで、大量の取引情報や通信情報を管理する際に用いられます。Excelなどの表計算アプリでも利用可能。

（注6）　事業者は供託の全部又は一部に代えて金融機関等との発行保証金保全契約の締結や（資金決済法15条）、発行保証金信託契約（同法16条）を締結することも可能。

（注7）　資金決済法31条2項2号は還付手続の手続開始要件の一要素として「前払式支払手段発行者について破産手続開始の申立て等が行われたとき」を挙げ、資金決済法2条18項では「破産手続開始の申立て等」に破産手続開始申立て、再生手続開始申立て、更生手続開始申立て、特別清算開始申立て、外国倒産処理手続承認申立てを含むと定めています。資金移動業における履行保証金の還付手続に関する同法59条2項2号も同じ。

（注8）　事業者は供託の全部又は一部に代えて金融機関等との履行保証金保全契約の締結や（資金決済法44条）、履行保証金信託契約（同法45条）の締結も可能。

（注9）　この延長線として、第三種資金移動業において預金等管理割合を100％とする預金管理等方法を採用する場合には、履行保証金の供託義務がありません（資金決済法施行令14条2号）。

（注10）　資金決済法31条2項2号の手続開始要件の一要素である「破産手続開始の申立て等が行われたとき」についても同法2条18項の定義に従います。

〔篠島正幸〕

倒産によらず事業が終了する場合の手続

　倒産以外でも事業が終了してしまうケースもあります。たとえば、事業者が会社を解散させて清算手続に入ったり、事業を廃止し撤退したり、登録等を取り消され適格性を失う、などの理由により事業が終了してしまうケースもあります。資金決済法には、こうした場合の利用者保護も規定されています。

　まず、前払式支払手段として利用者がチャージした資金は払戻手続が行われます（資金決済法20条）。払戻しには、還付手続と類似の方法が採用されています。

　資金移動業の場合には特殊な払戻手続などは定められていませんが、事業者は受入れた資金について業務を完了しなければならず、業務完了まではその目的の範囲内でなお資金移動業者とみなされます（資金決済法62条）

　一般的に、倒産以外の理由で廃業したり撤退する場合、キャッシュレス決済事業者は財産的な余力を保ちつつ事業を終了させるため、利用者保護に欠ける状況が生じる危険は少ないと考えられます。しかしながら、前払式支払手段の発行保証金の払戻手続において短期間で利用者の権利が失効してしまう点にはやはり十分な注意が必要です。

リンク総合法律事務所

弁護士　篠島正幸

（4）暗号資産

暗号資産とはどのようなもので、キャッシュレス決済は暗号資産とは関係がないのでしょうか。これらの違いは何でしょうか。

KeyWord 暗号資産、仮想通貨、ビットコイン、ブロックチェーン、分散台帳技術、デジタルトークン、資金決済法

---

［1］暗号資産とは

　暗号資産という用語は、一般には、ブロックチェーン又は分散台帳技術と呼ばれるテクノロジーを用いて残高管理ができる価値データを称しており、従来、「暗号通貨」や「仮想通貨」と呼称されていました。中央の管理者によるのではなく、システム全体の非中央集権的なプロセスにより、取引の検証や残高管理ができるような仕組みとなっていることが特徴です。このようなブロックチェーン上の残高価値を表示するもの全般を「デジタルトークン」と呼ぶことがありますが、デジタルトークン自体は日本の法律における用語ではありません。

　通常、暗号資産の移転はブロックチェーン上に記録されることによって行われますが、かかる記録のためには、移転元のアドレスの秘密鍵を用いた電子署名が必要となります。つまり、暗号資産の保有者は、自らのアドレスに対応する秘密鍵の管理を通じて対象となる暗号資産の財産的価値を保持することが可能といえます。

　資金決済法は、2条5項において、「暗号資産」を以下のとおり定義しており[1][2]、①が「1号暗号資産」、②が「2号暗号資産」と呼ばれています。

①　物品を購入し、若しくは借り受け、又は役務の提供を受ける場合に、これらの代価の弁済のために不特定の者に対して使用することができ、かつ、不特定の者を相手方として購入及び売却を行うことができる財産的価値（電子機器その他の物に電子的方法により記録されているものに

限り、本邦通貨及び外国通貨並びに通貨建資産を除く[3]。次号において
同じ。）であって、電子情報処理組織を用いて移転することができるも
の

②　不特定の者を相手方として前号に掲げるものと相互に交換を行うこと
ができる財産的価値であって、電子情報処理組織を用いて移転すること
ができるもの

上記のいずれでも、暗号資産で特徴的とされている、ブロックチェーン又
は分散台帳技術を用いていることには言及されておらず、あくまでも機能面
を示すものとなっています。これは、「仮想通貨」の定義が資金決済法で創
設された当時[4]のFATF（金融活動作業部会）による「Guidance for a
Risk-Based Approach Virtual Currencies」[5]（以下「2015年FATFガイダン
ス」という）が仮想通貨を「デジタルに取引可能であって、①交換手段、及
び／又は②計算単位、及び／又は価値の蓄積として機能するものであるが、
法定通貨としての地位を有さないもの」と定義していたことなどによるもの
です。具体的には、1号暗号資産については、（ア）不特定多数との間で決済・
法定通貨との交換が可能、（イ）電子的に記録・移転、（ウ）本邦通貨及び外
国通貨等の法定通貨又は法定通貨建ての資産ではないということを要件とし
ています。また2号暗号資産は、これ自体が（ア）を満たさないとしても、
1号と相互に交換可能ならば、これを通じて1号と同様の機能を果たし得る
点が考慮され暗号資産とされています。

既存のいわゆる電子マネーは、特定の者が発行できるという点、又は法定
通貨建てという点で、かかる定義から外れることになります。

暗号資産は、その開発の目的や取引の仕組みなどで、極めて多数の種類の
ものが発行されていますが、代表的なものとしてビットコイン（BTC）、イー
サリアム（ETH）、リップル（XRP）などがあります。

［2］暗号資産に関する資金決済法上の法的規制

資金決済法では、上記［1］のような暗号資産の定義を置いていますが、
暗号資産の法的性質等については何ら規定を設けていません。同法による規

制は、これらの暗号資産の取引所に関するものとなっています。

このような規制は、日本における仮想通貨取引所の破綻とマネー・ローンダリングの防止を背景としています。

2014年当時世界最大のビットコイン取引所を運営していた株式会社Mt.Gox（以下「Mt.Gox」という）が破産し、これにより、相当数の暗号資産利用者が影響を受けましたが、日本国内のユーザーの割合が少なかったこともあり、この時点で直ちに法的規制が検討されたわけではありませんでした。その理由の一つに、海外でも暗号資産に関するそれほど強い規制は検討されていなかったということがあります。

しかし、暗号資産は、送金費用が低コストであり、かつ、国際的決済も即時になされ、一定程度の匿名性が存在することなどから、マネー・ローンダリングやテロ資金供与などに使われることへの懸念が大きくなり、上記［1］の2015年FATFガイダンスにより、「各国は、仮想通貨と法定通貨を交換する交換所に対し、登録・免許制度を課すとともに、顧客の本人確認や疑わしい取引の届出、記録保存の義務等のマネー・ローンダリング・テロ資金供与規制を課すべき」とされました。日本では、このガイダンスを受けるとともに、Mt.Goxの破綻の原因が、暗号資産の仕組みそのものに存在するのではなく、①データのアクセス権限を代表者のみが有し、他者による検証手段がなかったこと、②顧客の預かり資産と自社の資産とが分別管理していなかったことなどの点にあることが指摘されていたことから、顧客保護をも視野に入れた規制が設けられています。

具体的には、下記のいずれかの行為を業として行う行為が「暗号資産交換業」として規制の対象となります（資金決済法2条7項）[6]。

① 暗号資産の売買又は他の暗号資産との交換
② 前号に掲げる行為の媒介、取次ぎ又は代理
③ その行う前2号に掲げる行為に関して、利用者の金銭の管理をすること
④ 他人のために暗号資産の管理をすること（当該管理を業として行うことにつき他の法律に特別の規定のある場合を除く）

　上記暗号資産交換業を行う場合、内閣総理大臣の登録を要することとされているほか（資金決済法63条の２）、情報の安全管理（同法63条の８）、委託先に対する指導（同法63条の９）、勧誘・広告に関する規制（同法63条の９の２）が定められています。

　さらに、その他暗号資産交換業の利用者の保護に鑑み、以下のような規制が設けられています。

① 利用者の保護等に関する措置（資金決済法63条の10）

　　具体的には、暗号資産が法定通貨ではないこと、暗号資産の価値の変動を直接の原因として損失が生ずるおそれがあるときはその旨及び理由等、暗号資産の性質に関し参考となる事項の説明義務（暗号資産交換業者に関する内閣府令（以下「暗号資産令」という）21条）、及び暗号資産交換業者に関する情報の提供義務（暗号資産令22条）、及び、利用者に信用を供与して取引を行う場合は、契約内容についての情報提供その他の利用者の保護を図り、当該業務の適正かつ確実な遂行を確保するために必要な措置をも講じなければならないこととされています（資金決済法63条の10第２項、暗号資産令25条等）。

② 利用者金銭の分別管理・信託義務

　　暗号資産交換業者は、利用者の金銭又は暗号資産と自己の金銭又は暗号資産を分別して管理する義務が課せられており（資金決済法63条の11第１項、２項）、かつ、自己の金銭と分別して管理する利用者の金銭を信託会社に信託しなければならないとされています（同法63条の11、暗号資産令26条）。

③ 履行保証暗号資産[7]及び利用者の優先弁済権

　　暗号資産交換業者は、一定の暗号資産について、これと同種・同量の暗号資産を自己の資産（「履行保証暗号資産」）として保有し、これをそれ以外の自己の暗号資産と分別管理しなければならないこととされました（資金決済法63条の11の２、暗号資産令29条）。

　　また、暗号資産交換業者に暗号資産の管理を行わせることを内容とする契約を締結した利用者は、当該暗号資産交換業者に対して有する暗号

資産の移転を目的とする債権に対し、自己の暗号資産と寸別管理する利用者の暗号資産及び履行保証暗号資産に関し、他の債権者に先立ち弁済を受ける権利を有することとされています（同法63条の19の２）。

　暗号資産は、その定義上、代価の弁済（つまり取引の決済）に利用できることが前提とされているので、法定通貨ではなく暗号資産を用いた決済が、キャッシュレス決済に当たるとは言えます。しかしながら、現在のところ、一般利用者が暗号資産を対価として商品・役務の提供等を受け得る場合はそれほど多くはなく、実際には、投機、投資目的で、暗号資産交換業者を通じて、法定通貨等と交換にて目的の暗号資産を取得する場合が多いと考えられます。現状、暗号資産の取引にあたっては、登録された暗号資産交換業者との取引を通じて利用者に関する一定の保護が図られている形になっています。

［３］暗号資産取引に関する私法的効果

　暗号資産の取引に関する私法的効果について法は何ら規定しておらず、暗号資産そのものの法的性質を含めてその解釈は定まっていません[8]。

　そもそも、金銭の支払を要求される場合、暗号資産での弁済が可能か（つまり、暗号資産は、民法402条にいう「通貨」にあたるかですが、同条でいう通貨は「強制通用力のある貨幣」を意味するものと解されています。暗号資産は、このような強制通用力を有するものではないため、金銭の支払を債権者の同意なく暗号資産で行うことはできません。

　しかしながら、当事者間において支払いを暗号資産で行う旨の合意がある場合はかかる合意は有効です。

　暗号資産での弁済についての合意そのものは有効としても、その不履行があった場合にどのような形でかかる取引を強制することができるか、また、暗号資産に財産的価値があるとしてこれに対する強制執行をどうするかについては、まだまだ検討が必要な状況といえます[9]。

　暗号資産それ自体は有体物ではないため、民法上の「物」には該当せず、所有権の対象とはならないとされていることは一般的な認識であると考えら

れます[10]。したがって、所有権に基づく引渡請求権を行使することはできません。

　対象となる暗号資産保有者が、暗号資産交換業者に暗号資産を預託している場合は、当該保有者は、暗号資産交換業者に対し預託している暗号資産の移転等を求める債権を有していると考えられるため、「その他財産権」に対する強制執行（民事執行法167条）により、権利の実現を行うことが可能と考えられます[11]。

　一方、債務者が暗号資産交換業者を介さずに、直接暗号資産を保有している場合は、暗号資産の性質を動産類似とみるか（この場合は、民事執行法122条以下を類推適用）、その他の財産権と考えるかによって（民事執行法167条の規定による）、強制執行の方法が異なってくると思われます。とはいえ、動産類似と解釈した場合、暗号資産の排他的支配を執行官に移転する必要があり、その他の財産権と解釈した場合でも、執行裁判所が譲渡命令又は売却命令によって権利を実現する必要があることになります[12]。しかし、このような移転、譲渡の場合、上で見たとおり、債務者の秘密鍵を把握することが必要となりますが、現行法上、債務者に対し、その開示を効果的に求める方法がありません。

　実は、強制執行上の問題は、いわゆる電子マネーでも論じられてきたところではありますが、暗号資産の場合、いわゆる電子マネーと異なり、特定の発行体が存在するわけではないので、より問題が複雑化することになります。

　この点の解決がなされない限り、基本的には、暗号資産交換業者を介さず、直接、暗号資産を代価として弁済するいわゆるキャッシュレス決済にはまだまだ大きな課題があると言えると思います。

（注1）　同項ただし書で、金融商品取引法2条3項に規定する電子記録移転権利を表示するものを除くとされています。こちらは、金融商品取引方により、有価証券として扱われます。

（注2）　令和元年6月7日法律28号改正（令和2年5月1日施行）前までは、同じ定義ですが、「仮想通貨」の語が用いられていました。

（注3）　「エルサルバドルが2021年9月7日から暗号資産の一つであるビットコインを法定通貨化するとの決定をしたことにより（2021年6月24日付ロイターの報道等）、ビットコインが「外国通貨」に該当し、「暗号資産」の定義から外れるのではないか、との議論がありまし

た。これに対し、日本政府は、古賀之士議員からの「暗号資産の定義に関する質問主意書」に対する令和3年6月25日付答弁書において、「外国通貨とは、……強制通用の効力を認めている通貨と解されるところ、……エルサルバオトル共和国のビットコイン法においてその支払を受け入れる義務が免除される場合が規定されており、当該外国通貨には該当せず、同項に規定する暗号資産に該当」するとの見解を示しています。

（注4）　平成28年6月3日法律62号改正（平成29年4月1日施行）

（注5）　http://www.fatf-gafi.org/media/fatf/documents/reports/Guidance-RBA-Virtual-Currencies.pdf

このガイダンスは、暗号資産がマネー・ローンダリングやテロ資金供与などに使われることへの懸念が高まったことから策定されたものです。2019年6月に「Guidance for a Risk-Based Approach Virtual Assets and Virtual Asset Service Providers」として改訂され、Virtual Currenciesの語がVirtual Assetに変更となっていますが、定義は実質的に変更されていません。なお、このガイダンスは、2021年3月に改訂案が公表されています。

（注6）　①②の行為を「暗号資産の交換等」といい、④の行為を「暗号資産の管理」ということとされています。

（注7）　2018年1月のコインチェック事件等で、利用者の暗号資産の外部流出の問題が生じたことに対応して規定されたものです。

（注8）　暗号資産の支配を単なる事実状態であり、権利性がないとする見解、物権法理を準用すべきとする見解、財産権を認める見解、合意により帰属・移転が定められるとする見解等が存在します（増島雅和＝堀天子編著『暗号資産の法律』中央経済社（2020年）27頁以下等）。

（注9）　たとえば、判決が合意内容に従い一定数量の暗号資産の引渡しを命じたとしても、これをどのように強制執行し得るかが問題となります。

（注10）　東京地判平成27・8・5平成26年（ワ）第33320号公刊物未登載〔28233102〕等

（注11）　この場合の差押債権目録は「債務者が債務者が第三債務者に対して有する別紙暗号資産送信請求権目録記載の暗号資産」との記載になることが想定されます（本多健司「仮想通貨返還請求権の差押えをめぐる実務上の諸問題」金融法務事情2111号（2019年）6頁）。

（注12）　相続等においても同じ問題が生じることになります。

〔上沼紫野〕

（5）電子決済

電子決済にはどのような種類があるでしょうか。それぞれどのような法律の規制が関係して、利用者はどのように保護されるのでしょうか。

 KeyWord 前払式支払手段、資金移動、決済代行業者、加盟店管理、利用規約、不正利用、補償制度

［1］ 電子決済の種類と規制概要（前払式支払手段と資金移動を中心に）

電子決済に関連する現行決済法制は、以下のとおりです。

＜表1＞決済法制の概要

	支払手段	法律	例	監督官庁
前払い	前払式支払手段	資金決済法	電子マネー（プリペイド式）	金融庁
即時払い	銀行決済	銀行法	デビット、振込み、振替	
	資金移動	資金決済法		
後払い	包括信用購入あつせん等	割賦販売法	クレジット	経済産業省

決済法制の主な課題は、①確実な決済、②前払い、即時払いサービスにおける利用者の預入れ資金の確保、③後払いサービスにおける過剰与信の防止、④第三者による不正利用の防止・救済、⑤悪質加盟店等による被害の防止・救済、⑥個人情報保護、⑦マネー・ローンダリングの防止、等が挙げられます。主な決済手段の規制枠組みは、次頁の一覧表のとおりです（○が制度上の対応がされているものです）。

前払式支払手段は、発行者が利用者から資金を受け入れ保有することになるので、利用者資金の保全制度が整備されています。沿革的に自家型から制度がつくられたことから、半額の保全制度となっています（自家式では発行者が受け入れた資金は、発行者のもとで商品や役務に形を変えます）。第三

者型は加盟店で利用されることから、加盟店管理制度があります。また、出資法において預り金が禁止されていることから、原則として払戻しが禁止されています。このため、犯罪による収益の移転防止に関する法律（以下「犯罪収益移転防止法」という）上の取引時確認義務は課されません。

　資金移動も、資金移動業者が利用者資金を保有することになるので、利用者資金の保全制度が整備されています。資金移動は送金サービス（為替取引）であり、資金移動業者は資金を受け入れて資金を払い出すので、受入れ資金の全額の保全制度となっています。送金サービスなので資金の払出しは可能です。犯罪収益移転防止法上の取引時確認義務が課されます。

＜表２＞決済法制の規制枠組み

	前払式支払手段	資金移動	包括信用購入あっせん	（規制対象でない決済）
参入規制・監督	○登録制	○登録制	○登録制	×
利用者資金保全	○（半額）	○（全額）	－	×
過剰与信防止	－	－	○	×
情報管理	○	○	○	×
加盟店管理	○	×	○	×
抗弁対抗	×	×	○	×
無権限利用	×利用規約	×利用規約	×利用規約	×利用規約
取引時確認	×	○犯罪収益移転防止法	○犯罪収益移転防止法	×
その他	払戻し禁止			

［2］　いずれの法規制に服するサービスか

　電子決済は、サービスが多様化・複雑化してきており、法的検討が必要となる場合、まず、いずれの法規制によるサービスかを判別する必要があります。

　規制法との関係を検討する際には、以下の３点について留意が必要です。

　第１に、規制の対象となっていないサービスがあります。こうしたものも含めてサービスを一覧すると、次頁の一覧表のとおりとなります[1]。規制の

対象となっていないサービスは、決済事業者の体制整備が十分でないことによりサービス提供に問題が生じたり、悪質な事業者により決済手段として利用されやすい面があることに、注意が必要です。

＜表３＞決済サービスの全体像

	決済サービスの特徴等			決済サービス	定義条文等
前払い	取引時確認義務なし・払戻し不可	発行者でのみ使用可		自家型前払式支払手段	資金決済法3条4項※1
		発行者以外の加盟店でも使用可		第三者型前払式支払手段	資金決済法3条5項
		有効期限6か月以内		（適用除外）	資金決済法4条2号
即時払い	銀行による送金サービス※2			デビット、振替等	銀行法2条2項2号※3
	銀行以外による	銀行以外の送金サービス※4		資金移動	資金決済法2条2項※3（なお、資金決済法2条の2※4）
		（代理受領）事前チャージ不可		（収納代行）	− ※5
後払い	カード等の交付・付与あり	2月超後払い		包括信用購入あつせん	割賦販売法2条3項
		2月以内後払い		二月払購入あつせん	割賦販売法35条の16第2項※6
	カード等の交付・付与なし	2月超後払い		個別信用購入あつせん	割賦販売法2条4項
		2月以内後払い		（立替払い型後払い決済）	− ※7

※1　3月末又は9月末の未使用残高が1,000万円を超える場合、届出業者として規制対象となります。

※2　電子決済等代行業者（銀行法2条17項1号・18項）（登録制）が介在する場合があります。

※3　条文上は「為替取引」とされています。「為替取引」は、最決平成13・3・12刑集55巻2号97頁〔28065111〕に基づき、「顧客から、隔地者間で直接現金を輸送せずに資金を移動する仕組みを利用して資金を移動することを内容とする依頼を受けて、これを引き受けること、又はこれを引き受けて遂行すること」と理解されています。

※4　第二種資金移動業・第三種資金移動業では、送金に結び付いた事前チャージが認められます。前払式支払手段と異なり、事前チャージ型の資金移動は、取引時確認義務があり、払戻しが可能です。

※5　収納代行は、受取人から委託又は債権譲渡を受けて債務者から資金を収受し、当該資金を直接輸送することなく受取人に移転させる行為であり、法的に「代理受領」にあたるものが想定されています。収納代行と呼ばれるものの中で、受取人が個人（事業として又は事業のための受取人を除く）であり、かつ、債務者からの債務の受入れまでに債務が消滅しないもの、エスクローサービス提供事業者や契約の締結に不可欠の関与をするプラットフォーム提供事業者以外のものは、資金移動業の規制対象となります（資金決済法2条の2、資金移動業者に関する内閣府令1条の2）。上記以外のものが規制対象となるかは、個別に判断されます（資金移動ガイドラインⅠ-2）。

※6　カード等の交付・付与（イシュアリング）は登録制による規制は課されませんが、クレジットカード番号等の適切管理義務（割賦販売法35条の16第1項1号）、取引時確認義務（犯罪収益移転防止法2条2項39号）が課されます。加盟店管理業務（アクワイアリング）は、登録制の規制対象です。

※7　現行法上、規制対象となっていません。国民生活センターは、「（特別調査）消費者トラブルからみる立替払い型の後払い決済サービスをめぐる課題」（2020年1月23日）において、自主的対応を求めています。

　第2に、複数のサービスを組み合わせたサービス提供が行われています。たとえば、クレジットから電子マネーにチャージするような場合、クレジット部分は割賦販売法、電子マネー部分は資金決済法が適用されます。

　第3に、カード等の発行者や加盟店管理業務を行う業者と加盟店との間に決済代行業者が介在するようになってきています。決済代行業者は、①登録業者として直接規制される者、②登録業者からの指導・監督を通じて間接的に規制される者[2]、③間接的な規制も及ばない者があります。なお、QRコードやバーコードを用いた決済は「コード決済」と呼ばれますが、コード決済

事業者の提供するサービスは、決済に関する情報の伝達と整理されており、資金決済法や割賦販売法の規制枠組みの中で位置付けられます。

[3] 参入規制

第三者型前払式支払手段（発行者以外の加盟店でも利用可能な前払式支払手段）の発行（資金決済法7条）、資金移動業（資金決済法37条）、包括信用購入あつせん（割賦販売法31条）[3]、個別信用購入あつせん（割賦販売法35条の3の23）を行う事業者は、主務官庁への登録が必要です。無登録でこれらの業務を行うことは禁止されており、刑罰の対象となります。

なお、包括信用購入あつせん及び二月払購入あつせんの加盟店管理を行う者（クレジットカード番号等取扱契約締結事業者）も、登録が必要です（割賦販売法35条の17の2）。

[4] 加盟店等とのトラブルの予防・救済
ア 加盟店等とのトラブルの予防（加盟店管理等）

第三者型前払支払手段発行者は、前払式支払手段に係る不適切な使用を防止するため、加盟店の提供する物品・役務の内容が公序良俗に反するようなものではないこと（社会的妥当性を欠き、又は欠くおそれがある場合を広く含む）を確認する必要があります（資金決済法10条1項3号）。具体的には、加盟店契約締結の際の確認、問題判明時の速やかな解除、加盟店契約締結後の変化の把握、使用実績の報告徴取等が求められます（金融庁「第三分冊：金融会社関係」「5. 前払式支払手段発行者関係」（以下「前払式ガイドライン」という）Ⅱ－3－3）。

また、未使用残高の譲渡が可能な前払式支払手段については、残高譲渡が公序良俗を害するような不適切な取引に利用されないよう不適切利用防止措置をとる必要があります（資金決済法13条3項、前払式支払手段に関する内閣府令23条の3、前払式ガイドラインⅡ－2－6）。

資金移動業者には、資金決済法上、上記のような加盟店管理は求められていません。もっとも、資金移動業者が加盟店契約を行う場合、契約に基づい

て加盟店管理が行われます。

　包括信用購入あつせん（及び二月払購入あつせん）では、加盟店契約を行うクレジットカード番号等取扱契約締結事業者（アクワイアラー及び加盟店契約締結権限をもつ決済代行業者）に、加盟店調査等の義務が課せられています（割賦販売法35条の17の8）。また、個別信用購入あつせん業者は、訪問販売等につき加盟店調査義務を負います（割賦販売法35条の3の5）。

イ　加盟店等とのトラブルの解決

(ｱ)　支払拒絶や返金等

　商品が送られて来ない、送られた商品に問題がある等、利用者が加盟店等とトラブルとなった場合、加盟店等との関係において解決を図るほか、決済サービスを通じて解決を図ることが考えられます。

　包括信用購入あつせん及び個別信用購入あつせんでは、クレジット業者に、抗弁権の接続を主張することが考えられます（割賦販売法30条の4、35条の3の19）。

　国際ブランドカードの場合、チャージバックによる解決を促すことも考えられます。国際ブランドが定めた所定の事由が存在する場合に、イシュアー（カード発行会社）がアクワイアラー（加盟店管理会社）に決済の取消しを主張する制度です。利用者の権利として認められたものではないとされていますが、二月払購入あつせんに該当する取引等も対象となります。

　前払式支払手段や資金移動は、利用規約に決済の取消し・返金等の定めがある場合には、これによることができます。

　また、加盟店から決済事業者に代金債権が譲渡される法律構成をとる債権譲渡型のサービスでは、利用者は、原則として加盟店への抗弁事由を決済事業者に主張して支払いを拒絶できます（民法468条）[4]。

　エスクローサービスでは、買主への物品の交付・役務の提供後に、売主に資金が移転されます。利用規約の内容にもよりますが、物品の不交付や役務の不提供の場合、エスクローサービス提供者から返金を受けることができます。他方、物品受領等の連絡後、売主への資金移転後に物品の不良

が確認された場合は、補償制度がない限り、エスクローサービス提供者からの返金を受けることはできません。

(イ) 前払支払手段や資金移動の決済が未了の場合

　前払式支払手段や資金移動の決済が未了である場合、決済事業者に対して、決済の停止、決済の取消しや返金を求めることが考えられます。特にサーバ型前払式支払手段を悪用した架空請求等の詐欺被害や、資金移動サービスが詐欺等の犯罪行為に利用された疑いがある場合には、金融庁の事務ガイドラインにおいて、速やかな利用停止等の対応が求められています[5]（前払式ガイドラインⅡ－2－5、金融庁「第三分冊：金融会社関係」「14.資金移動者関係」（以下「資金移動ガイドライン」という）Ⅱ－2－1－2－1（5））。

(ウ) 決済代行業者が介在する場合

　決済代行業者が介在する場合、決済代行業者は発行者等との契約において、加盟店管理義務を負っており、このような関係を背景として、加盟店に違法行為があるなどの場合（サクラサイト等）、決済代行業者による解決（決済の取消し、（一部）返金等）が行われたり、決済代行業者が加盟店に解決を促すことがあります。

(エ) 決済事業者の責任

　決済事業者が、原因取引における商品や役務が公序良俗に違反することを認識しながら、又は、容易に認識し得たにもかかわらず、加盟店への支払を行った場合、債務不履行ないし不法行為に基づく損害賠償責任を問われる場合があり得ます（前払式支払手段についてその可能性を指摘するものとして、東京高判平成28・2・4消費者法ニュース113号284頁〔28254304〕、東京高判平成29・6・8平成29年（ネ）第502号公刊物未登載〔28254895〕）。

ウ　加盟店ないし取引相手の調査・把握

　紛争事案では、利用者が取引の相手方の情報を十分持ち合わせない場合や、悪質業者の関係者の把握が必要となる場合、決済事業者に対し、取引の相手方に関する情報の開示を求めることが考えられます[6]。

　前払式支払手段発行者は、犯罪収益移転防止法上の取引時確認義務を負いませんが、加盟店管理の過程で一定の情報を取得しています。もっとも、犯収法上の規制対象でないので、情報量や情報の正確性は劣ります。

　資金移動業者は、犯罪収益移転防止法上の取引時確認義務を負っていますので、本人確認の情報や資料を保有しています（犯罪収益移転防止法4条、犯罪による収益の移転防止に関する法律施行規則6条〜12条）。

　包括信用購入あつせん（及び二月払購入あつせん）では、犯罪収益移転防止法上、加盟店についての取引時確認は求められていませんが、加盟店管理の過程で、クレジットカード番号等取扱契約締結事業者が加盟店に関する情報を保有しているはずです。

　取引デジタルプラットフォームの利用による場合は、消費者は、自己の債権を行使するために、取引デジタルプラットフォーム提供者に対し、販売業者等情報の開示を請求することができます（取引デジタルプラットフォームを利用する消費者の収益の保護に関する法律（令和3年法律32号）5条）。

［5］第三者による不正利用の場合の責任分担・利用者への補償

　第三者による不正利用の場合、現行法上、預金以外には偽造カード等及び盗難カード等を用いて行われる不正な機械式貯金払戻し等からの預貯金者の保護等に関する法律（以下「預金者保護法」という）のような補償制度はありませんので、責任分担や利用者への補償は、民法又は利用規約の定めによります。

　民法上、無権限取引の効果が本人に帰属するには、表見代理又は準占有者への弁済が成立することが必要です。表見代理や準占有者の弁済において決済事業者が無過失とされるには、無権限利用防止のための体制整備を要すると解され（無権限者が預金通帳を使用し暗証番号を入力して現金自動入出機から預金の払戻しを受けた事案に関する預金者保護法施行前の最判平成15・4・8民集57巻4号337頁〔28081117〕）、決済事業者にこれらを踏まえた主張・立証が求められます。

　利用規約に責任の分担や利用者への補償の定めがある場合は、その定めに

よります。利用規約の定めは決済事業者によりさまざまですが、民法上の定めに比して、消費者の責任を加重し、信義則に反して消費者の利益を一方的に害するものは無効となります（消費者契約法10条）。また、（定型取引の特質に照らして）相手方の利益を一方的に害する契約条項であって信義則に反する内容の条項（不当条項）は合意したものとみなされません（民法548条の2）。これらについては、経済産業省「電子商取引及び情報財取引等に関する準則」「Ⅰ-3　なりすまし」（最終改訂2020年8月）が、一定の整理を行っています。

　なお、前払式支払手段発行者や資金移動業者は、第三者による不正利用の場合の補償等の対応方針について、書面交付等の適切な方法により利用者に情報提供することが求められます（資金決済法51条、資金移動業者に関する内閣府令29条の2第5号）。

（注1）　このほか、無償で発行されるポイントも規制されません。他方、財産的価値のある対価を得て発行される有償ポイントは、前払式支払手段として規制されます（資金決済法3条1項）。

（注2）　資金決済法21条の2、50条、割賦販売法30条の5の2、35条の16第3項。

（注3）　自家型前払式支払手段（発行者のみで利用可能な前払式支払手段）を発行し、3月末又は9月末の残高が1,000万円を超える事業者は、届出が必要です（資金決済法5条）。

（注4）　利用規約に抗弁の放棄に関する規定がある場合、抗弁の放棄の意思表示が認められるか、また、消費者契約法10条や定型約款に関する民法548条の2の適用が問題となります。

（注5）　前払式支払手段は、原則として払戻しが禁止されています。ただし、払戻し金額が少額である場合その他発行業務の健全な運営に支障が生ずるおそれがないとして内閣府令で定める場合は、払戻しが認められます（資金決済法20条5項、前払式支払手段に関する内閣府令42条。架空請求等詐欺被害にするものとして、前払式ガイドラインⅡ-2-5-1②）。

（注6）　任意の開示を求めるほか、弁護士会照会や調査嘱託等によることが考えられます。

〔坂勇一郎〕

（6）相続関係

依頼者の家族の相続手続をすることになりました。故人はさまざまなキャッシュレス決済を使っていたようですが、契約書類もなく、カードやスマートフォンの暗証番号もわからない場合、どう対応すればよいのでしょうか。

 KeyWord　クレジット、デビット、プリペイド、相続、払戻し、無記名式、会員資格の停止

［1］　はじめに

　キャッシュレス決済の利用者の地位は、決済事業者との契約により生ずるものですから、利用者が死亡した場合相続の対象となります。ただし、キャッシュレス決済によっては、相続人に対しては利用者と同じ内容のサービスを提供しない旨契約（約款を含む。以下同じ）で謳っているものがあります。

　キャッシュレス決済といっても、種々のものがあります。ここでは、まず、利用者が決済事業者にお金を払う時期に着目して、①クレジット決済、②デビット決済、③プリペイド決済の3種類に大別し、プリペイド決済をさらに無記名型と記名型に分けてみていきます。

［2］　クレジット決済の場合

　クレジット決済においては、決済事業者は、あらかじめ設定された利用限度額の範囲内での利用者の加盟店を経由しての支払委託に応じて、利用者の加盟店に対する代金債務等を弁済し、後日一括して又は分割して上記弁済額に金利・手数料を加算した金額の支払を利用者から受けます。クレジット決済は、利用者の経済的な信用に応じて利用契約を締結するか否か、締結する場合にその利用限度額をどうするかが定まる、属人性の強いサービスです。このため、クレジット決済の場合、決済事業者は通常、利用者が死亡した後は、会員資格を喪失させるなどして、新規の決済サービスの提供を停止させ

ることができる旨を、契約により謳っています。

　クレジット決済の場合、利用者の相続人は、決済事業者が利用者死亡の事実を知り会員契約を喪失させるまでは、決済サービスの提供を受けることができます。ただし、利用者が死亡していることを決済事業者が知っていたならばその利用者の会員資格を喪失させていただろうといえるので、決済事業者が利用者の死を知らないことを奇貨として新たな決済サービスの申込みをした場合、詐欺利得罪に問擬される危険があります。また、特定のクレジット決済サービスを用いて公共料金やサブスクリプションサービス等の料金等が自動的に決済されていることを知りながら、利用者の死亡の事実をその遺族が速やかに決済事業者に申告せず、自動決済を止めなかった場合にも、不作為による詐欺が成立する危険があります。したがって、利用者の相続人は、その利用者のクレジットカードやカード番号を用いた決済を事実上することはできないということができます。よって、利用者の相続人が当該クレジットサービスを引き続き利用することを前提として暗証番号やパスワードの照会をしても、決済事業者はこれに応ずることはないと思われます。

　クレジット決済の場合、利用者が死亡し、会員資格を喪失しても、決済事業者との契約自体が解除・解約されるわけではないので、決済済みの取引に関して所定の金額を所定の方法で支払う義務が相続されることになります。利用者が銀行口座からの自動引落しの方法で月々の支払をしていた場合には、銀行口座自体は利用者の死亡の事実が当該銀行に知られると凍結されるので、月々の支払額を銀行振込等の方法で支払うこととなります（多くの決済事業者は、利用者の死亡による会員資格の喪失の場合については期限の利益喪失事由に含めていません。仮に、これを期限の利益喪失事由に含めている約款等があったとしても、それは不当に利用者の利益を一方的に害するものですので、当該条項について定型約款としての効果が生じないか（民法548条の2第2項）、消費者契約法10条により無効となる可能性がありますので、従前通りの分割弁済の継続を相続人が希望するのであれば、その旨を決済事業者に要求してみるべきです）。

　また、利用者の相続人は、既になされた決済に関する利用者の権利義務を

包括的に継承しますので、割賦販売法又は利用契約等で定められた利用者の諸権利（たとえば、支払停止の抗弁など）を行使することができます。また、利用者としての諸権利を行使するには利用状況を把握する必要がありますので、その相続人には、利用明細の再発行を決済事業者に求める権利があります。

　多くのクレジット決済事業者は、自社サービスを用いて決済をした利用者に対し、決済額に応じたポイント（航空会社系のクレジットサービスの場合、「マイレージ」と呼ぶことがあります）を付与するサービスを提供しており、当該利用者のポイント数を引き下げるのと引換えに所定の商品又は役務を提供する旨の債務を利用者に対して負っています。上記のようなポイントに係る決済事業者に対する債権は、利用者の個性や利用者との信頼関係に着目したものではありませんので、一身専属権とはいえず、原則として相続の対象となります。決済事業者の中には、利用契約の中でポイント（に関する権利）は相続できないものとする旨規定しているものがありますが、当該条項について定型約款としての効果が生じないか（民法548条の2第2項）、消費者契約法10条により無効となる可能性があります。ポイントが相続の対象となる場合、決済事業者側で特段の定め[1]を置いていない限り、遺産分割協議書や調停調書等を決済事業者に示して、これに沿ってポイントを相続人に割り振ることになります。

［3］デビット決済

　デビット決済においては、決済事業者は、あらかじめ利用者が登録した利用者自身の銀行口座の預金残高の枠内で、利用者の加盟店に対する代金債務等を弁済し、同時に、上記銀行口座から上記弁済額相当の金額の支払を受けます。

　デビット決済は、利用者の経済的な信用に依存していない、属人性の低いサービスです。しかし、利用者が死亡した場合には通常利用者名義の銀行口座は凍結され、残高照会や代金相当分の送金等ができなくなるおそれがありますので、通常の利用契約では、利用者が死亡し又は利用者の死亡を決済事

業者が知ったときに会員資格を喪失する旨を契約で謳っていることが多いです[2]。

　このような条項が利用契約に含まれているデビット決済においては、クレジット決済のときと同様、利用者が死亡した場合、その相続人が利用者の地位を相続して引き続きデビット決済をする前提で暗証番号の照会をしても、決済事業者がこれに応ずる可能性は低いといえます。

　また、このようなデビット決済においては、利用者が死亡したことを決済事業者が知っていれば会員資格を喪失させていただろうといえますから、暗証番号を知っていたことを奇貨として利用者の相続人が利用者名義でデビット決済をした場合には、詐欺罪等に問擬されるおそれがあります。

［4］ プリペイド決済

　プリペイド決済とは、決済事業者に支払を委託できる金額を数値的データとして所定の記録媒体に記録しておき、決済事業者が、加盟店のシステムを通じた利用者からの支払委託に応じて、代金等決済時の上記数値を上限として、利用者の加盟店に対する金銭債務を弁済し、弁済した金額相当分、上記数値を減ずるものです。種々の業種に加盟店がある場合、この数値的データは、「電子マネー」と呼ばれます。テレフォンカードのように磁気ストライプに数値的データを記録したものや、Suica等の交通系カードのようにカードに埋め込まれたICチップに数値的データを記録したものや、バーコード決済のように決済事業者のサーバ上に数値的データを記録したものなどがあります。

　プリペイド決済においては、決済事業者との間で会員契約を締結した利用者だけが利用できるものと、上記数値的データを記録した媒体（カード）の所有者であれば誰でも利用できるものとに分かれます。後者は、一般に、「無記名式」と呼ばれます。

　無記名式プリペイド決済の法的性質については議論が分かれていますが、数値データを記録した媒体（カード）を所有している者が加盟店のシステムを通じて支払委託をした場合にこれに応ずる契約上の義務が決済事業者にあ

ることは否めません。この義務に係る権利者が誰なのかについても議論が分かれていますが、カードを無記名証券としたうえで、カードの所有者を債権者と考えるのが素直です。すると、カードの所有者が死亡したときには、その相続人がカードの所有権を相続しますので、そのカードに記録された電子マネーを使用する権利をも相続することとなります。

　無記名式プリペイド決済の場合、特定のカードに記録された数値的データを複数人に分配することは通常困難ですので、相続人の１人が特定のカードに係る権利を単独で相続するという運用となります。

　プリペイド決済の場合、決済事業者は、決済時に利用者が保有している数値データ（電子マネー残高）の限度で代金債務等の弁済を行えば済むので、本来属人性の低いサービスです。しかし、記名型のプリペイド決済の場合、決済事業者の多くは、特定のアカウントに紐づけられた利用者の氏名・住所・性別・生年月日等の情報を把握したうえで決済処理を行うことで種々のデータを取得し、これを事業活動に活かしています。このため、利用契約において特定のアカウントを用いて決済委託をする権利の相続を認めない旨を謳っていることが多いです[3]。他方、楽天Edyのように、決済事業者に決済委託をする権利の相続を認めたうえで、クレジットカードを用いたチャージ等ができる地位のみを利用者の死亡により終了させるもの（楽天 Edy ユーザー情報登録規約９条３号）もあります。この場合、利用者が死亡した時点でチャージが完了している分については、その相続人が自己のためにする取引の代金等の決済に利用することができます。相続人による利用を制限する旨の規定のないプリペイド決済サービスの場合（たとえば、au PAY等）、記名型であっても、原則に立ち返って、相続人は決済事業者に対し支払委託をする権利を相続することとなります。ただし、銀行やクレジット会社に相続の開始を知られた後は利用者名義の銀行口座からの引落しや利用者名義のクレジットカードからチャージをすることはできなくなりますし[4]、銀行やクレジット会社に相続の開始を知られていないことを奇貨としてこれらの手段でチャージを行った場合には、詐欺罪等に問擬されるおそれがあります。

　電子マネー残高自体は、現預金と同様に代金等の決済に用いることができ

るので、利用名義人が死亡したからといってこれを相続人から取り上げるのは、不当に相続人の利益を害するものといえます。したがって、決済事業者としては、利用名義人の死亡時の電子マネー残高を、遺産分割協議書又は調停調書等に基づいてその相続人に分配するなり、電子マネー残高に対応する金銭をその相続人に払い戻す等の精算措置を用意しておくべきです[5]。プリペイド決済における電子マネー等は資金決済法上の前払式支払手段に該当するので、原則払戻しをすることが禁止されていますが（資金決済法20条5項本文）、利用者の相続人が利用者のアカウントを用いて決済委託をすることができなくなったことをもって「その他の保有者のやむを得ない事情により当該前払式支払手段の利用が著しく困難となった場合」（資金決済法20条5項ただし書、前払式支払手段に関する内閣府令42条3号）に当たるとしてこれを正当化する見解が多いようです[6]（もっとも、基準期間中に利用者の相続人からの申請により払い戻す金額の総額は当該期間中の発行額よりも相当小さいことが想定されるので、通常は、上記内閣府令42条1号によっても十分正当化されるように思われます）。

　そのような相続人への分配又は払戻し等の措置が用意されないまま、単にアカウントの相続を認めないとだけしている場合には、相続禁止規定に係る当該条項について定型約款としての効果が生じないか（民法548条の2第2項）、消費者契約法10条により無効となる可能性があります。したがって、相続人としては、分配又は払戻しが約款上認められていればこれに沿って分配又は払戻しを受け、約款上仮に分配の払戻しを認めないことになっていたとしても消費者契約法などを援用して払戻し等を求めるということになります。

［5］使用していた決済サービスの把握

　キャッシュレス決済のうち、スマートフォンやＰＣを用いてなされるものについては、故人がどれを使用していたのかを相続人が把握することは通常困難です。多くのキャッシュレスサービスは会員登録時の認証や使用履歴の報告等のために電子メールを用いるので、故人の電子メールを見て調べるの

が最も確実性の高い手段です（LINE Payのように特定の通信サービスとの関係性が強いサービスの場合、当該通信サービスを用いて上記認証等が行われます）。ただし、故人が使用していた端末のロックを解除するパスワードを相続人が知らない場合、故人の電子メールにアクセスするのは容易ではありません。Gmailのように、故人のアカウントからデータを取得する方法が用意されている場合には、メールサービス提供者が用意した手順に従って、メールデータを取得するのが得策です。また、企業等から付与されているメールアドレスを故人が使用していた場合には、当該企業に事情を話し、キャッシュレス決済に関係するメールデータについての提供を要請する等の措置を講ずるべきです。電子メールデータを閲覧できない場合、使用している可能性が高いサービスの運営会社に弁護士会照会をかけるという方法もあり得ます（ただし、残高が少ない場合、費用倒れに終わるおそれもあります）。

［6］最新の約款の確認

　上記解説は、この文章を作成している時点での決済事業者各社の約款を前提としています。しかし、キャッシュレス決済に関する約款は、頻繁に改正されています。相続人に不利益な条項が適格消費者団体の活動により改正されるなどの事態も生じていますので、相続が発生した当時の約款を確認することが重要です。

（注1）　たとえば、ANAマイレージクラブ会員規約21条は、「故人である会員のマイルの相続権を有することを証明する書類を弊社に会員の死亡後6カ月以内に提示する」等して所定の手続を取った場合にはマイルの相続をできるとしています。
（注2）　三菱UFJ-VISAデビット会員規約12条3項1号は、「会員に相続の開始があったことを当行が認識した場合」には、「当然に会員資格は取り消されるものとします」とし、SMBCデビット会員規約26条1項5号は、「会員が死亡した場合または会員の親族等から会員が死亡した旨の連絡があった場合」には「通知・催告等をせずに会員資格を取消すことができるもの」としています。
（注3）　たとえば、PayPay残高利用規約5条本文は「PayPay残高アカウントに関する契約上の地位およびこれにより生じる権利義務の全部または一部は、利用者に帰属し、利用者は、これらの権利を第三者に譲渡、貸与または相続させることはできないものとします」と定めています。
（注4）　たとえば、au PAYの場合、au電話機（スマートフォン等を含みます。）本体と紐づけら

れているau IDが用いられている場合、au電話に係る利用契約を相続人の1人が承継する手続をする中で、支払方法を承継人名義のものに変更することとなります。プリペイド決済を行うには画面のロック状態を解除する必要がありますが、そのためのパスワードは、この承継手続の中で、その承継人に付与されることになります。

（注5）　たとえば、PayPay残高利用規約5条ただし書では「利用者に相続が発生し、利用者のPayPay残高アカウントにPayPayマネーまたはPayPayマネーライトの残高が残っていた場合、当社は当社所定の方法に基づき、法令に定める例外事由等を考慮のうえ、当該利用者の保有するそれらの残高を正当に相続又は承継すると当社が確認した者に対し、振込手数料を控除した額を振り込みます」とされています。LINE Moneyアカウント利用規約3条4項ただし書も「LINE Moneyアカウント保有者に相続が発生し、LINE Moneyの残高がある場合、当社所定の方法により、相続人に対し、振込手数料を引いたうえで返金いたします」としています。また、モバイルデバイスにおけるSuica利用規約21条2項は「モバイルSuica会員が死亡した場合は、その時点で退会したものとみなし、法定相続人が当社の定める手続きにより払いもどしの請求をしたとき、当社は退会の手続きを行います」としています。

（注6）　たとえば、北川祥一『デジタル遺産の法律実務Q＆A』日本加除出版（2020年）161頁

〔小倉秀夫〕

COLUMN

被保佐人等のキャッシュレス決済の諸問題

1．成年後見関係事件の概要

　最高裁判所事務総局家庭局が発表した2020年の成年後見関係事件の概況によると、成年後見関係事件の申立件数は、合計で37,235件で、内訳は、後見開始の審判件数は26,367件、保佐開始審判は7,530件、補助開始審判が2,600件、任意後見監督人選任の審判申立てが738件となっています。このうち、80.3%が親族以外が成年後見人等に選任されており、内訳は、司法書士が37.9%（11,184件）、弁護士が26.2%（7,731件）となっています。2019年3月18日に最高裁が「（成年後見人は）親族が望ましい」との指針を出して以降も、依然として親族以外の後見人が8割選任されており、最も選任されている専門家は司法書士となっています。専門職が就任する場合、本人の性格等がつかめず財産管理に苦慮する場合も多いです。当法人は、現在までに累計70件の成年後見人等を担ってきました。それらのケースで、実際にキャッシュレス決済で問題となったものをご紹介します。

2．事例

　静岡太郎さん（仮名、以下「太郎さん」という）は、50代前半の男性で、精神障害を患っていました。当法人が保佐人として就任しており、預貯金管理の代理権が付与され、金銭管理はすべて当法人が行っています。太郎さんは、グループホームに入所しており、現在は就労移行支援事務所で就労し、今後は企業に勤めて自立することを目標としていました。また、保佐人として当法人が就任する以前から携帯電話を保有しており、操作等は問題なくできていました。医師より、水分管理と糖質管理を行うようにとの指示があるため、施設の担当者が食事等管理したうえで、太郎さんのお小遣いも管理し、食べすぎたり飲みすぎないように気を付けてもらっていました。月に一度施設担当者、太郎さん、就労事業所の担当者、当法人を交えたケース会議を開催し、太郎さんの体調管理やお小遣い等の金銭管理について確認を行っていました。ある時、携帯電話料金が明らかに高かったため、ケース会議で太郎さんに確認すると、PayPayアプリをダウンロードし、使用していることが判明しました。給料は、口座振込みなので太郎さんの自由になりません。保佐人に頼んで現金をもらうにも理由を

言わなくてはいけません。どうしてもお菓子が食べたかった太郎さんは、職場から施設までの帰り道にこっそり買い食いをしていたのです。口座からPayPayにチャージしてしまうと保佐人にわかってしまうと考えた太郎さんはキャリア決済を選択し、携帯電話料金に上乗せして支払えるよう、自ら手続をしていました。

3．被保佐人とキャッシュレス決済

　被保佐人でも、前述したとおり携帯の仕組みやキャリア決済を理解し、キャッシュレス決済を自ら設定し利用できてしまう方がいます。太郎さんのケースは大事に至る前に気付いたからよかったのですが、もっとうまくわからないように行っていたら、保佐人として適切な財産管理を行っていたとしても気付けなかったのではないかと思います。被保佐人でも携帯電話を利用している方は多くいます。今はさまざまなキャッシュレス決済方法があり、携帯1つで簡単に手続ができてしまいます。「被保佐人だから携帯電話を利用するな」というのは暴論で、携帯電話は、いまやさまざまな障害をもつ方にとっても日常生活に必要不可欠なものであるため、たとえば、信用情報機関のように、キャッシュレス決済の会社で組合のようなものをつくり、成年後見人等が就任しているといった情報がそこに登録でき、アプリをダウンロードし利用する際にキャッシュレス決済の会社側が情報を確認し、開設時に保佐人の同意をとるなど何らかの配慮ができる仕組みがあったらよいと思います。しかし、この仕組みには人権への配慮が必要な点と、キャッシュレス決済の利便性が損なわれる可能性があるため、実現へのハードルは高いでしょう。現実には、キャッシュレス決済に関しては被保佐人等と私たち保佐人等の知恵比べが続いていくことになりそうです。

司法書士法人　芝事務所

司法書士　芝　知美

（7）国境を越えてのショッピングとキャッシュレス決済

国境を越えてショッピングを行う際の法律関係について、適用される国の法（準拠法）をどのように考えればよいでしょうか。

KeyWord　国際私法、準拠法、法の適用に関する通則法、消費者保護

---

［1］はじめに

　国際取引を日常的に行っている大規模な企業については別段、小規模事業者や一般消費者が海外でしか手に入らない産品を入手することは、それを専門に扱う専門業者を通さなければかつては不可能でした。

　しかし、グローバル化の急速な進展と世界的な国際航空網の発達により、近時においては、小規模事業者や一般消費者が海外に赴き、そうした産品を入手することは難しくなくなっています。加えて、現在においては、インターネットという便利な道具が登場しています。この便利な道具の前では、基本的に国境というものは関係がなくなります。世界中の誰もが世界中のどのウェブサイトにも簡単にアクセスすることができるようになったため、海外でしか手に入らない産品が、小規模事業者や一般消費者であっても直接かつ簡単に入手できるようになりました。

　以上のように、国境を越えてのショッピングが容易になっている現在においては、他方で、各国の法制度がそれぞれ異なっているという前提のもと、当該国際的な取引に関してどの国の法がどのように適用されるのかという複雑かつ困難な問題に、小規模事業者や一般消費者が巻き込まれる機会も同時に拡大してしまっているといえます。そこで以下では、かかる問題を規律する「国際私法」と呼ばれる法規範のもと、我が国の小規模事業者や一般消費者が海外の事業者と国境を越えてのショッピングを行った場合に、適用される法（以下「準拠法」という）がどのように決定されるかにつき、説明を行

います（下記［2］参照）。さらに、その際にキャッシュレス決済を用いた場合の法律関係とその準拠法はどのようなものになるか、この点についても説明を行います（下記［3］参照）。

　なお、「国際私法」と呼ばれる法規範の内容は、厳密には各国により異なります。したがって、準拠法の規律がどのようなものになるかについては、厳密には、どの国の「国際私法」を前提とするかによって異なるといえます。しかし、我が国の小規模事業者や一般消費者が海外の事業者と国境を越えてショッピングを行った際に紛争が発生した場合、究極的に当該紛争は我が国の裁判所での解決が試みられることが多いと考えられるため、以下では「法の適用に関する通則法（以下「通則法」という）」という名称の我が国の国際私法を前提に説明することとします。

［2］国境を越えてのショッピングの法的規律
ア　消費者以外の主体の場合

　たとえば、我が国の小規模事業者が、国際契約を締結して海外の事業者から産品を購入する場合、当該契約の準拠法はどのように決定されるでしょうか。

（ア）「準拠法条項」がある場合

　　この点、我が国の通則法はその7条において、「法律行為の成立及び効力は、当事者が当該法律行為の当時に選択した地の法による」と定めています（なお、契約は「法律行為」の一種であり、その典型です）。すなわち、海外の事業者からの産品の購入に際して締結する契約書の中に「準拠法条項」と呼ばれる条項が置かれ、「本契約は、○○国法に準拠する」といった合意が両当事者間でなされているのであれば、当該○○法が準拠法として当該契約に適用されることとなります[1]。

　　かかる「準拠法条項」あるいはその前提としての契約書の作成については、インターネットを介したオンラインショッピングの場合には、海外事業者側が通販用のウェブサイトの中であらかじめ用意していることが多いです。しかし、我が国の小規模事業者が海外に赴いて産品を購入する形態

の中には、格別に契約書を作成せずに購入がなされる場合も少なくはありません。それでは、そのような場合には当該契約の準拠法はどのように決定されるのでしょうか。

（イ）「準拠法条項」がない場合

「準拠法条項」がない場合、あるいは、契約書そのものがない場合であっても、通則法7条にいう「当事者が当該法律行為の当時に選択した地の法」については、書面による選択であることは要求されていないため、諸般の事情から当事者が○○国法であることを前提に契約をしていたことが明らかであった場合には、かかる「選択」があったものとして当該○○国法が適用されることはあります。

しかし、そのような黙示の「選択」が認められない場合の契約準拠法の決定については、通則法はその8条に定めを置いています。まずその1項において、「前条の規定による選択がないときは、法律行為の成立及び効力は、当該法律行為の当時において当該法律行為に最も密接な関係がある地の法による」と定めており、当該契約の「最密接関係地法」が適用されることになります。

では、ある契約の「最密接関係地法」はどのように決定されるのでしょうか。この点については、同条2項において、「前項の場合において、法律行為において特徴的な給付を当事者の一方のみが行うものであるときは、その給付を行う当事者の常居所地法（その当事者が当該法律行為に関係する事業所を有する場合にあっては当該事業所の所在地の法、その当事者が当該法律行為に関係する二以上の事業所で法を異にする地に所在するものを有する場合にあってはその主たる事業所の所在地の法）を当該法律行為に最も密接な関係がある地の法と推定する」と定めています。

たとえば、売買契約における売主と買主については、いかなる売買契約であっても買主の義務が金銭の給付であるのに対して、売主は、コンピュータの売買であればコンピュータの給付義務、燃料の売買であれば燃料の給付義務というように、当該契約を「特徴」付ける給付を行っています。つまり、「その給付を行う当事者」とは売買契約でいう売主のことを指し、

上述した例では海外事業者が売主である以上、海外事業者の「事業所の所在地の法」が、1項でいう「最密接関係地法」と推定されることになります。○○国の事業者から購入すれば、○○国法が契約準拠法として推定されるというわけです。

イ 消費者の場合

ところで、以上は我が国の小規模事業者が、国際契約を締結して海外の事業者から産品を購入する場合の規律ですが、買主が我が国の消費者であった場合はどうでしょうか。この点、通則法はその11条において、上述した7条、8条とは別の規律を置いています。

(ア) 「準拠法条項」がある場合

通則法11条1項は、まず、「消費者……と事業者……との間で締結される契約……の成立及び効力について第7条……の規定による選択……により適用すべき法が消費者の常居所地法以外の法である場合であっても、消費者がその常居所地法中の特定の強行規定を適用すべき旨の意思を事業者に対し表示したときは、当該消費者契約の成立及び効力に関しその強行規定の定める事項については、その強行規定をも適用する」と定めています。

これは、小規模事業者のような消費者以外の買主に対する上述した7条の規律とは異なり、契約書に「準拠法条項」があったとしてもそれが常に有効というわけではなく、「準拠法条項」が指定する○○国法が、消費者が常態的に居所を置いている地（常居所地）の法ではない場合には、当該消費者が望む限り、その常居所地の消費者保護のための強行規定が適用されるという規律です。消費者保護の観点から、売主たる事業者が自分に有利な国の法を準拠法として消費者に一方的に押し付けることを防止する趣旨からの規定であり、仮に○○国法が消費者保護に薄い法であったとしても、消費者は自分の常居所地の消費者保護規定の重畳的な保護を受けられることになります。上述した例では、売主たる海外事業者が売買の際に日本の消費者に○○国法を押し付けようとしたとしても、日本の消費者は後に日本の消費者保護規定による保護を受けられる旨を主張できるというわ

けです。

　上述したように、かかる「準拠法条項」あるいはその前提としての契約書の作成については、インターネットを介したオンラインショッピングの場合に、海外事業者側が通販用のウェブサイトの中であらかじめ用意していることが多いです。とすると、海外事業者とのオンラインショッピングの場合に、その「準拠法条項」の内容にかかわらず、消費者は日本の消費者保護規定による保護を主張できることになりますが、しかし、これには例外があります。すなわち、同条6項3号、4号であり、それぞれ、「消費者契約の締結の当時、事業者が、消費者の常居所を知らず、かつ、知らなかったことについて相当の理由があるとき」、「消費者契約の締結の当時、事業者が、その相手方が消費者でないと誤認し、かつ、誤認したことについて相当の理由があるとき」には、かかる保護は適用されないとされています。

　前者は、たとえば、オンラインショッピングの通販サイトの中には、販売をする相手の国につき限定を加えているものがあります。とすると、その域外の消費者は購入ができないことになりますが、自らの常居所を偽ることによって購入を試みようとするような例がないわけではありません。そのような背信的な消費者につき、売主が予想だにしなかった国の消費者保護規定の適用を受けなくてはならないことは不合理であるので、かかる消費者については保護を与えないとしたものです。後者は、たとえば、オンラインショッピングの通販サイトの中には、販売をする相手を法人等の事業者に限定しているものがあります。とすると、消費者は購入ができないことになりますが、自らが消費者ではないと偽ることによって購入を試みようとするような例がないわけではありません。そのような背信的な消費者についても、やはり保護を与えないとしたものです。

(イ)「準拠法条項」がない場合

　では、「準拠法条項」がない場合はどうでしょうか。特に、消費者が海外に赴いた際に現地の産品を海外事業者から購入するような場合については、その際に契約書を作成するようなことは通常考えられないため、問題

になります。

　この点、通則法11条は、その2項において、「消費者契約の成立及び効力について第7条の規定による選択がないときは、第8条の規定にかかわらず、当該消費者契約の成立及び効力は、消費者の常居所地法による」と定めています。すなわち、上述した8条の規律とは異なり、消費者保護の観点から、「消費者の常居所地法」が適用されることになり、上述した例では、海外の事業者から購入した場合であっても、日本の消費者であれば日本法が適用されることになります。

　もっとも、6項1号、2号に例外が置かれており、「消費者が当該事業所の所在地と法を同じくする地に赴いて当該消費者契約を締結したとき」、「消費者が当該事業所の所在地と法を同じくする地において当該消費者契約に基づく債務の全部の履行を受けたとき、又は受けることとされていたとき」には、11条2項の適用はないとされています。消費者が海外に自ら赴いて、現地で契約をする、あるいは、契約は自国だが現地でサービスを受けるといった場合にまで、準拠法面で消費者を保護する必要はないと考えられているといえます。

　ただし、消費者が「自ら」赴いたとは言い切れない場合、たとえば、1号ただし書にあるように海外現地で「消費者契約を締結することについての勧誘」あるいは2号ただし書にあるように「債務の全部の履行を受けることについての勧誘」を消費者の「常居所地において受けていたとき」には、消費者保護の原則に戻り、11条2項の適用があることについては注意が必要です。

ウ　小　括

　以上、我が国の小規模事業者又は消費者が、国際契約を締結して海外の事業者から産品を購入する場合、当該契約の準拠法がどのように決定されるかにつき説明しました。

　なお、以上は契約の実質面に関しての説明です。契約の形式に関する規制については別の考慮が必要であり、その点については注意が必要です[2]。

［3］国際ショッピングのキャッシュレス決済の法的規律

　ところで、以上のような規律のもと、国際ショッピングの際に、いわゆる「キャッシュレス決済」が行われた場合には、どのような考慮が追加的に必要でしょうか。

　売買契約がなされた場合、通常、買主側は金銭支払債務を負います。ただ、売主・買主間で、別の方法で債務の履行を行うことを合意することは、「法」が許す限りにおいては、妨げられるものではありません。そして、売主側が「支払」の方法として認めている「キャッシュレス決済」につき、買主側がこれを利用して「支払」を行おうとするのであれば、その段階でかかる「合意」がなされたと評価され、「キャッシュレス決済」が問題なく完遂された限りにおいて、買主側の債務は履行されたことになります。

　そして、かかる「キャッシュレス決済」の合意につき、これを許すか否かを決する「法」とは、国際的な契約については厳密には、前述した契約準拠法であるということになります（とはいっても、かかる合意を認めないという内容をもった国の法は、筆者の知る限り、世界におよそ見当たらないようです）。

　もっとも、以上は売主・買主間のみの関係であり、「キャッシュレス決済」においては「キャッシュレス決済」のサービス提供者が第三者として関わることになります。そして、かかるサービス提供者と買主、サービス提供者と売主の間において、別途、契約関係が存在することになります。

　買主側に関しては、日本の小規模事業者や消費者は、日本のサービス提供者（クレジットカード会社、デビットカード会社、スマートフォン決済会社等）にサービス提供を申し込むのが通常です。すなわち、その限りでは国内契約であり、ここにおける準拠法条項が日本法以外であることは考えられません（準拠法条項がない場合でも、日本法以外が適用されるということはおよそ考えられません）。

　では、かかる買主が国際ショッピングを試みる場合はどうでしょうか。この点、特に、スマホ決済については、自国内での利用しか認めていないものがほとんどであり、現在においては国際ショッピングに利用することは難し

いようです(クレジットカード機能が付帯している場合には利用可能ですが、それはクレジットカードとして利用されているのであり、その場合には後で述べるクレジットカードに関する記述が妥当します)。

　とすると、スマホ決済の場合には、(必ずしも多くはないと思われますが、自国在住者以外からの申込みにも対応しています)海外現地のスマートフォン決済会社に、サービス提供を申し込むことになります。その際には、上述した準拠法に関する規律、すなわち、日本の小規模事業者と海外事業者との契約における準拠法の規律(通則法7条、8条)、日本の消費者と海外事業者の間における契約における準拠法の規律(通則法11条)が、それぞれ、日本の小規模事業者と海外のサービス提供者との間におけるスマホ決済に関する契約における準拠法の規律、日本の消費者と海外のサービス提供者との間におけるスマホ決済に関する契約における準拠法の規律に、同様に妥当することになります。

　他方、クレジットカードやデビットカードを使う場合はどうでしょうか。これらについては、いわゆる「国際ブランド」を介して海外での利用が可能であることは周知の事実ですが、それはすなわち、日本で契約した第三者たるサービス提供者(クレジットカード会社、デビットカード会社)以外の主体が登場し、その者との間における新たな契約関係について考察する必要があることを意味します。すなわち、日本のサービス提供者と「国際ブランド」の統括会社との契約、海外事業者と「国際ブランド」の統括会社との間における契約などですが、その準拠法の規律についても、上述したところ(特に通則法7条、8条)が妥当するということになります。

[4]　おわりに

　以上、国境を越えてのショッピングとそれに伴い行われる「キャッシュレス決済」の法的規律について説明してきました。

　要約するとすれば、上述した契約関係の多くにおいては準拠法条項が挿入されていると考えられますので、基本的には準拠法条項が指定する国の法が適用されることになります。しかし、一方当事者が消費者である場合には、

消費者の常居所地の消費者保護法規定の介入がなされる可能性があることに注意が必要であるということになります。

(注1)　「国際私法」は厳密には各国によりその内容を異にすると上述しましたが、通則法7条が定める点、すなわち、契約中に準拠法条項がある場合に当該条項の内容に従って契約準拠法が決定されるという点については、どの国の「国際私法」においても同様であり、この点に関しては世界的にも標準的な規律であるといえるでしょう。

(注2)　通則法10条、11条3項～5項参照。

〔早川吉尚〕

（8）キャッシュレス難民（銀行口座、スマホ）

スマートフォンの操作が苦手で、○○ペイを使えない人や、銀行口座やクレジットカードがもてないために現金払いをせざるを得ない人に対して、どのような選択肢を示せるでしょうか。

KeyWord　キャッシュレス決済、スマホ決済、銀行口座、クレジットカード、振込み、預金契約、人格権侵害、契約締結の自由、営業の自由、経済活動、反社会的勢力

[1] キャッシュレス決済の現状とその問題点

　我が国では、現金・預金・電子マネー・クレジットカード・デビットカード・仮想通貨等が決済手段・決済方法として認められています[1]。

　キャッシュレス決済とは、非現金決済のことを指し、キャッシュレス決済は急速に拡大しています。2020年の日本の個人消費に占めるキャッシュレス決済の割合は29.7％となり、過去最高を更新した旨の報道がなされています[2]。2020年に閣議決定された「成長戦略フォローアップ」は、2025年6月までに、キャッシュレス決済比率を倍増し、4割程度とすることを目指すとしています[3]。スマホ決済とは、キャッシュレス決済の1つであり、スマートフォンにインストールされた専用アプリを使用して支払を行う決済の方法です。

　2018年に18～79歳の3,700名のサンプルを対象に行った調査結果によると、いずれかの銀行で、個人口座をもつ人は、合計で91.1％であり、ほとんどの人が銀行口座を保有しているとされています[4]。クレジットカードについては、株式会社ジェーシービーが、全国の一般消費者を対象に、クレジットカードで支払いが行われた業種は、スーパーマーケットが35.6％、オンラインショッピングが34.8％、携帯電話が32.2％と多く、特にスーパーマーケットでのカード利用が昨年から3.8％、コンビニエンスストアでの利用が2.1％増加したとされています。消費活動の実態を調査した「クレジットカード

に関する総合調査」による2020年度版の調査結果によると、クレジットカードの保有率は86.6％に及びます[5]。この調査によると、さらに、調査対象の全業種において現金の利用率が低下し、クレジットカードとスマホ決済の利用率は、ほぼ全業種において増加する傾向がみられたとされます。モバイル端末の保有状況について、総務省による通信利用動向調査による、2020年における世帯の情報通信機器の保有状況をみますと、モバイル端末全体（96.8％）におけるスマートフォンを保有している世帯の割合は86.6％となり8割を超えています[6]。

　2019年10月には、消費税の増税に伴い、政府が「キャッシュレス・消費者還元事業」を開始しました。これは、2020年6月までの9か月間、消費者が登録された中小・小規模店舗でキャッシュレス決済を利用すると、最大で5％分のポイント還元が受けられる制度であり、対象となる決済手段はクレジットカード、デビットカード、電子マネーやQRコード決済を含むものでした。中小・小規模事業者に対しては、決済手数料補助、決済端末に対する補助が行われ、ポイントの原資は国が負担しました。この施策を契機に、多くの小売店がキャッシュレス決済への対応を進め、全体ではキャッシュレスの導入店舗率が約27％から約37％に増えました。このような社会状況の中で、銀行口座、クレジットカード、スマートフォンを有しない者が日々の支払を行うことが困難となる状況になっていくことも懸念されます。

　アメリカにおいて、連邦預金保険公社が2019年に行った調査によると、アメリカの5.4％の世帯が、「アンバンクト（unbanked：銀行口座非保有者）世帯」、であり、銀行口座をもたないこれらの世帯は、低所得世帯、低教育水準世帯、黒人・ヒスパニック世帯の割合が高いとされています[7]。この点に鑑み、アメリカにおいては、低所得世帯等も経済活動に参加することができるよう、キャッシュレス店舗を規制する州法、市の条例が制定されている状況です[8]。

［2］銀行口座をもっていない場合の現金の振込方法について
ア　金額が10万円を超えない場合の振込みについて[9]

　銀行口座をもっていない場合の振込方法について、都市銀行や地方銀行などの口座に対して、現金で振込みを行う場合、金額が10万円を超えない場合の振込みについては、ATM（現金自動預払機）での振込みが可能となっています。

イ　金額が10万円を超える場合の振込みについて

　ATMでの振込みの場合には、10万円を超える現金振込みはできず、銀行窓口から現金で振り込むことができます。この際、ATMの振込みと異なるのは、本人確認書類が必要なことであり、旅券（パスポート）、外国人登録証明書、運転免許証、健康保険証など、本人であることが証明できる公的な書類を持参することが必要となり、さらに、取引時確認の手続が必要となります。これは銀行取引が犯罪に利用されることを防ぐため導入された手続です[10]。

［3］日本法における法的問題

　クレジット取引へのアクセスを拒否された者、銀行口座を取得できない者等にとって、消費者取引に参加できるかどうかは、物品や役務について現金での支払ができるかどうかに依存しています。このため、既に言及したとおり、アメリカにおいては、Amazon Go等のキャッシュレス店舗を規制する州法や市の条例が制定されている状況です。日本においては、銀行口座やクレジットカードの保有率はかなり高いものの、今後、キャッシュレス政策が進み、キャッシュレス店舗が増加していくことが予想される中、銀行口座やクレジットカードを有しない者が、取引への参加から排除されることが懸念されます。もっとも、こうした点をめぐる法的紛争の例が我が国において蓄積されているわけでは必ずしもないので、ここでは考えられる論点を、過去の裁判例等を手がかりに抽出しておきます。

ア　キャッシュレス決済のみを掲げる小売店から利用を拒否された場合

　まず、小売店においてキャッシュレス決済のみを掲げている場合に、キャッシュレス決済の方法をもたない消費者が利用を拒否されるケースが考えられます。我が国では、アメリカの一部地域でみられたように、小売店等の事業者に対し特定の支払方法を要求する公的規制があるわけではないので[11]、個々の小売店等の事業者がそうした対応をすることが問題となります。

　キャッシュレス決済のみを掲げる小売店がいかなる消費者と売買契約をするかは、消費者法制等による制約に触れない限り、おそらく契約自由の原則が妥当するものと思われます。一方、私法上の契約等について、公序良俗（民法90条）に反して無効となり得る場合がありますが、どのような場合に違法となるかは、当事者双方の利益を勘案した比較衡量によって検討されるでしょう。

　最近の例として、無料の資料請求サービスを利用して資料請求を行った者が外国籍であることを理由に資料送付を拒否されたことが人格権侵害にあたるとして争われた事例（大阪地判平成29・8・25判タ1446号217頁〔28261955〕）があります。裁判所は、事業者側に契約締結の自由ないし営業の自由が認められるとしても、事業者は、「一般公衆に対し、請求しさえすれば誰であっても資料送付を受けられるとの合理的期待を抱くような状況を作り出しているといえるから、そのような一般公衆から資料請求があった場合には、当該請求者の特定の属性のみを理由に、何ら合理的な根拠に基づくことなく資料の送付を拒否することは、……、憲法14条1項の趣旨に照らし、当該請求者との関係で、……人格権を不当に侵害するものとして、不法行為を構成するものというべきである」としています。ほかにも、外国籍であることを理由にサービス提供等を拒否することが違法とされる例がみられます[12]。また、性同一性障害による性別変更を理由とするゴルフクラブへの入会拒絶が憲法14条1項等の趣旨に照らし違法とされた例（静岡地浜松支判平成26・9・8判時2243号67頁〔28230746〕）などもあります。

　これらの事例は、いずれも人格的利益の侵害等を理由とするので、たとえば、キャッシュレス決済のみを掲げる小売店がキャッシュレス決済の方法を

もたない消費者に利用を拒否することが、人格的利益の侵害に匹敵する態様でなされた場合などには、同様の問題が生ずるかもしれません。また、この利用の拒否が消費者の経済活動（憲法22条1項参照）を著しく妨げるものといえる場合、たとえば、その商品がその小売店でのみ扱われており、かつ当該消費者にとって一定の事情でその購入が必要不可欠であるにもかからず、当該小売店が正当な理由もなくキャッシュレス決済のみを掲げ、他の支払方法を一切受け付けないといった事情があるなど、消費者の経済活動に対する不利益が小売店の営業の自由の利益を上回ると考えられる場合には、消費者側に一定の救済が認められる可能性もあるでしょう。もっとも、我が国でもキャッシュレス店舗は増えつつあり、政府もキャッシュレス決済を推進する状況ではありますが、日常必需品等の購入については、ある特定の小売店がキャッシュレス決済のみを掲げているとしても、消費者は現金払いを扱う他の小売店で購入することができる場合が多いと考えられるので、実際に法的な対応が求められるところまでには至らないことがほとんどではないかと思われます。

イ　預金口座等をもたないことによってキャッシュレス決済の方法がとれない場合

キャッシュレス決済の形態にはさまざまなものがあります[13]が、既に触れたように、その利用の多くはクレジットカード等を通じて行われるところ、その利用は銀行口座の開設が前提となるように思われます。このため、上記アのように、直接的に小売店からキャッシュレス決済以外の利用を拒否されるケースとは別に、そもそも銀行口座を開設できないためにキャッシュレス決済を利用できないケースが生じ得るように思われます。

近年、銀行において預金口座開設が拒否されるケースの1つに、反社会的勢力に属する者の預金契約をめぐる法的紛争があります。「暴力団員による不当な行為の防止等に関する法律」（暴対法）施行（1992年）以降、暴力団排除の動きが進められてきましたが、金融業界でも、政府の方針を受け[14]、一般社団法人全国銀行協会が銀行取引約定書や普通預金規定等に盛り込む

「暴排条項」の参考例を発表するなど、反社会的勢力を排除する動きが強まっています。こうした中、利用者が暴力団等の反社会的勢力たる属性要件に該当することが判明した場合に、銀行側が、取引約款に追加された「暴排条項」を基に預金契約を解約することが無効であるかが争われた事例があります。

　ある事件で原告は、公共料金・通信費等の支払は口座引落しでなければ契約できないというものもあり、また、カード契約も預金口座がなければ契約できないものがほとんどであり、給与の振込先等において引落口座が指定できなければ就職や居住等の社会活動が制約されるなど、「暴排条項」により預金契約を解約される不利益は大きいと主張したところ、裁判所は、「暴排条項」の目的の正当性・必要性と手段の合理性を肯定したうえで、次のように排斥しています。つまり、①各種支払について口座引落以外の方法も可能であること、②電気・ガス等のライフライン契約とは異なり、預金契約については契約が締結されなくとも社会生活を送ることがおよそ不可能とはいえず、その不利益も限定的であること、③その不利益は反社会的勢力に属しなくなることで回避し得ること[15]。また、自己が反社会的勢力でない旨の表明・確約をして預金口座の開設をしたこと等が詐欺罪（刑法246条1項）にあたるとされた事例で、被告人側は、口座開設の自由は経済生活に不可欠なものであり経済活動の自由（憲法22条1項）の根幹をなすところ、「暴排条項」はこれを大きく制約し、日常生活等のための口座開設まで拒否するのは事実上暴力団員の生存権まで奪う結果になりかねない、などと主張したものがあります。裁判所はこの点について、上記③と同様の理由で排斥しています[16]。

　反社会的勢力をめぐっては口座開設を認めないことについて広く社会的コンセンサスがあるといえるので、以上の趣旨は、これ以外の場合に直截一般的に妥当するものとはいえません。ただし、今日、反社会的勢力に対するコンプライアンスを徹底することとの関係で一般的な起業家が口座開設を拒否されるなど、必ずしも理由が明確でない口座開設拒否の例がもあるといわれており[17]、場合によっては、一般消費者が口座開設を拒否された結果、キャ

ッシュレス決済を利用できなくなるという事態が生じ得ることも考えられます。以上の趣旨（特に上記②）からすると、預金契約が締結されなければ社会生活を送ることが事実上不可能となるようなケースなど、口座開設が認められないことが利用者の基礎的生活にとって大きな制約を生じさせる場合には、一定の法的救済が必要となるように思われます。

（注1） 岡田仁志「キャッシュレス決済手段としての仮想通貨―分散型仮想通貨による決済手段性とファイナリティの実現性―」金融調査研究会『キャッシュレス社会の進展と金融制度のあり方』（2018年）https://www.zenginkyo.or.jp/fileadmin/res/news/news300731_7.pdf「改正資金決済法2条5項1号および2号の文言は、仮想通貨が決済手段性を備えていることを前提としているものと読み取ることができる」。中崎隆「キャッシュレス決済と法律」法学教室463号（2019年）52頁。千葉惠美子「キャッシュレス決済の横断的検討の必要性と検討の視点」千葉惠美子編『キャッシュレス決済と法規整―横断的・包括的な電子決済法制の制定に向けて』民事法研究会（2019年）2頁以下等参照。

（注2） 日経MJ（流通新聞）「キャッシュレス決済、最高」（2021年6月30日）。

（注3） 「成長戦略フォローアップ」（2019年6月21日閣議決定）https://www.kantei.go.jp/jp/singi/keizaisaisei/pdf/fu2019.pdf

（注4） 一般社団法人全国銀行協会「よりよい銀行づくりのためのアンケート（報告書）」（2019年2月）https://www.zenginkyo.or.jp/fileadmin/res/news/news310207_1.pdf。

（注5） JCB「JCB『クレジットカードに関する総合調査』2020年度版の調査結果を発表」（2021年2月18日）https://prtimes.jp/main/html/rd/p/000000500.000011361.html（日本全国の一般消費者3,500人（20代から60代の男女。JCBカードの保有有無は不問）に対して、インターネットにて行った調査）。

（注6） 総務省「通信利用動向調査」（2021年6月）https://www.soumu.go.jp/johotsusintokei/statistics/data/210618_1.pdf

（注7） FDIC, How America Banks: Household Use of Banking and Financial Service 2019 FDIC Survey（2019）https://www.fdic.gov/analysis/household-survey/2019report.pdf

（注8） 川和功子＝尾形健「アメリカにおけるキャッシュレス規制と平等原則に関わる規定について―現金払いを受け入れない小売店への規制」同志社法学418号（2021年）1頁。

（注9） 三井住友銀行「お取引時確認について」(https://www.smbc.co.jp/honnin/gendogaku.html.)

（注10） 犯罪による収益の移転防止に関する法律（平成19年法律212号）金融庁「マネー・ローンダリング及びテロ資金供与対策に関するガイドライン」（2021年2月19日）参照。

（注11） See E.g., Porter v. City of Atlanta, 384 S. E. 2d 631（1989）（自動車の牽引サービス事業者に対し小切手・クレジットカードの受入れを要求する条例の規定が合衆国憲法に反しないとされた例）．川和＝尾形・前掲（注8）11頁参照。

（注12） 必ずしも契約に限られませんが、民族的差別に起因した迷い等から婚約破棄がなされたことが不法行為にあたるとした例（大阪地判昭和58・3・8判タ494号167頁〔27452677〕）、マンション賃貸借につき外国人であることを理由に拒否されたことが信義則違反とされた例（大阪地判平成5・6・18判タ844号183頁〔27816506〕）、宝石店経営者が来店した外国人を追い出そうとしたことが不法行為にあたるとされた例（静岡地浜松支判平成11・

10・12判タ1045号216頁〔28052148〕）、公衆浴場事業者が外国人等の入浴を拒否したことが不法行為にあたるとされた例（札幌地判平成14・11・11判タ1150号185頁〔28080559〕）などがあります。

(注13)　本書でも随所で説明されていますが、主に事業者に対する規制の観点からキャッシュレス決済の法的問題を整理したものとして、伊藤亜紀＝前田竣「キャッシュレス決済に関する法律と実務の動向」自由と正義71巻2号（2020年）28頁、河合健＝長瀬威志＝波多野恵亮「デジタルマネー・デジタルアセットの法的整理（第1回）～（第4回・完）」NBL1157号51頁、1159号58頁、1161号78頁、1163号68頁（2019～2020年）など参照。

(注14)　犯罪対策閣僚会議幹事会申合せ「企業が反社会的勢力による被害を防止するための指針について」（2007年6月19日）。このほか、金融庁の監督指針（「主要行等向けの総合的な監督指針」）においても、反社会的勢力による被害の防止が盛り込まれてきました。以上含め、実務的な諸問題については、弁護士法人宮﨑綜合法律事務所編著『反社会的勢力排除の法務と実務』きんざい（2012年）405頁以下など参照。

(注15)　福岡地判平成28・3・4金融法務2038号94頁〔28241021〕。裁判所は、代替性のない口座と認められる場合（子どもの学校関係費用の引落口座とされている場合等）には解約をしない金融機関も少なくないといった点にも言及しています。同種の事案として、東京地判平成28・5・18判タ1463号242頁〔28243050〕など参照。

(注16)　大阪高判平成25・7・2高刑集66巻3号8頁〔28222647〕。

(注17)　内藤忍「ネット銀行が口座開設を拒否する『総合的な判断』とは何か？」（2015年1月10日）（https://blogos.com/article/103181/）（2021年7月27日閲覧）。

〔川和功子＝尾形健〕

（9）特別法上の制約

法律の中には、支払の方法として金銭での支払を明確に定めているものがありますが、このような法律の規制は、キャッシュレス決済の場合にはどのようになるのでしょうか。

KeyWord　賃金、下請代金、現金払いの原則、通貨払いの原則

[1] 現金による決済を定めている法律

　現実社会でキャッシュレス決済化が進む一方で、現金による決済を定めている法律もあります。

　各法律が現金決済を求める理由はさまざまですが、関係当事者の合意等によって適用を排除することのできる法律の定めもあります。他方で、弱者保護や不正の防止といった社会政策的観点から現金決済を要求している法律については、強行法規として、当事者の意思によって回避することが認められないものもあります。しかし、こうした法規制であっても、時代的背景から法律制定の過程でキャッシュレス決済を想定していなかったものの、一定の法整備をすれば現金決済を求めた法の趣旨を没却することなくキャッシュレス化が実現できる可能性があるものも存在します。

　ここでは、金銭での支払を明確に定めている法律のうち、当事者の意思によって勝手にキャッシュレス決済を行うことができないものとして、①労働者の賃金支払、②下請代金支払、③国や地方公共団体等への支払について、規制を検討します。これらの法規制においてキャッシュレス決済を行うにはどのような問題があるのか、またキャッシュレス化のための最新の議論もあわせてみていくことにします。

［2］労働者の賃金支払

ア　現状について

　労働者の賃金支払については、労働基準法（以下「労基法」という）24条1項が、原則として、「賃金は、通貨で、直接労働者に、その全額を支払わなければならない」としています[1]。

　本条項は、賃金は労働者とその家族の生活の糧となるものであるため、労働者保護の観点から、不足なくかつ確実に労働者が賃金を受領できるようにすることを目的としています。たとえば、使用者が自社製品などの現物で賃金の全部又は一部の支払を行う現物給与（トラックシステム）では、労働者に現物の換価の不便や困難を生じさせるとともに、賃金の実質的低下を招いて、労働者に生活不安定など諸種の不利益をもたらすおそれがあります。そこで、このような弊害を防止することを目的として賃金は通貨によって支払うべきと定めているのです。また、貨幣経済社会では通貨は労働者にとって最も安全で便利な生活手段であるともいえます。

　このような通貨払いの原則にも、公益上の必要性や労働者の便宜から一定の例外が認められています。労基法24条1項ただし書は、「法令若しくは労働協約に別段の定めがある場合又は厚生労働省令で定める賃金について確実な支払の方法で厚生労働省令で定めるものによる場合」には通貨以外のもので支払ができる旨定めています。

　具体的には、労働基準法施行規則（昭和22年厚生省令23号）7条の2第1項1号は、労働者の同意を得た場合には、「当該労働者が指定する銀行その他の金融機関に対する当該労働者の預金又は貯金への振込み」を行うことができるとしています。多額の現金を持ち歩くことの非現実性と、昨今の公共料金等の口座引落しといった利便性を考えれば、現金の手渡しによる賃金の支払に代えて、銀行振込みによる支払を行うことが望ましいといえます。このように、賃金の確実な支払を確保するという法の趣旨を何ら害することなく労働者の便宜を図ることができる場合には、賃金の支払を必ずしも現金決済の方法による必要はないことから、法律も通貨払いの原則について一定の例外を認めているのです。

キャッシュレス決済による賃金支払は、労働協約による場合を除き、現行法下では厚生労働省令による定めがなく労基法24条1項ただし書の要件を満たしていないため、認められていません。しかし、銀行振込みと同じように法の趣旨を没却することなく労働者の便宜を図り得る決済方法であれば、将来的には認められる可能性があります。

イ　賃金支払のキャッシュレス化の問題点と課題

　昨今、普及が著しいスマートフォンによる決済は、非接触型決済の典型的なツールとして、いまや日常生活に欠くことのできない支払方法になりつつあります。これらスマホ決済ではバーコードやQRコードを利用して加盟店において支払を行うにあたり、あらかじめ金銭をチャージしておくものが主流となっています（前払式支払手段）[2]。現在、このチャージを利用して使用者から労働者へ送金を行うことにより賃金の支払に代えることができないかという議論が行われています。

　金銭をチャージして送金する方法であれば、トラックシステムと異なり賃金の実質的低下を招くこともなく、労基法24条1項の趣旨を損なうことはないといえます。しかし、前払式支払手段を利用する場合、金銭をチャージした後決済事業者（前払式支払手段発行者）が経営破綻するようなことがあると、チャージした金銭が使用できなくなるという問題が生じ得ます。そこで、前払式支払手段に関しては、資金決済法によって、一定の場合には内閣総理大臣への届出や、前払式支払手段発行者が経営破綻したときに利用者を保護するための発行保証金の供託が義務付けられています（資金決済法5条及び14条等）。

　このような資金決済法の要件を満たしたとしても、前払式支払手段へのチャージは本来商品等の購入を目的としているため、原則として払戻しができないとされています（資金決済法20条参照）。そのため、逆に支払手段としての選択肢が狭まってかえって利便性を損なうおそれもあります。チャージした金銭の払戻しを可能にするためには、決済事業者はさらに資金移動業の登録をしなければなりません。資金移動業は為替取引を行う者であって（同

法2条2項）、マネー・ローンダリング等の不正を防止する観点から、厳しい規制を受けることになります（同法37条以下）。このような厳格な規制の要件を満たしたQRコード等の決済事業者を利用することで、金銭チャージによる賃金支払が実現する前提が整うことになるのです。

そして、資金決済法では、これまで100万円を超える金額の送金は認められていませんでした。そのため、賃金が100万円を超える場合には、この方法によるキャッシュレス決済はできませんでした。しかし、2020年6月の法改正（2020年6月12日法律50号）により、100万円を超える資金決済が可能になることに伴い（資金決済法36条の2、資金決済法施行令12条の2参照）、賃金支払のキャッシュレス化に向けた動きが現実化する可能性が出てきました。

QRコード決済等を利用した資金移動に関しては、セキュリティやマネー・ローンダリングへの対応という課題も残っています。加えて、前述のように前払式支払手段についての規制では、一定の場合に保証金の供託が義務付けられているものの、資金移動業者が経営破綻し、その供託金に不足があった場合でも、銀行等の金融機関と異なり、預金保険法の適用がないため[3]、労働者の賃金が十分に賄えなくなるといった問題点も指摘されています。労働者にとって生活の糧となる賃金のキャッシュレス化にあたっては、現在厚生労働省労働政策審議会（労働条件分科会）においてその条件や制度設計について検討が進められているところです[4]。

［3］下請代金支払

下請代金とは、下請代金支払遅延等防止法2条10項により、親事業者が下請事業者の給付に対して支払うべき代金をいうと定められています。この下請代金については、中小企業庁長官・公正取引委員会事務総長通達「下請代金の支払手段について」（20210322中庁2号・公取企25号令和3年3月31日）の1項で、「下請代金の支払は、できる限り現金によるものとすること」とされています[5]。下請代金の現金払いの原則は、中小企業庁「下請中小企業振興法第3条第1項の規定に基づく『振興基準』」（以下「振興基準」とい

う）でも定められています。

　もともとこうした法規制は、取引上優位な立場にある親事業者が、下請事業者に不利な取引条件を強いることを防止して下請取引の適正化を図るといった趣旨で定められたものです。そして、下請事業者は、中小零細事業者であることが多く、下請代金が実質的には賃金であることも多いという現状から、労働者への賃金支払と同様の規制が必要と考えられています。

　もっとも、下請事業者の場合には、事業者としての活動の便宜という観点から、手形や電子記録債権（いわゆる「でんさい」）を利用した支払方法も認められています（振興基準第4の4項）。特に、電子記録債権は手形ほど作成交付の手間やコストがかからず、譲渡も容易で分割もできるなど、資金調達の利便性があります。これらは現金払いの例外としてキャッシュレス決済の一態様といえますが、不渡り（決済不履行）に対する取引停止処分といったデメリットや、電子記録債権においては窓口となる金融機関を通じて関係者全員の利用者登録が必要であるのに取引先が対応していないので利用できないといった、普及していないため普及が進まないという悪循環も生じているのが現状です。

　これら以外のキャッシュレス決済、たとえば、賃金と同様のQRコード等による決済手段については、いまのところ議論されていません。特に、資金決済法では、従前100万円を超える送金が認められていなかったことから、下請事業者は個人の労働者以上にこの法規制がキャッシュレス化を非現実的なものにしていたといえます。こうした規制が撤廃されたことから、親事業者と下請事業者との間でいま以上のキャッシュレス化の流れができる可能性は出てきています。

　このようなキャッシュレス決済が下請事業者との関係で現実に機能するのかどうかは不透明であるため、今後議論を深めていく必要があります。

［4］国や地方公共団体等への支払

　国や地方公共団体等への支払で現金のみ、又は現金と同等の印紙のみで行うべきことが定められている法律もあります。

ア　手数料

　国や地方公共団体の手続における手数料の多くは、印紙による支払のみが認められています（登録免許税法、印紙をもつてする歳入金納付に関する法律等参照）。たとえば、民事訴訟を提起する際の手数料も、収入印紙を貼って納めることになっています（民事訴訟費用等に関する法律8条）。

　本来、印紙のような金券は、キャッシュレス決済による購入を認めると、貸金業法による登録のない事業者が実質的に貸付けを行うことを認める手段になりかねないことが指摘されています。そして、販売者に販売利益が生じないので、キャッシュレス決済事業者の手数料がそのまま販売者の負担になることから、現金以外による購入は原則として行われていません。特に、印紙は、何らかの手続を行う申請書などに貼付して利用するにあたり、申請書を提出する窓口とは別の窓口（たとえば、郵便局）で別途購入しなければならず手間がかかるだけでなく、紛失のリスクがあり、また、最高金額が決まっているため手数料が高額になると大量の印紙が必要となるといったように、利便性に問題があります。

　そこで、2021年9月1日のデジタル庁設置を前に、印紙ではなく、クレジットカード、電子マネー、QRコードによる手数料納付を可能とする方向で検討が進められています[6]。デジタル庁では、こうしたキャッシュレス決済のための法整備が期待されています。

イ　国　税

　国税の支払に関しては、国税通則法34条1項で、「国税を納付しようとする者は、その税額に相当する金銭に納付書（納税告知書の送達を受けた場合には、納税告知書）を添えて、これを日本銀行（国税の収納を行う代理店を含む。）又はその国税の収納を行う税務署の職員に納付しなければならない」と定められており、現金払いが原則とされています。しかし、同項ただし書で財務省令による現実的な納付方法を認めており、現在では、一定の条件（領収証を交付しない、手数料を別途支払う等）のもとで、インターネット振込み、クレジットカード払いやQRコード決済も認められるようになってきて

います。なお、同条2項では、印紙による国税納付について定めていますが、ここでも行政手続等における手数料の印紙による支払と同様の問題があります。この点についても、法整備が行われれば、キャッシュレス化もあり得るところです。

[5] まとめ

　現行法で金銭による支払を定めている各制度のキャッシュレス化にあたっては、ただキャッシュレスにすればよいというだけでなく、利用者の立場から本当に利用者に利益をもたらすものなのかどうかを考える必要もあります。

　たとえば、企業が労働者への賃金支払についてキャッシュレス支払を行うようになった場合でも、労働者に当該キャッシュレス支払を強制することがあってはならないのは当然です。スマートフォンによるキャッシュレス決済が、スマートフォン自体の紛失や充電切れで利用できないにもかかわらず、銀行口座に現金がないといった事態が生じたときには、労働者は直ちに生活に困ることになります。労働者にとっては、現金払いの方が便利な場合もあり得ます。

　このような例にみるように、今後どんなにキャッシュレス化が進もうと、法制度や実際の運用において、利用者に現金払いやキャッシュレス決済の一部利用といった選択肢を与えることが適切な場合もあります。キャッシュレス決済が誰のための制度なのかを常に考えておく必要があります。

（注1）　労働者の賃金と同じ性質をもつ地方公務員の給与についても労基法24条1項と同趣旨の規定があります（地方公務員法25条2項）。
（注2）　なお、株式会社ゆうちょ銀行が運営するゆうちょPayのように、口座に連動した決済方法であって前払式支払方法ではないものもあります。
（注3）　信販会社についても預金保険法の適用がないことから、クレジットカード決済についても同じような問題が生じ得ます。
（注4）　https://www.mhlw.go.jp/stf/shingi/shingi-rousei_126969.html
（注5）　なお、旧通達（平成28年12月14日20161207中1号・公取企140号）でも同じ規定が置かれていました。
（注6）　内閣府規制改革推進会議「規制改革推進に関する答申〜デジタル社会に向けた規制改革の

『実現』〜」（2021年6月1日）

〔井口加奈子＝荒武慶二＝奥田崇仁〕

（10） 強制執行の問題

キャッシュレス決済の支払が滞ったときに利用者はどのような対応が必要でしょうか。また、利用者のキャッシュレス残高やポイント残高も強制執行の対象になるのでしょうか。

KeyWord　ポストペイ型電子マネー、支払督促、債務名義、差押禁止財産、差押禁止範囲変更制度、財産開示手続、第三者からの情報取得手続、暗号資産

［1］ キャッシュレス決済の支払が滞ったときの扱い
ア　クレジットカード又は後払い型電子マネーの延滞

　想定外の支出や急な収入の減少により、キャッシュレス決済の代金を支払うことができなくなった場合は、さまざまな不利益が生じます。キャッシュレス決済には、大きく分けると前払い（プリペイド型）、即時払い、後払い（ポストペイ型）の3種類があります。

　前払型は、Suicaなど交通系ICカードやPayPayなどのコード決済において多く用いられる方式であり、事前のチャージ額を超えて利用することができないため、基本的に前払型の延滞は生じません。ただし、前払型へのチャージにクレジットカードを利用している場合は、クレジットカードの延滞が生じるおそれがあります。即時払型は、デビットカードや銀行系のコード決済において用いられる方式であり、銀行口座から即時に引落しがされるため、即時払型も延滞は発生しません。

　これに対して、QUICPay、iD、楽天ペイ、メルペイスマート払い等の後払型[1]は、クレジットカードと同様に、延滞が生じることがあります。キャッシュレス決済の延滞をした場合、契約内容に応じて、カード・電子マネーの発行企業や携帯電話会社等に対する延滞として扱われます。したがって、以下では、後払型キャッシュレス決済やクレジットカードの延滞についてみていきます。

　クレジットカードや後払型キャッシュレス決済（以下、あわせて「カード等」という）の支払が遅れると、カード等の利用が停止され、利息・遅延損害金が生じます。さらに、信用情報機関等に登録されて、カード等の新規発行その他の貸付けにおいて不利に扱われます。

イ　督促手続等による債務名義の取得

　カード等の利用代金等を回収するために、カード等の発行業者（以下「債権者」という）は、督促手続を利用することができます（民事訴訟法382条以下）。支払督促は、カード等の利用者（以下「債務者」という）を審尋しないで発することができます（民事訴訟法386条）[2]。支払督促の送達後2週間以内に債務者の異議申立てがなければ、仮執行宣言付支払督促が債権者と債務者に送達されます（民事訴訟法391条）。債権者は、仮執行宣言付支払督促を債務名義（民事執行法22条4号）として強制執行することができます。

　債権者は、通常の民事訴訟を提起して債務名義を取得することもできます。なお、従来、執行証書[3]も利用されていましたが、現在は、執行証書の利用は大きく減少しているようです[4]。

［2］強制執行に対する対応
ア　強制執行の対象財産と強制執行の種類

　債務者は、不動産を所有している場合、不動産が差し押さえられるでしょう。動産の場合、債務者等の生活保障の観点から、金銭等の差押禁止動産が定められています（民事執行法131条参照。同条3号の差押禁止金銭の額は66万円。民事執行法施行令1条）。そのため、高価な動産を所有する場合を除いて、動産を差し押さえられることは少ないでしょう。

　債務者が勤務先から給与を取得し、預金口座を保有する場合、勤務先に対する給与・退職金等の労働債権及び預貯金債権に対して強制執行されることになります（債権執行）。債権執行は、まず、裁判所の差押命令発令により、債務者に債権の取立てを禁止し、勤務先や銀行等の第三債務者に対して債務

者への弁済を禁止します（民事執行法145条1項）。差押命令が債務者に送達されてから所定の期間が経過すると、債権者は差し押さえた債権の取立てをすることができます（民事執行法155条1項～3項）。

　ただし、給与等の債権には債務者等の生活保障の観点から差押禁止債権が定められています。給料等の4分の3[5]又は33万円（月給・賞与の場合の額）のいずれか低い額が差押禁止となります（民事執行法152条1項、民事執行法施行令2条）[6]。これに対して、預貯金債権は、給与等の債権や金銭と異なり差押禁止規定がないことから、後述する差押禁止範囲変更制度を利用しない限り、全額が差し押さえられます。

イ　差押禁止範囲変更制度

　裁判所は、申立てにより、債務者及び債権者の生活の状況その他の事情を考慮して、差押禁止範囲を拡張又は縮減することができます（以下「差押禁止範囲変更制度」という。民事執行法153条1項、2項）。これは、画一的な差押禁止範囲を裁判所が個別事情を考慮して柔軟に変更することで、債権者の利益と債務者の生活保障との調整を図る制度です。

　預貯金債権の場合、差押禁止規定がないため、給料日直後に、預貯金債権が差し押さえられると、その全額が使用できなくなります。キャッシュレス社会が進展した現在、給料振込口座は、家賃、公共料金、通信費その他の生計費の口座引落し・振込み、及び電子マネー・コード決済等の登録先として、債務者の生活費の支出における中心的な役割を担っていることが多いため、多大な影響を受けます。預貯金債権を差し押さえられた債務者は、差押禁止範囲の変更を申し立てるべきでしょう。

　差押禁止範囲変更制度は、債務者に十分に認知されていないこと、及び申立期間が短いという問題がありました。そこで、2019年民事執行法改正（令和元年法律2号）により、差押命令の送達に際して差押禁止範囲変更制度について教示することとされ（民事執行法145条4項）、さらに、給与債権等の差押えにおける取立権の発生時期が1週間から原則4週間に延長されました（民事執行法155条2項、同項かっこ書）[7]。ただし、預貯金債権の差押

えについては、従来と同じく取立権の発生時期は1週間です[8]。なお、差押禁止範囲変更申立てのみでは差押命令・転付命令の確定を遮断する効力がないため、民事執行法153条3項の支払禁止命令を申し立てる必要があります。

ウ 財産開示手続

従来、財産の所在等の情報を知られていない場合は、それらを差し押さえられることはありませんでした。民事執行法が定める財産開示手続がありましたが、実効性を欠いていました。

2019年改正は、財産開示手続の申立権者の範囲を拡大し、開示義務違反の罰則を強化しました。これにより、債務名義の種類を問わず、財産開示手続の利用が可能となりました（民事執行法197条1項柱書）。債権者は、強制執行の不奏功など所定の要件を満たすと、財産開示手続の申立てをすることができます（民事執行法197条1項）。債務者は、財産開示期日において、民事執行法131条1号又は2号に掲げる差押禁止動産を除くすべての財産について陳述しなければなりません（民事執行法199条）。

開示対象となる財産には、不動産、動産のほかに、勤務先、預貯金口座の情報等が含まれます。電子マネー等の保有残高とそのアカウント特定に必要な情報及び暗号資産の保有価値とその預け先である暗号資産交換所・秘密鍵保管場所（秘密鍵情報自体ではない）等に関する情報は開示対象となると解されます（後述［3］参照）。財産開示期日において債務者が正当な理由なく不出頭・宣誓拒絶・陳述拒絶・虚偽陳述をする場合の制裁は、30万円以下の過料でしたが、2019年改正により、6か月以下の懲役又は50万円以下の罰金とされています（民事執行法213条1項5号、6号）。債務者に対する罰則が強化されたため、今後、財産開示手続が実施される債務者は、財産開示義務に違反しないよう十分注意する必要があります。

エ 第三者からの情報取得手続

債権者は、銀行等の支店名を特定しなければ、預貯金債権を差し押さえることができません（支店番号の若い順という全店一括順位付け方式による申

立ては不適法です。最決平成23・9・20民集65巻6号2710頁〔28174063〕[9]）。2019年改正は、第三者からの情報取得手続を事前に新たに創設し[10]、銀行等の第三者から債務者の預貯金債権等に関する情報を事前に取得できるようにしました（民事執行法207条以下）。この手続により、債権者は、裁判所を通じて銀行等から口座情報を取得した後、支店名を特定して預貯金債権を差し押さえることができるようになりました。

　第三者からの情報取得手続の対象となるその他の情報としては、振替機関等が保有する振替社債等に関する情報があります。電子マネー、コード決済、暗号資産[11]の情報は、第三者からの情報取得手続の対象に含まれません。

［3］キャッシュレス残高に対する強制執行
ア　電子マネーに対する強制執行

　電子マネー・コード決済・ポイントの残高に対する強制執行は可能でしょうか。

　電子マネーは、その情報の移転により金銭交付や債務弁済の効力を発生させる権利を表章しており、その権利に対する排他的な管理・支配が可能であり、換価することができるものは、執行対象となります[12]。コード決済残高やポイント残高にも同じことがいえます。

　電子マネー残高の法的構成について、利用者の発行者に対する債権とする債権説と電子マネー自体に財産的価値があるとする価値説がありますが、後者の場合も債権執行手続と同様の手続となります（民事執行法143条以下、167条)[13]。この執行方法を前提とすると、強制執行の可否は、①差押命令によって発行企業が残高の減少を禁止するための利用停止措置をとることができるか否か、及び、②残高を返金又は譲渡・売却により換価することができるか否かという2点が重要になります。裁判所が発行企業に対して差押命令を送達しても、発行企業が速やかに利用停止措置をとることができない場合、債権執行は困難です。なお、差押命令において発行企業が速やかに利用停止措置をとることができる程度の情報（利用者名、電子マネー番号、ID等の電子マネーを特定するための情報）が記載されていなければ、利用停止措置

をとることはできません。そのためには、債権者が電子マネーに関する情報を取得している必要があります。ただし、前述のとおり、債権者は電子マネーについて第三者からの情報取得手続を利用することができません。

　次に、電子マネーの換価についてですが、電子マネー残高を利用者に対して換金することが禁止されている場合、換価可能性のない財産として執行対象適格を欠くものと扱われます。退会（解約）等による債務者への返金、銀行等の口座への送金、又は第三者への譲渡・売却のいずれかによる換価が可能な電子マネーであれば、執行対象として扱われます。

　以上は、コード決済残高についても妥当します。今後は、預貯金債権と同様に、債権者が債務者のキャッシュレス残高に関する情報を発行企業等の第三者から取得するための手続が必要となるでしょう。それとともに、債務者の生活保障の必要性という観点からは、金銭と同様の差押禁止範囲に関する規定の整備が強く望まれます。

イ　ポイントに対する強制執行

　ポイントに対する強制執行の可否は、まず、当該ポイントが財産的価値を有するか否か、債務者がポイントに対する法的権利を有しているか否かによります。ポイントが幅広い商品の購入に使用できる場合や他のポイント又は電子マネー等に交換できる場合、法的権利とみることができます[14]。法的権利とみることができるポイントについては、電子マネーと同じく、ポイント発行企業に対する差押命令により、利用停止措置をとらせることができるか否か、当該ポイントが換価可能かという点が重要となります。多くの場合、ポイント保有者が退会（解約）しても換金されることはありません。したがって、換価可能性がないという点で、ポイントは執行対象適格を欠くと思われます。例外的にポイント発行企業が換金その他の換価方法に対応している場合は、発行企業に対して換金手続をとり、換金してもらうことができるでしょう。

　ポイント利用による動産の購入とその動産の譲渡・換金という方法もあり得ますが、規定が不明確であり、債務者の協力が必要となることから、動産

執行類似の手続を実施することは困難です。結局、現在のところ、ほとんどの場合、ポイントは差し押さえられないといえます。

ウ　暗号資産に対する強制執行

(ア)　暗号資産の普及と特徴

　最近、ビットコインなど暗号資産に関心をもつ消費者が増えています[15]。暗号資産は、これまで仮想通貨と呼ばれてきたものであり、資金決済法2条5項において定められています。暗号資産も電子マネーと同様に電子的な情報ですが、電子マネーと異なる特徴は、不特定の者を相手として購入、売却、交換することができる点にあります[16]。実際には、投資目的で暗号資産を保有しようとする消費者が多いと思われますが、決済手段として利用可能な店舗等が増えていくと、今後、決済手段としても普及するかもしれません。

　暗号資産は、その情報が財産的価値を表章しており、秘密鍵によって排他的な管理・支配が可能であり、換価することができるものであれば、執行対象となります。暗号資産交換業者による換価が可能であることから、換価可能性については電子マネーやポイントよりも困難は少ないといえます。もっとも、暗号資産は発行企業が存在しないため、電子マネーと同様の執行方法をとることができない場合があります。

(イ)　債務者が暗号資産交換業者に暗号資産を預託している場合

　暗号資産交換業者が債務者の暗号資産の秘密鍵を管理している場合、債務者は、暗号資産交換業者に対して、暗号資産の移転を目的とする債権（資金決済法63条の19の2第1項参照。以下「暗号資産移転債権」という）をもちます。この暗号資産移転債権がその他の財産権として差し押さえられます（民事執行法167条）[17]。

　差し押さえられた暗号資産は、譲渡命令又は売却命令により換価されます（民事執行法161条1項）[18]。譲渡命令の場合、裁判所が譲渡価格を定めます。そして、債権者が暗号資産交換業者に口座を開設してその口座に債務者の暗号資産を移転させることで暗号資産移転債権が譲渡されます。

売却命令の場合、執行裁判所が暗号資産交換業者に対する暗号資産の売却を命ずることで、暗号資産移転債権を売却することが望ましい方法と考えられます[19]。暗号資産が売却されると、その売却代金が債権者に弁済されます。

　暗号資産移転債権を差し押さえる方法以外に、暗号資産交換業者との利用契約の解約を停止条件とする払戻金返還請求権を差し押さえることができると考えられます[20]。

(ウ) 債務者自身が暗号資産を保有している場合

　債務者自身が暗号資産の秘密鍵を管理している場合があります。債務者が秘密鍵を紙媒体やハードウェアにおいて管理している場合は、債務者による暗号資産の処分を禁止するにはそれらの紙媒体やハードウェアを債務者から取り上げる必要があります。パソコンやスマートフォンにおいて秘密鍵が管理されている場合は、ログインするために債務者又は専門業者の助力が必要です。しかし、暗号資産に対する強制執行についての明確な規定がなく、さまざまな議論がされています[21]。民事執行規則等において暗号資産に対する強制執行についての規定が定められるべきでしょう。

（注1）　後払型について、渡邊涼介ほか『電子商取引・電子決済の法律相談』青林書院（2020年）236頁参照。

（注2）　債務者は、身に覚えのない支払督促が送達された場合、それを放置せず、2週間以内に督促異議の申立てをするなど適切な対応を迅速にする必要があります（民事訴訟法390条）。

（注3）　金銭の一定額の支払請求についての公正証書であって債務者が強制執行に服する旨の記載のあるものをいいます（民事執行法22条5号）。

（注4）　内野宗揮編著『Q＆A令和元年改正民事執行法制』一般社団法人金融財政事情研究会（2020年）22頁。

（注5）　債権者が扶養義務等に係る定期金債権である場合は、2分の1が差押禁止となります。民事執行法152条3項参照。

（注6）　退職手当には、33万円の上限額の適用はなく、4分の3に相当する部分は差押禁止となります（民事執行法152条2項参照）。

（注7）　差押債権者に扶養義務等に係る定期金債権が含まれる場合は、1週間です。

（注8）　預金の原資が給与等である場合、差押禁止部分を残さない差押命令が違法であることを理由とする不当利得返還請求が認められるかどうかについては、議論があります。高田賢治「差押禁止債権」上原敏夫ほか編『民事執行・保全判例百選〈第3版〉』有斐閣（2020年）114頁参照。

（注9） 判例の意義について、髙田昌宏「差し押さえるべき債権の特定」上原ほか編・前掲（注8）100頁参照。

（注10） このほか、登記所から不動産に関する情報を取得する手続（民事執行法205条）と市町村・日本年金機構等から勤務先に関する情報を取得する手続（民事執行法206条）も創設されましたが、事前に財産開示手続を経る必要があること、勤務先情報を入手できる債権者は扶養義務等に係る定期金債権又は生命身体の侵害による不法行為債権を有する債権者に限定されていることから、ここでは省略しています。

（注11） 暗号資産が含まれないこととされた点について、内野編著・前掲（注4）127頁-129頁参照。

（注12） 中野貞一郎『民事執行法〔増補新訂6版〕』青林書院（2010年）756頁。

（注13） 中森亘ほか編集代表北浜法律事務所編『バーチャルマネーの法務〔第2版〕―電子マネー・ポイント・仮想通貨を中心に』民事法研究会（2018年）165頁参照。

（注14） 法的権利か否かの判断要素について、中森ほか編集代表・前掲（注13）206頁参照。

（注15） 暗号資産に関するトラブル相談件数について、独立行政法人国民生活センターのウェブサイト（http://www.kokusen.go.jp/soudan_topics/data/crypto.html）（2021年4月9日閲覧）参照。

（注16） 渡邊ほか・前掲（注1）296頁参照。

（注17） 実例の紹介として、藤井裕子「仮想通貨等に関する返還請求権の債権差押え」金融法務事情2079号（2017年）6頁。

（注18） 増島雅和＝堀天子編著『暗号資産の法律』中央経済社（2020年）55頁。

（注19） 柳原悠輝「仮想通貨に関する強制執行―裁判例の考察と今後の展望」金融法務事情2123号（2019年）17頁。

（注20） 高田賢治「民事手続法からみる暗号資産」法律のひろば74巻7号（2021年）71頁。

（注21） 青木哲「暗号資産（ビットコイン）と強制執行・倒産」金融法研究36号（2020年）27頁、柳原・前掲（注19）18頁、増島＝堀編著・前掲（注18）51頁、松嶋隆弘「暗号資産（仮想通貨）の強制執行に関する一考察」中島弘雅ほか編『改正民事執行法の論点と今後の課題』勁草書房（2020年）186頁など参照。

〔高田賢治〕

2 ｜ 加盟店

（1）加盟店になる条件

加盟店になるにはどのような条件があるでしょうか。手数料の支払やキャッシュレス決済の機器の利用、知的財産権についてどのような注意が必要でしょうか。売上げが減った場合や加盟店をやめたい場合はどうすればよいでしょうか。

KeyWord　加盟店規約、定型約款、手数料、更新拒絶、中途解約、不公正な取引方法、差別的取扱いの禁止

［1］加盟店になる条件
ア　加盟店契約の締結及び機器等の導入

　キャッシュレス決済には、前払い、即時払い及び後払いといった種類がありますが、店舗において各キャッシュレス決済を利用できるようにするためには、かかる店舗（事業者）において、決済事業者との間で加盟店契約を締結する必要があります。

　加盟店契約の具体的内容は、キャッシュレス決済によって異なるものの、おおむね、利用者から当該キャッシュレス決済によることを申し込まれた場合には、当該キャッシュレス決済に応じること、決済事業者に対して手数料を支払うこと、加盟店標識を掲示することなどが規定されているほか、具体的な決済の仕組みなどが規定されています。

　また、多くの加盟店契約では、利用者に対して、当該加盟店規約に係るキャッシュレス決済の利用を拒絶したり、他のキャッシュレス決済の利用を要求したり、現金取引に係る顧客とは異なる代金を請求したりしてはならないという、利用者の差別的取扱いを禁止する条項が設けられています。利用者が加盟店との取引においてキャッシュレス決済を利用する場合には、加盟店

として決済事業者に対して手数料の支払を要するところ、加盟店としてこの手数料負担を避けるために、利用者に対して現金取引を強いたり、手数料がより安価なキャッシュレス決済の利用を促したり、現金決済の利用者とは異なる代金を請求することで、キャッシュレス決済を選択した利用者に手数料の負担を押し付けたりしてはならないということになります。

　また、キャッシュレス決済のうちカード決済に係る加盟店になる場合にはカードリーダーの設置が必要ですし、QRコード決済の場合にはアプリのダウンロードが必要になるほか、店舗でQRコードを掲示し利用者のスマートフォンで読み取る決済の場合には、加盟店においてQRコードを設置する必要もあります。

　なお、加盟店契約上、他の決済事業者との間で加盟店契約を締結することを禁止する取引条件が課されている場合があります。この点、独占禁止法2条9項5号ハによれば、自己の取引上の地位が相手方に優越していることを利用して、正常な商慣習に照らして不当に、取引の相手方に不利益となるように取引の条件を設定することは、「不公正な取引方法」に該当するとされているほか、同項6号及び「不公正な取引方法」（昭和57年6月18日公正取引委員会告示第15号）11項によれば、「不当に、相手方が競争者と取引をしないことを条件として当該相手方と取引し、競争者の取引の機会を減少させるおそれがあること」が同じく「不公正な取引方法」に該当するとされています。かかる定義からすれば、他の決済事業者との間の加盟店契約を締結することを禁止する取引条件は、このような「不公正な取引方法」に該当する可能性があります（なお、場合によっては、私的独占（同法2条5項）や不当な取引制限（同法2条6項）に該当する可能性もあります）。

　この点、同法19条によれば、事業者は、不公正な取引方法を用いてはならないとされており、これに違反した場合には、公正取引委員会は、当該事業者に対して、当該行為の差止め、契約条項の削除その他当該行為を排除するために必要な措置を命ずることができるとされているほか（同法20条1項）、特に継続して同法2条9項5号ハに該当する違反行為に及んだ場合には、当該事業者に対して課徴金の納付を命じなければならないとされていま

す（同法20条の６）。そこで、万一、加盟店規約において、このような条件が課されている場合には、決済事業者に対してその旨告げるか、場合によっては、公正取引委員会に対して通報することも考えられます。

イ　加盟店規約と定型約款

各キャッシュレス決済に係るウェブサイトには「加盟店規約」が掲示されており、加盟店規約をもって個々の加盟店契約を構成している例が多いところ、加盟店規約は、定型取引（ある特定の者が不特定多数の者を相手方として行う取引であって、その内容の全部又は一部が画一的であることが双方にとって合理的なもの）において、契約の内容とすることを目的としてその特定の者により準備された条項の総体として、「定型約款」に該当することも多いと考えられます（民法548条の２第１項）。

決済事業者と加盟店との間で加盟店規約を、①契約の内容とする旨の合意をしたときや、②加盟店規約を準備した決済事業者があらかじめその加盟店規約を契約の内容とする旨を加盟店に表示していたときは、加盟店規約（定型約款）を構成する個別の条項についても合意をしたものとみなされるため（民法548条の２第１項）、留意が必要です。ただし、加盟店の権利を侵害し、又は加盟店の義務を加重する条項であって、定型取引（加盟店規約においては、キャッシュレス決済に係る取引）の態様及びその実情並びに取引上の社会通念に照らして民法１条２項に規定する基本原則に反して加盟店の利益を一方的に害すると認められるものについては、その部分に関して、合意しなかったものとみなされます（民法548条の２第２項）。そのため、キャッシュレス決済に係る取引に照らして、明らかに不当な条項については、加盟店として、合意しなかったものとみなされます。

また、通常、契約の内容は、契約当事者間の合意により変更されるべきものですが、定型約款を準備した者は、①定型約款の変更が、相手方の一般の利益に適合するとき、②定型約款の変更が、契約をした目的に反せず、かつ、変更の必要性、変更後の内容の相当性、民法の定めに従って定型約款の変更をすることがある旨の定めの有無及びその内容その他の変更に係る事情に照

らして合理的なものであるときは、定型約款の変更をすることにより、変更後の定型約款の条項について合意があったものとみなし、個別に相手方と合意することなく契約の内容を変更することができます（民法548条の4第1項）。以上の要件を満たす場合には、加盟店との合意によることなく、決済事業者において加盟店規約を変更することが可能です。この点、決済事業者がこのように加盟店規約を変更する場合には、加盟店規約を変更する旨及び変更後の加盟店規約の内容並びにその効力発生時期を、効力発生時期までに周知をしなければ、加盟店規約変更の効力は生じないとされていますが（同条2項、3項）、周知の方法は、「インターネットの利用その他の適切な方法」とされているため（同条2項）、必ずしも加盟店に個別に連絡がなされるわけではないことに加盟店としては留意が必要です。

［2］手数料の支払

　加盟店は、キャッシュレス決済に係るサービスを導入した場合、決済事業者に対して、加盟店契約に基づき、キャッシュレス手段の利用に関する手数料を支払うこととされています。加盟店が決済事業者に対して支払うべき手数料は、当該キャッシュレス決済により決済された代金等に、加盟店契約にて定める料率を乗じた金額と定められていることが多く、決済事業者は、加盟店に対して支払う金額から、手数料を差し引くことにより精算する例が多いといえます。そのため、通常は、加盟店から決済事業者に対して別途独自に手数料を支払うことはないといえます。

　このように、決済事業者から直接加盟店に対して、手数料が差し引かれた代金等が入金される場合もありますが、加盟店と決済事業者との間に、決済代行業者が介在している場合もあります。この場合、まず、決済事業者から決済代行業者に対して、加盟店契約にて定められた手数料が差し引かれた代金等が入金されます。そして、その後、決済代行業者から加盟店に対して、加盟店と決済代行業者との間で取り決められた手数料が控除された金額が入金されることになります。

　では、加盟店は、決済事業者との間で、手数料率について交渉することは

可能なのでしょうか。この点、加盟店手数料は、あくまでも加盟店と決済事業者との契約により定まるものであるため、理論的には、両者の交渉により手数料率を下げることも可能です。たとえば、キャッシュレス決済の利用によって加盟店の売上げが増加し、決済事業者として当該加盟店から十分な手数料の支払を受けることができる場合には、決済事業者が手数料率を下げる方向の交渉に応じる可能性もあります。

［3］機器の利用、知的財産権

キャッシュレス決済に係るシステムや機器及びそれらに関する知的財産権は、基本的には決済事業者に帰属しており、加盟店は加盟店契約により貸借や使用許諾を受けていることとなっています。そのため、加盟店としては、貸与を受けた機器等について善良な管理者の注意義務をもって管理する必要があり、また、これらの知的財産権を侵害する行為は許されません。

また、加盟店契約が終了した場合には、当該機器については、決済事業者又は使用規約に規定された先に返却することが義務付けられていることが一般的です。

［4］売上げが減った場合、加盟店をやめる場合

加盟店が決済事業者に対して支払う手数料は、キャッシュレス決済の利用により支払われた代金等に、加盟店契約で定める料率を乗じた金額と定められている場合が多いため、加盟店の売上げが減少すれば、それに伴って手数料も減ることから、必ずしも、決済事業者に対して支払う手数料が加盟店の資金繰りを圧迫するということにはなりません。とはいえ、加盟店としては、手数料率が低いに越したことはないので、加盟店として、決済事業者との間で、手数料率について交渉が可能かということが問題となります。この点、上記［2］のとおり、加盟店手数料は、加盟店と決済事業者との契約により定まるものですので、理論的には両者の交渉により手数料率を下げることは可能です。しかし、加盟店の売上げが減少する場合は、決済事業者が収受する手数料も減少することになるため、決済事業者がこのような交渉に応じる

可能性は低いといえるでしょう。

　では、加盟店であることを止めることはできるでしょうか。加盟店であることを止める場合には、加盟店契約を終了させる必要があります。加盟店契約の多くでは、1年間などの一定期間の有効期間が定められ、その自動更新条項が設けられています。加盟店として加盟店契約の更新を拒絶するためには、有効期間が満了する日から一定期間前までに決済事業者に対して書面等でその旨を通知する必要があるとされている場合が多いため、加盟店契約の更新を拒絶する場合には、その旨を通知するタイミングや方法について留意する必要があります。

　また、加盟店契約には、中途解約条項が設けられている場合があり、更新を拒絶するのではなく、中途解約により加盟店契約を終了させる方法も考えられます。ただし、中途解約条項では、中途解約の意思表示をしてから、一定期間後に加盟店契約が終了するとされている例が多いため、加盟店としては、その期間を考慮して解約の申入れをする必要があります。

　上記［3］のとおり、加盟店契約が終了した場合には、キャッシュレス決済に係る機器については、決済事業者又は使用規約に規定された先に返却することが義務付けられていることが一般的です。ただし、自己所有の端末にアプリをダウンロードしているような場合には、アプリを削除する必要はあり得ますが、機器の返却については必要ありません。

〔堀野桂子＝太田慎也〕

（2）電子決済とクレジットカード、割賦販売の違い

電子マネーやスマートフォンのアプリ決済の導入にあたり、デビットカードやクレジットカード等と法律上どのような違いがあるでしょうか。キャッシュレス決済と割賦販売はどのような関係にあるのでしょうか。

KeyWord　前払い（プリペイド）、即時払い（リアルタイムペイメント）、後払い（ポストペイ）、前払式支払手段、包括信用購入あっせん

[1] 法律上の違い
ア　はじめに

　キャッシュレス決済には、プリペイドカードやデビットカード、クレジットカードといったカードを用いる「カード決済」と、カードではなく、スマートフォンを用いる「スマホ決済」とがあります。また、これとは異なる観点として、決済がなされるタイミングを基準として整理すると、以下の3つに分かれます。

　① 前払い（プリペイド）

　　利用者があらかじめ金額をチャージしておき、チャージされた金額の範囲内で決済するというものです。プリペイドカードや楽天Edy、WAON、nanacoといった流通系電子マネー、SuicaやICOCA、PASMOといった交通系電子マネー、メルペイ、LINE PayといったQRコード決済が挙げられます（正確には、LINE Payについては、前払いも選択できるという整理になります）。

　② 即時払い（リアルタイムペイメント）

　　利用者による決済と同時に、利用者の銀行口座からその代金が引き落とされるものです。デビットカード（国際ブランド付きデビット、J-Debit）や、ゆうちょPayや銀行Pay、&Payといった銀行系コード決済が挙げられます。

③　後払い（ポストペイ）

　　利用者による決済の後、後日、決済事業者から利用者に対して利用額の支払が請求されるものです。クレジットカードや、iDやQUICPayといった電子マネー（なお、iDやQUICPayは、前払いや即時払いも選択することができます）、d払い、楽天ペイといったQRコード決済が挙げられます（なお、楽天ペイについては、後払いも選択できるという整理になります）。

それらの法的構成についても、以上の３つの種類に応じて整理することになります。

イ　前払い（プリペイド）

(ｱ) 法律構成

　　前払いのキャッシュレス決済は、利用者があらかじめ入金（チャージ）し、その金額の範囲内で利用できる形式が採用されており、加盟店は、後日、決済事業者より、代金の額面から、所定の手数料が控除された金額の支払を受けることになります。前払いのキャッシュレス決済について、固まった見解はないものの、以下のような法律構成が考えられます[1]。

①　債務引受構成

　　まず、発行者と利用者との間でチャージした金額の範囲内で債務引受の合意が行われていたと考え、電子マネー等を利用した取引により発生した代金債権について、電子マネー等の提示により利用者から発行者に免責的に債務引受がなされたものと構成し、加盟店が発行者から代金債務の弁済を受けることにより精算が行われるものとします。

　　この構成による場合には、電子マネー等は、代金債務を発行者に引き受けさせる権利としての性質を有すると整理されます。

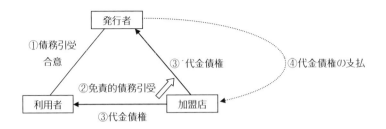

② 価値構成

　チャージにより、利用者が発行者から電子マネー等を購入し、電子マネー等を加盟店に対する代金債務の弁済として使用し、加盟店が電子マネー等を発行者に売却して代金の支払を受けることにより精算するものと構成します。

　この構成による場合には、電子マネー等は、（具体的に何を指すのか不明確ではありますが）「価値」として整理されています。

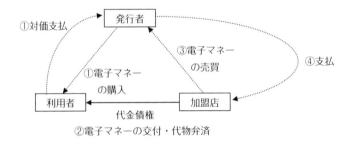

（イ）前払式支払手段

　前払いのキャッシュレス決済は何らかの法的規制を受けるのでしょうか。この点、資金決済法３条１項１号は、「証票、電子機器その他の物（以下この章において「証票等」という。）に記載され、又は電磁的方法（電子的方法、磁気的方法その他の人の知覚によって認識することができない方法をいう。以下この項において同じ。）により記録される金額（金額を度その他の単位により換算して表示していると認められる場合の当該単位数を含む。以下この号及び第３項において同じ。）に応ずる対価を得て発行される証票等又は番号、記号その他の符号（電磁手法により証票等に

記録される金額に応ずる対価を得て当該金額の記録の加算が行われるもの
を含む。）であって、その発行する者又は当該発行する者が指定する者（次
号において「発行者等」という。）から物品を購入し、若しくは借り受け、
又は役務の提供を受ける場合に、これらの代価の弁済のために提示、交付、
通知その他の方法により使用することができるもの」を「前払式支払手段」
と定義しています。

　前払いのキャッシュレス手段は、「代価の弁済のために」使用すること
ができるほか、電子的方法にて金額などが記録されたものといえるので、
「前払式支払手段」に該当し、資金決済法の適用を受けることとなります。

　もっとも、資金決済法に基づき規制を受けるのは、主に決済事業者です。
そのため、加盟店として、資金決済法上に規制に関して、とりわけ留意し
ておくべき点はありませんが、前払式支払手段の保有者が、前払式支払手
段に係る発行保証金からの優先弁済権を実行する場合において、内閣総理
大臣から必要な協力を求められた場合には、これに応ずるよう努めるもの
とするとされていることに留意が必要です（資金決済法32条）。この点に
関しては、第2章3（5）「強制執行の問題」をご参照ください。

ウ　即時払い（リアルタイムペイメント）

(ｱ)　はじめに

　即時払いのキャッシュレス決済は、利用者による利用と同時に、利用者
の銀行口座から即時に引落しがなされるものです。利用者目線でいえば、
決済が銀行口座と直結しているので、不正利用時には、口座残高全額が危
険に曝される可能性がありますが、銀行口座に残高がある限りチャージす
る必要はなく、チャージの手間がかからないという点では便利な決済方法
といえます。

　主な即時払いのキャッシュレス決済としては、たとえば、以下のような
ものがあります。

(ｲ)　デビットカード

　まず、デビットカードとは、銀行が共同で展開する決済サービスであり、

支払の際にデビットカードを提示し、端末に暗証番号を入力することで、代金が利用者の預金口座から即時に引き落とされ、数日後に加盟店の口座に入金される仕組みです。

　まず、利用者は、カード発行銀行に対して、代金債務の弁済を委託します。他方、加盟店は代金債権を加盟店の取引銀行に譲渡し、加盟店の取引銀行は、その債権の弁済の受領を発行銀行に委託します。この結果、カード発行銀行は、同一の代金債権について、弁済の委託と弁済受領の委任を同時に受けたこととなり、利用者の預金から代金額が引き落とされた時点で、利用者の代金債務は消滅することとなります。その後、割引料が差し引かれたうえで、カード発行銀行から加盟店の取引銀行の加盟店の口座に入金がなされます。これらの流れを図示すると、以下のとおりとなります。

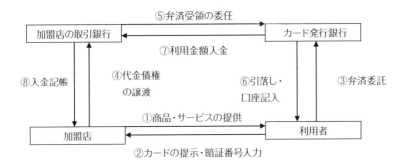

　デビットカードには、大きく分けて、国際ブランド付きデビットカードと、ジェイデビットカード（J-Debit）の2種類があります。国際ブランド付きデビットカードには、VISA、JCB、Mastercardの3種類があり、おおむね海外での使用も可能です。これに対して、ジェイデビットカードは、金融機関から発行された利用者のキャッシュカードを用いて決済を行うものになります。

(ウ) Bank Pay

　Bank Payは、日本電子決済推進機構が運営するキャッシュレス決済サービスです。まず、Bank Payの利用により、利用者が口座を開設している金融機関に対して、売買取引債務相当額の預金引落しの指図及び当該指図

に基づき引き落とされた預金による売買取引債務の弁済の委託がなされます。他方、加盟店は、利用者に対する売買取引債権を、Bank Pay 加盟店契約を締結した金融機関に対して、指名債権譲渡の方式により売却します。そして、利用者が口座を開設している金融機関から、Bank Pay 加盟店契約を締結した金融機関に対して、売買取引債務相当額が支払われ、加盟店には、Bank Pay 加盟店契約を締結した金融機関から、売買取引債権の額面から手数料を控除した金額が支払われることとなります。

デビットカードとは異なり、カードそのものが存在するわけではありませんが、仕組みはデビットカードに近いものといえます。

（ｴ）銀行Pay

銀行Payは、GMOペイメントゲートウェイ株式会社が基盤システムを提供するものであり、スマートフォンアプリから即時に銀行口座からの引落しによる決済が可能になるサービスです。利用者が加盟店との取引で銀行Payによる決済を利用した場合には、利用者が登録した口座から取引代金に相当する金額を払い出して支払うことを取引金融機関に依頼したこととなり、取引金融機関がかかる利用者の依頼に基づき取引代金相当額を払い出し、この時点で銀行Payに係る取引が成立します。そして、加盟店は、加盟店契約を締結した金融機関から取引代金相当額から手数料を差し引いた金額の支払を受け、後は利用者の取引金融機関と加盟店が加盟店契約を締結した金融機関との間で決済が行われます。

この点、「銀行に預金の口座を開設している預金者の委託（二以上の段階にわたる委託を含む。）を受けて、電子情報処理組織を使用する方法により、当該口座に係る資金を移動させる為替取引を行うことの当該銀行に対する指図（当該指図の内容のみを含む。）の伝達（当該指図の内容のみの伝達にあつては、内閣府令で定める方法によるものに限る。）を受け、これを当該銀行に対して伝達すること」を業として行う場合には、「電子決済等代行業」に該当します（銀行法２条17項１号）。銀行Payの仕組みにおいて、GMOペイメントゲートウェイ株式会社は、利用者からの委託を受けて、利用者が登録した口座が開設されている金融機関に対して、資

金移動の指図を行っていることになることから、電子決済等代行業に該当し、銀行法上の規制を受けることとなります。もっとも、この点に関して、加盟店に対して何らかの銀行法上の規制が及ぶことにはなりません。

(オ) &Pay

また、株式会社エムティーアイが提供するキャッシュレス決済サービスである&Payは、株式会社エムティーアイが金融機関に対して利用者からの送金の指図を伝達し、利用者の口座から株式会社エムティーアイに送金させます。他方、株式会社エムティーアイは、加盟店規約に基づき、加盟店から商品又はサービスの代金の受領権限を付与されており、利用者の口座から送金された代金相当額から手数料を控除したうえで、加盟店の口座に送金する仕組みとなっています。

以上のとおり、&Payでは、株式会社エムティーアイが金融機関に対して送金の指図をすることは同じであり、「電子決済等代行業」（銀行法2条17項1号）に該当すると考えられますが、加えて、自社を通じて、利用者から加盟店に資金を移動させているとも評価できることから、為替取引を行っているものとも考えられます。よって、銀行等以外の者が為替取引を業として営むものとして、資金移動業にも該当するものと考えられます（資金決済法2条2項）。加盟店からすれば、銀行Payと大きな違いはないかもしれませんが、銀行Payでは、金融機関から支払を受けることができるのに対し、&Payでは、株式会社エムティーアイから支払を受けることになるため、同社の信用が問題となります。

エ　後払い（ポストペイ）

後払い（ポストペイ）は、利用客による決済後、加盟店は、決済事業者より、代金から所定の手数料が控除された金額の支払を受け、後日、決済事業者から利用客に対して利用額が請求されるというものです。後払いの代表例としては、クレジットカードを挙げることができますが、電子マネーでも後払いのものがあります。クレジットカード決済の法的構成としては、クレジットカードに係る契約に応じて以下の2つを挙げることができますが[2]、か

かる法律構成は、後払いの電子マネーでも同じように考えることができます。

① 債権譲渡構成

決済事業者が加盟店から利用者に対する代金債権を譲り受け、利用者から期日に弁済を受けるというものです。

② 支払委託構成

利用者が決済事業者に加盟店への支払を委託し、第三者弁済をした決済事業者が利用者に対して期日に求償するというものです。

このように、法律構成には2種類ありますが、いずれの場合でも、決済事業者から利用者に対して一定期間与信が生じることとなります。これに対して、加盟店は、決済事業者から支払を受けることができるため、加盟店から利用者に対する一定期間の与信は生じません。一連の取引の流れを図示すると、以下のとおりとなります。

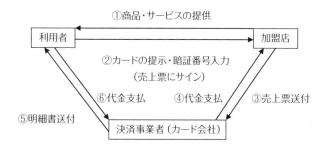

[2] 割賦販売法との関係
ア 包括信用購入あつせん

以上のとおり、後払い（ポストペイ）の場合には、利用者が商品等を購入してから、一定期間をおいて決済事業者に対して代金（相当額）が支払われることになり、たとえば、リボルビング払いの場合には、決済事業者に対して代金（相当額）の全額が支払われるまでに、かなりの期間が経過することとなります。そこで、割賦販売等について規律する割賦販売法の適用が問題となります。

割賦販売法2条3項は、以下のような取引を「包括信用購入あつせん」と

定義しています。

①　クレジットカードその他の物又は番号、記号その他の符号（以下「カード等」という）を利用者に交付又は付与

②　利用者がカード等を提示し若しくは通知して、又はそれらと引換えに加盟店から商品、権利又は役務を購入

③　加盟店に商品若しくは権利の代金又は役務の対価に相当する額を交付

④　利用者から代金又は対価に相当する額をあらかじめ定められた時期までに受領（ただし、加盟店から商品若しくは権利を購入する契約を締結し、又は役務の提供を受ける契約を締結した時から２か月を超えない範囲内においてあらかじめ定められた時期までに受領することを除く）

　以上の取引の形態からして明らかなとおり、後払いであるキャッシュレス決済は、割賦販売法の適用を受けることとなります。ただし、上記④の要件のとおり、２か月以内に後払いが完了する場合には、「包括信用購入あつせん」には該当しません。なお、前払い（プリペイド）や即時払い（リアルタイムペイメント）も、割賦販売法の適用を受けません。

　包括信用購入あつせんに該当する場合には、たとえば、加盟店は、原則として、利用者がクレジットカードを利用する際、現金販売価格、契約年月日、商品若しくは権利又は役務の種類等を利用者に情報提供しなければならないなどの義務を負担することとなり（割賦販売法30条の２の３第５項、割賦販売法施行規則54条）、割賦販売法の適用を受けることとなります。

イ　クレジットカード番号等の管理

　また、加盟店は、取り扱うクレジットカード番号等の漏えい、滅失又は毀損の防止その他「クレジットカード番号等」の適切な管理のために必要な措置を講じなければならず、クレジット番号等の不正利用を防止するために必要な措置を講じなければならないとされています（割賦販売法35条の16第１項）。この点については、加盟店から商品を購入した時から２か月を超えない範囲内においてあらかじめ定められた時期までに代金を受領する場合も同様です（割賦販売法35条の16第１項、２項）。

　なお、「クレジットカード番号等」とは、クレジットカード等購入あつせ
ん業者が、その業務上利用者に付与するもので、「それを提示し若しくは通
知して、又はそれと引換えに、特定の販売業者から商品若しくは権利を購入
し、又は特定の役務提供事業者から有償で役務の提供を受けることができる
カードその他の物又は番号、記号その他の符号」をいうとされていますので
(割賦販売法35条の16第1項、2条3項1号)、クレジットカードに限らず、
後払いの電子マネーの加盟店も、同様の措置を講じる必要があります。

(注1)　増田晋ほか『電子マネーの実務―法務・契約・会計』新日本法規出版(1998年)54頁以下、
　　　　中森亘ほか編集代表北浜法律事務所編『バーチャルマネーの法務〈第2版〉―電子マネー・
　　　　ポイント・仮想通貨を中心に』民事法研究会(2018年)123頁以下。
(注2)　中森亘ほか編集代表北浜法律事務所編・前掲(注1)14頁以下

〔堀野桂子＝太田慎也〕

（3）取引関係の事故

災害などで停電した時や、店舗の機器やアプリが故障した場合に、取引は正常に行われているのでしょうか。また、誤った代金の請求や消費者から返品を求められた場合、どのような対応ができるでしょうか。

KeyWord　停電、故障、払戻し

［1］システム障害の場合

ア　はじめに

　キャッシュレス決済は、一般に、加盟店に設置された機器やアプリを用いて行うため、災害などで停電した場合や、店舗の機器やアプリが故障した場合には、前払い、即時払い、後払いのいずれの場合でも、キャッシュレス決済を行うことはできません。以下では、システム障害の場合の帰すうについて、前払い、即時払い、後払いの法律構成に従って説明します。

イ　前払い（プリペイド）の場合

　前払いの場合の法律構成としては、主に債務引受構成と価値構成が考えられます。システム障害が生じると、債務引受構成の場合には、前払いのキャッシュレス手段（たとえば電子マネー等）を利用した取引により発生した代金債権について、電子マネー等の提示により利用者から発行者に免責的に債務引受けがなされないということとなります。また、価値構成の場合には、利用者の加盟店に対する電子マネー等による弁済（代物弁済）がなされないということとなります。

　このように、加盟店の利用者に対する債権は消滅せず加盟店のもとに残ったままとなるため、加盟店は利用者に対して、なお代金の支払を求めることができます。

ウ　即時払い（リアルタイムペイメント）の場合

　即時払いのうちデビットカードの場合には、利用者によるカード発行銀行に対する代金債務の弁済委託や、加盟店による取引銀行に対する債権譲渡のいずれも行われないこととなります。そのため、同じく加盟店の利用者に対する債権は消滅せず加盟店のもとに残ったままとなるため、加盟店は利用者に対して、なお代金の支払を求めることができます。

　また、資金移動業による場合には、決済事業者（資金移動業者）に対する資金移動が行われず、電子決済等代行業の場合には、利用者の決済事業者（電子決済等代行業者）に対する送金指図が行われないこととなります。そのため、やはり、この場合も、加盟店は利用者に対して、なお代金の支払を求めることができます。

エ　後払い（ポストペイ）の場合

　後払いの場合の法律構成には、債権譲渡構成と支払委託構成があります。債権譲渡構成の場合には、決済事業者による加盟店から利用者に対する代金債権の譲り受けが行われず、支払委託構成の場合には、利用者による決済事業者に対する加盟店への支払委託も行われないこととなります。

　よって、後払いの場合も同じく、いずれの構成によったとしても、加盟店は利用者に対して、なお代金の支払を求めることができます。

オ　決済事業者の責任

　では、停電など不可抗力による場合や店舗の機器やアプリが故障した場合、加盟店として、決済事業者に対して、何らかの責任を追及することが可能なのでしょうか。この点、加盟店規約上は、停電や、店舗に備え付けられた機器やアプリが故障した場合には、加盟店として、かかる機器やアプリを利用したキャッシュレス決済を行わないことが規定されており、停電や、店舗に備え付けられた機器やアプリの故障によりキャッシュレス決済が実行できないリスクを自ら受け入れているものといえます。そのため、加盟店が決済事業者に対して、何らかの責任を追及することは難しいと考えられます。

[2] 誤った請求や返品

ア　はじめに

　利用者と加盟店との間でキャッシュレス決済による取引が行われた場合において、加盟店の利用者に対する請求額が誤っていた場合（請求額が過少であった場合には、不足分について改めてキャッシュレス決済を行うか、利用者との間で不足分につき現金でのやりとりをすれば足りるため、ここで特に問題となるのは、請求額が過剰であった場合です）や、利用者が商品の返品を希望して、加盟店がこれに応じる場合、現金取引であれば、単純に加盟店から利用者に対して現金を返還・精算すれば足りますが、キャッシュレス決済の場合には、加盟店としてどのように対応すればよいのかという点が問題となります。

　以下では、同じく前払い、即時払い、後払いのそれぞれの場合に分けて検討します。なお、各キャッシュレス決済に関しては、上述のとおり、さまざまな法律構成が考えられますが、誤った請求や返品に関しては、法律構成による結論の違いはなく、専ら各キャッシュレス決済手段における運用の違いに起因するところが大きいため、現状の実務を踏まえて、以下、検討します。

イ　前払い（プリペイド）の場合

　たとえば、電子マネーであるLINE Cashでは、利用者と加盟店との間の取引が決済事業者所定の期間内に取消し又は解除された場合には、決済事業者は、利用者のLINE CashアカウントにLINE Cashを返還することとされています。そのため、所定の期間内に加盟店と利用者との間の取引が取消し又は解除された場合には、加盟店としては、利用者に対して、LINE Cashや現金を返還する必要はなく、利用者から商品の返還を受けるだけで足ります。これに対して、所定の期間を超えて加盟店と利用者との間の取引が取消し又は解除された場合には、決済事業者からLINE Cashを返還するのではなく、加盟店と利用者との間で、商品の返還と現金による代金の返還が行われることとなります。

　他方、たとえば、nanacoやSuicaの場合には、加盟店と利用者との間の取

引の取消し又は解除のタイミングにかかわらず、決済事業者から電子マネーを返還するのではなく、加盟店より利用者に対して現金で取引代金を払い戻すこととされています。なお、この場合であっても、加盟店は、決済事業者に対して手数料を支払う必要があるとされていることに留意が必要です。

このように、前払いの場合には、キャッシュレス決済の種類によって、商品の返品がなされる場合の処理が異なっており、かかる具体的な処理のフローについては、加盟店規約に規定されていることから、商品の返品等がなされる場合には、加盟店規約を確認する必要があります。

ところで、決済事業者が利用者に対して電子マネーではなく、現金を返還し、加盟店としては、利用者から商品の返還を受けるだけで足りるとする建付けもあり得るように考えらえるところです。もっとも、前払いのキャッシュレス手段は前払式支払手段に該当する場合が多いところ、資金決済法上、原則として前払式支払手段の払戻しは禁止されているため（資金決済法20条5項）、当該禁止の除外の範囲内で対応する必要があります（同項ただし書）。

ウ　即時払い（リアルタイムペイメント）の場合

(ア)　デビットカード

JCBデビットの場合には、利用者からの取引解消の申出がいつなされたかによって、処理の方法が異なります。まず、取引当日に利用者より解消の申出がなされ、加盟店がそれに応じた場合には、再度デビットカードを端末機に読み取らせた後、端末機からデビットカード発行金融機関に対して預貯金の引落し又は郵便振替口座からの振替の取消し電文を送信することとされています。そのため、このような取消しをすれば、加盟店としては、利用者に引渡し済みの商品がある場合には、その返品のみを受ければ足ります。

これに対して、顧客からの解消の申出が取引翌日以降になされ、加盟店がそれに応じた場合には、加盟店において、利用者に対して現金等にてこれを支払うものとされており、デビットカードによる取消し作業は行われ

ません。そのため、この場合には、デビットカード取引に係る割引料の返還もされません。

（イ）銀行Pay

　銀行Payによる決済が行われた取引については、利用者と加盟店との合意に基づき、加盟店が加盟店端末から登録銀行に取消しの電文を送信し、登録銀行が当該電文を当該銀行Pay取引が行われた当日中に受信した場合に限り、取り消すことができるとされています。そのため、このような取消しをすれば、加盟店としては、利用者に引渡済みの商品がある場合には、その返品のみを受ければ足ります。

　これに対して、期限を徒過した場合には、銀行Payの取消しは行わず、別途、利用者と加盟店との間で現金等による精算を行うこととなります。

（ウ）&Pay

　&Payによる決済が行われた取引について取消しが行われた場合には、加盟店は、&Payの取消しではなく、利用者との間で直ちに&Payに係るサービス外で代金の精算を行うこととされています。この場合、加盟店規約によれば、加盟店が利用者に対して代金を返金したとしても、決済事業者に対して、手数料の返還を求めることはできないとされています。

（エ）小　括

　即時払いの場合における返金の方法に関しても、各加盟店規約において具体的に定められていることから、加盟店としては、加盟店規約を確認したうえで、具体的に対応する必要があります。また、利用者との取引が取消し又は解約された場合であっても、加盟店として手数料の支払義務を免れ得ないことは、前払いの場合と同様です。

エ　後払い（ポストペイ）の場合

　後払いの場合には、加盟店は、信用販売の取消し又は解約等を行う場合、決済事業者との関係で信用販売の取消し又は解約等にあたって必要な所定の手続（取消伝票の提出など）を行うこととされており、立替金が既に決済事業者から支払済みの場合には、決済事業者から請求があり次第、直ちに立替

金を返還するか、次回以降の決済事業者からの立替金と相殺することとされています。

〔堀野桂子＝太田慎也〕

（4）決済事業者の破綻

決済事業者が破綻したときに、加盟店は、代金の支払を受けられますか。また、キャッシュレス利用者の支払は有効なのか、プリペイド式の場合の返金や、貯めたポイントにはどのように対応したらよいでしょうか。

KeyWord　倒産手続、前払金の返金、預り金規制、発行保証金の還付、ポイント

[1] 前払い（プリペイド）の場合

　前払いによるキャッシュレス決済をした場合で、決済事業者から加盟店への支払が完了していない場面を想定します。たとえば、利用者が2,000円の売買代金の支払に前払いのキャッシュレス決済によって決済事業者から加盟店が2,000円相当の精算未了のうちに、決済事業者が破綻した事例を検討します。

　なお、ここでは破綻として破産手続、民事再生手続及び会社更生手続を想定して検討します。この点、法的倒産手続として特別清算手続（会社法510条以下）も想定できなくはないものの、決済事業者としてキャッシュレス決済をはじめとした多数の取引関係が残った状態でこの手続を選択することは実務上想定しがたいといえます。

ア　加盟店から決済事業者に対する代金精算の請求

　このような場合、まず、加盟店としては本来の請求先である決済事業者に対して2,000円の精算請求をすることが考えられますが、具体的にどのように請求することができるかは、前払いのキャッシュレス決済の法律構成によって異なると考えられます（法律構成の詳細は、本章2（3）「取引関係の事故」を参照）。

　まず、債権的構成であれば、利用者による前払いのキャッシュレス決済の

利用により、決済事業者は利用者の加盟店に対する2,000円の代金債務を引き受けることになるため、加盟店は、決済事業者に対して当該代金債務の履行を求めることになると考えられます。しかしながら、決済事業者は破綻しているため、当該代金債権は倒産債権となり、倒産手続において権利行使できるにすぎないものとなります。

他方、価値構成による場合、加盟店が当該価値を決済事業者に対して交付済みか否かによって結論が変わり得ると考えられます。まず、価値を決済事業者に対して交付済みであれば、当該価値の加盟店の決済事業者に対する売買代金債権は倒産債権となります。一方で、加盟店が決済事業者に対して当該価値を交付未了である場合、当該価値の売買契約は、いわゆる双方未履行双務契約に該当するため、決済事業者が加盟店の売買請求を受けて履行選択すれば、当該価値相当の売買代金は財団債権等に該当し、ただし、決済事業者が履行選択をしない場合には、倒産債権である損害賠償請求権に転化し、倒産手続においてのみ権利行使できることとなります。

このように法律構成によって結論が異なります。

なお、加盟店は、決済事業者に対して、加盟店契約に基づき（加盟店契約における条件については、本章2（1）「加盟店になる条件」を参照）、手数料の支払をする必要があります。そこで、加盟店としては、精算に関する請求権（上記のとおり倒産債権に該当し得るものです）と、手数料とを相殺することが考えられます。この相殺は、加盟店の手数料支払債務の負担が、少なくとも利用者によるキャッシュレス決済の利用に基づき発生するものであり、決済事業者の支払停止等を加盟店が知る以前に発生したものといえるため、一般的に倒産手続において禁止されるものではないと考えられます（破産法71条2項2号など）。ただし、一般的に精算に関する請求権のほうが手数料の額よりも多額であるため、加盟店としては、相殺によっても精算の全額を回収することは困難となることが通常です。

イ　キャッシュレス利用者の支払の有効性

上記アのとおり、加盟店の決済事業者に対する請求権が倒産債権に該当し、

回収できなかった場合、それでは、加盟店は利用者に対して、加盟店と利用者間の売買契約に基づく売買代金支払の履行を求めることができるのでしょうか。これに対しては、債権的構成であれば代金債務を既に決済事業者が引き受けており、また、価値構成でも利用者からの価値の移転は完了しており代金債務は履行済みであると考えられるため、加盟店は、利用者に対してもはや売買代金の履行を求めることはできないと考えられます。

　少額決済に利用される前払いのキャッシュレス決済において、加盟店は利用者の情報を把握していないことが通常であり、また、利用者としても、前払いのキャッシュレス決済によって自己の支払は完了していると認識するのが自然ともいえるため、このような結論は実情にも沿ったものといえます。

ウ　利用者からの返金要求やポイントの取扱い

㋐　前払いの返金

　ところで、利用者としては、決済事業者が破綻した場合、キャッシュレス手段のために前払いをした金銭の返金を求めるものと思われます。この返金は、法的にはどのような権利として請求できるものになるのでしょうか。

　この点、利用者は前払いでキャッシュレス決済に関する利用対価を既に支払っているため、その相当額につき換金請求権を有しているとする見解もありますが、一般的な換金を認めるこの見解は「預り金」規制に抵触しかねません。

　そこで、決済事業者の破綻によって利用者がもはや前払いのキャッシュレス決済を利用することができない場合には、利用者と決済事業者間の利用契約の、決済事業者による履行不能に基づき、利用者は決済事業者に対し前払金相当額の損害賠償請求権を取得すると構成することが考えられます。この点、決済事業者が破綻したとしても、前払いのキャッシュレス決済を継続して利用できる場合には、利用者としてはキャッシュレス決済の残高が０円となるまで、そのまま利用を継続した方が、わざわざ換金する手間も省けて経済的メリットもあることから、キャッシュレス決済の利用

ができなくなった場合に限って、利用者が決済事業者に対して有する債権の取得を検討することが、実態にもあっているといえます。

とはいえ、決済事業者が破綻し、倒産手続が開始している場合には、当該損害賠償請求権は倒産債権となるため、利用者は、倒産手続において権利行使できるにすぎません。

ただし、当該前払いのキャッシュレス決済が資金決済法の規制を受ける場合で、その決済事業者に破産手続が開始したときには、発行保証金の還付手続が実施されます。そのため、利用者は、当該還付手続に参加することで回収を図ることができます。しかしながら、発行保証金は、前払式支払手段の発行残高の2分の1の額にとどまるため、利用者全員が全額の回収ができるとは限りません。そのため、やはり、決済事業者の破産手続に参加し、その配当を受けることが必要となります。

（イ）ポイントの取扱い

利用者が、それまでに前払いのキャッシュレス決済を用いたことによって取得したポイントは、決済事業者の破綻によって、どのように取り扱われるのでしょうか。ここでは当該決済事業者が発行していたポイントについて検討することにします。この点、当該ポイントが法的権利と認められるものか否か、決済事業者の破綻によって開始した倒産手続が清算型倒産手続であるか、あるいは再建型倒産手続かによっても、その帰すうは異なるものと考えられます。

まず、ポイントが法的権利と認められるものか否かについて、その判断基準はさまざまありますが、たとえば、①ポイント規約があるか、②ポイントが法的権利とうかがわせる条項（免責条項など）があるか、③ポイントについて積極的に広告宣伝しているか、④ポイントの組織的管理をしているか、⑤発行の歴史が長く顧客に浸透しているか、⑥ポイントの発行数量が多いか、⑦ポイント交換を通じて現金化できるなど利用の幅が広いか、⑧ポイントプログラムに加入するに際して利用者からの個別申込みが必要か、といった要素が指摘されています。この点、現状のキャッシュレス決済に関連して付与されているポイントの多くは、これら要素を満たしてい

167

るため、法的権利と認められるものと考えられます。

　では、このように法的権利と認められたポイントは、決済事業者の破綻によってどのように扱われるのでしょうか。決済事業者に倒産手続が開始した場合、ポイントが法的権利として保護されるとしても、これは倒産債権となるため、利用者は、倒産手続において、金銭評価された範囲内で権利行使ができるにとどまります（破産法103条2項1号イ参照）。しかしながら、決済事業者に開始した倒産手続が再建型倒産手続である場合、ポイントプログラムの継続がその事業再生に必要な場合もあります。過去の事例でいえば、株式会社日本航空インターナショナルに開始した会社更生手続では、マイルはそのまま存続し、利用継続が可能という扱いがされました。このように、ポイントプログラムの継続が事業再生に必要な場合、少額弁済や商取引債権の弁済許可（民事再生法85条5項、会社更生法47条5項）により、保護される可能性もあります。

　このように、決済事業者におけるポイントプログラムの重要性等によっては、利用継続が可能な場合もあり得るため、この動向に応じて、加盟店としてもポイントプログラムの参加継続などを検討することになるでしょう。

［2］後払い（ポストペイ）の場合
ア　加盟店から決済事業者に対する代金請求

　後払いのキャッシュレス決済を利用した場合であって、決済事業者から加盟店への支払がなされていない場合、加盟店としては、本来の請求先である決済事業者に対して利用者によるキャッシュレス決済に対応した請求をすることが考えられますが、破綻した決済事業者に対してどのような請求をすることができるのでしょうか。これは、後払いのキャッシュレス決済の法的構成によって考え方が異なるものと考えられます。この点、後払いのキャッシュレス手段の法律構成には、支払委託構成と債権譲渡構成があります（法律構成の詳細は本章2（3）「取引関係の事故」参照）。

　まず、支払委託構成であれば、利用者による後払いのキャッシュレス決済

の利用により、決済事業者は利用者の加盟店に対する代金債務の立替払義務を負うため、加盟店は、決済事業者に対して代金債務の履行を求めることになると考えられます。しかしながら、決済事業者は破綻しているため、当該代金債権は倒産債権となり、倒産手続において権利行使できるにすぎないものとなります。

　他方、債権譲渡構成による場合、加盟店が利用者に対する代金債権を決済事業者に対して譲渡済みか否かによって結論が変わり得ると考えられます。まず、加盟店の利用者に対する代金債権を決済事業者に対して譲渡済みであれば、加盟店の決済事業者に対する当該債権譲渡の譲渡代金債権は倒産債権となります。一方で、加盟店が決済事業者に対して当該売買代金債権を交付未了である場合、当該債権譲渡契約は、いわゆる双方未履行双務契約に該当するため、決済事業者が加盟店の譲渡請求を受けて履行選択すれば、当該売買代金債権の譲渡代金は財団債権等に該当します。ただし、決済事業者が履行選択をしない場合には、倒産債権である損害賠償請求権に転化し、倒産手続においてのみ権利行使できると整理できます。とはいえ、通常は、タイムラグなく決済事業者と加盟店間の売買代金債権の譲渡は実行されていると考えられ、やはりこの構成を採用したとしても、倒産債権としてのみ権利行使できる場合が大半を占めるものと思われます。この場合の加盟店の手数料支払については、前払いのキャッシュレス決済の場合と同様であると考えられます（上記［1］ア参照）。

イ　キャッシュレス利用者の支払の有効性

　上記アのとおり、決済事業者に対する請求権が倒産債権に該当し、回収できないとして、それでは、加盟店は利用者に対して、改めて売買代金の履行を求めることができるのでしょうか。これに対して、債権譲渡構成の場合は、加盟店の利用者に対する代金債権は、既に決済事業者に譲渡されているため、加盟店としては利用者に対する代金債権を保有していない以上、これを請求することはできないと考えられます。他方、支払委託構成の場合、加盟店の利用者に対する代金債権は履行がされない限り、残存しており、加盟店とし

て利用者に対して改めて代金を支払うよう請求することが可能とも考えられます。ただし、仮に、利用者から支払を受けるのであれば、利用者からの決済事業者に対する支払委託をキャンセルしてもらう必要があります。また、そもそも今日では、後払いのキャッシュレス決済も日常的な少額決済に用いられており、加盟店として利用者を特定して実際に請求することが可能かという事実上の問題があるといえます。そのため、加盟店としては、あくまで決済事業者に対して立替払いを求めるという解決が現実的ではないかと考えられます。

ウ　利用者のポイント

利用者が後払いのキャッシュレス決済を用いたことによって取得したポイントについては、前払いのキャッシュレス決済を利用した場合と同様と考えられます（上記［1］ウ（イ）参照）。

［3］即時払い（リアルタイムペイメント）の場合
ア　加盟店から決済事業者に対する代金請求

決済事業者（即時払いの事業者）から加盟店の金融機関口座への送金が未了のうち、決済事業者に倒産手続が開始してしまった場合、加盟店としては、決済事業者に対して、当該利用に対応した支払を請求することになります。この請求権は、倒産債権に該当するため、加盟店としては倒産債権として行使できるにとどまります。また、この場合の加盟店の手数料支払については、前払いのキャッシュレス決済の場合と同様であると考えられます（上記［1］ア参照）。

イ　キャッシュレス利用者の支払の有効性

即時払いの場合、キャッシュレス決済と利用者の金融機関口座とが紐づいており、キャッシュレス決済の利用によって金融機関口座から利用額の引落し又は送金があるタイミングで、加盟店に対して、当該利用をした取引の弁済を行ったことになります。

　そのため、決済事業者（即時払いの事業者）の破綻にかかわらず、利用者の加盟店に対する支払はこの時点で有効に完了することになり、加盟店としては、もはや利用者に対して請求できないものと考えられます。

ウ　利用者のポイント

　利用者が即時払いのキャッシュレス決済を用いたことによって取得したポイントについては、前払いのキャッシュレス決済を利用した場合と同様と考えられます（上記［1］ウ（イ）参照）。

〔堀野桂子＝太田慎也〕

（5）加盟店の破綻

加盟店が破綻した場合にはどのような義務があるでしょうか。また、その際、決済事業者にはどのような義務があるでしょうか。消費者が注文した商品はどうすればよいでしょうか。

KeyWord　倒産手続、加盟店契約、利用契約、商品の引渡し、払戻し、保証金

［1］前払い（プリペイド）の場合

ア　加盟店と利用者との関係

　前払いのキャッシュレス決済の利用者は、本章2（4）「決済事業者の破綻」のとおり、加盟店との取引時におけるキャッシュレス決済によって加盟店との取引は完了するのが通常です。

　では、たとえば、加盟店と利用者間で商品を売買し、その時点で、利用者はキャッシュレス決済により代金を弁済したものの、商品が後日入荷後の引渡しとなっていた場合や商品確認ができてからの引渡しとなっていた場合、利用者は、破綻した加盟店に対して、当該商品の引渡しを求めることができるでしょうか。この場合、利用者の加盟店に対する代金支払債務は履行済みであり、他方、加盟店の利用者に対する商品の引渡債務は未履行ということになります。このように加盟店が利用者に対して商品の引渡債務を履行しないまま、加盟店が破綻し、法的手続が開始した場合、利用者の加盟店に対する商品の引渡請求権は倒産債権となり、倒産手続において権利行使できるにすぎないこととなります。なお、引渡しが未了である以上、商品の所有権は利用者に移転していないため、この場合には、利用者は取戻権（破産法62条等）を主張することはできません。この点、商品自体は引渡し済みでありながら、利用者が商品をカスタマイズ加工するために加盟店に対して預けているような場合であれば、その所有権は利用者にあるため、取戻権を主張す

ることができるでしょう。そして、加盟店は、当該倒産債権につき、倒産手続開始時点で金銭評価をし（破産法103条２項１号）、それに応じて配当・弁済を実施することで足りるといえます。

　実務としては、オンラインショッピングなど、申込み時ではなく、商品の発送等をもって売買を成立させ、その時点でキャッシュレス決済を実行しているものが多く、このような事態は生じないよう配慮されていると考えられるため、具体的な取引の流れに応じて、対応を検討する必要があります。

　他方、利用者が加盟店の破綻後も、前払いのキャッシュレス決済を利用継続できるかは、加盟店と決済事業者間の加盟店契約の継続の有無に係ることになります。なお、仮に利用者が期待していた加盟店との取引において前払いのキャッシュレス手段を利用することができなくなったとしても、利用者は加盟店との間で個々の取引以外には法的関係はないため、これについて一般的に加盟店として、特段の法的責任は負わないものと考えられます。

イ　加盟店と決済事業者との関係

　加盟店は、決済事業者に対して、加盟店契約に基づく義務（加盟店契約における条件については、本章２（１）「加盟店になる条件」を参照）を負っていますが、破綻し法的倒産手続が開始した場合に、加盟店の決済事業者に対する手数料の支払が問題となります。この点、破綻前のキャッシュレス決済利用に関する手数料は、倒産債権に該当し、倒産手続において権利行使できるにすぎないものとなります。しかしながら、本章２（１）「加盟店になる条件」にも記載したとおり、決済事業者は、加盟店に対して、キャッシュレス決済の精算金の支払債務を負っていることから、これを相殺して支払うことが考えられます。この相殺は、決済事業者の精算金支払債務の負担が、少なくとも利用者のキャッシュレス決済の利用に基づき発生するものであり、加盟店の支払停止等を決済事業者が知る以前に発生したものといえるため、一般的に倒産手続において禁止されるものではないと考えられます（破産法71条２項２号など）。このようにして、決済事業者は、破綻前のキャッシュレス決済利用に関する手数料を、加盟店に対する精算金の支払債務を相

殺することによって支払を回避することが可能といえ、他方、加盟店からみれば、その相殺後の残金でしか精算金を回収できないということになります。

　ところで、加盟店が破綻した場合に、加盟店契約の帰すうはどうなるのでしょうか。加盟店契約が終了する場合、加盟店は、これに伴って、キャッシュレス決済に係るシステムや機器を決済事業者に対して返却する必要が生じます（本章2（1）「加盟店になる条件」参照）。この点、加盟店に破産手続などの清算型倒産手続が開始した場合には、加盟店自身も加盟店契約の継続を求めないことが多く、中途解約条項の有無にかかわらず（本章2（1）「加盟店になる条件」参照）、決済事業者との間で加盟店契約の終了を合意することが多いでしょう。他方で、民事再生手続や会社更生手続といった再建型倒産手続が開始した場合、加盟店としても前払いのキャッシュレス決済が利用継続できた方が、利用者に対する訴求力があることから、これを希望することが多いでしょう。これに対して、決済事業者として、加盟店の信用毀損から、加盟店契約に一般的に定められている、倒産手続開始等によって加盟店契約を解除できるという、いわゆる倒産解除特約に基づき、加盟店契約を解除すると主張することが考えられます。この倒産解除特約に基づく解除の有効性については判例・学説とに争いがありますが、再建型倒産手続において、これを無効とする見解が有力といえます。とりわけ、決済事業者からみて加盟店に対して、前払いのキャッシュレス決済の利用に関して、新たな信用を与えるわけではないため、無効と解することが適当ともいえます。そのため、加盟店契約の継続を希望する加盟店としては、このような決済事業者の主張に対して、倒産解除特約に基づく解除が無効であるとして争うことが考えられます。

　なお、仮に加盟店契約が終了となった場合に、決済事業者は、利用者から、当該加盟店で前払いのキャッシュレス決済を利用することを期待して、前払いをし、その利用ができなくなったとして、前払いの残高の払戻しを求められることも想定されます。この点、一般的な払戻しに応じることは、「預り金」規制（出資法2条1項）に違反すると考えられますが、資金決済法上、払戻金額が少額である場合など、保有者のやむを得ない事由により前払式支払手

段の利用が著しく困難となった場合には、払戻しができると定められている
ことから（資金決済法20条5項ただし書、前払式支払手段に関する内閣府
令42条各号）、決済事業者としては、これらを参考に払戻しに応じるか検討
することになります。

［2］後払い（ポストペイ）の場合

ア　加盟店と利用者との関係

　後払いのキャッシュレス決済の利用者も、本章2（4）「決済事業者の破綻」
のとおり、加盟店との取引時におけるキャッシュレス決済によって加盟店と
の取引は完了しているのが一般的です。

　そうすると、加盟店と利用者間で商品を売買し、その時点で、利用者はキ
ャッシュレス決済により代金を弁済したものの、商品が後日入荷後の引渡し
となっていた場合や頒布会のように月1回の定期購入となっている商品につ
いて未倒来分の商品がある場合など、利用者は、破綻した加盟店に対して、
当該商品の引渡しを求めることができるかという問題についても、前払いと
同様、利用者は加盟店に対して、商品の引渡請求権を有するものの、これは
倒産債権に該当するため、倒産手続においてその評価額の範囲内で権利行使
できるにすぎないということになります。

　なお、この場合も上記［1］ア同様、所有権が利用者に移転していない限
り、取戻権は問題となりません。

　そのため、後払いについて、とりわけオンラインショッピングでは申込み
時ではなく、商品の発送・引渡しをもって売買を成立させ、その時点でキャ
ッシュレス決済を実行・完了としているものが多く、このような事態は生じ
ないよう配慮されているといえますが、具体的な取引の流れや利用契約の内
容に応じて、具体的な対応を検討する必要があります。

イ　加盟店と決済事業者との関係

　また、決済事業者の加盟店に対する手数料の請求についても、前払いの場
合と同様、破綻前のキャッシュレス決済利用に関する手数料と加盟店に対す

る精算金の支払債務とを相殺することによって、決済事業者は手数料支払を回避することが可能といえ、他方、加盟店からみれば、その相殺後の残金でしか精算金を回収できないということになります。また、加盟店が、決済事業者に対して保証金を預託している場合も、決済事業者は保証金返還債務を加盟店の未払債務に充当でき、とくに、後払いの場合、加盟店に帰責性がある事由によって利用者が決済事業者に対して支払遅延となったときの損害等を決済事業者は加盟店に対して請求できると定められていることがあり、仮にこのような債務が生じていたときには、これらも保証金に充当されることになり、加盟店にその残高で保証金を決済事業者から回収できるにとどまることになります。

　そして、加盟店契約の帰すうについても、基本的には、前払いの場合と同様と考えられるものの、いわゆる倒産解除特約に基づく解除の有効性については、後払いのキャッシュレス決済の場合、加盟店契約の継続は、決済事業者にとって加盟店に対して破綻後も新たな与信を与えることを意味し、酷ともいえます。そのため、この場合には、倒産解除特約に基づく解除も有効と判断される可能性があると考えられる点が、前払いの場合との違いと指摘できます。

　キャッシュレス決済の利用を継続したい加盟店としては、倒産解除特約が無効であることを主張したり、決済事業者に対する保証金の差入・増額など継続交渉をすることが考えられます。

　なお、仮に加盟店契約が終了となった場合でも、利用者は、別の加盟店で当該後払いのキャッシュレス決済を利用継続できるため、当然に利用契約を解除できるものではなく、利用契約に基づき中途解約手続を履践すれば足りるものと考えられます。

［3］即時払い（リアルタイムペイメント）の場合
ア　加盟店と利用者との関係

　即時払いのキャッシュレス決済の利用者も、本章2（4）「決済事業者の破綻」のとおり、加盟店との取引時におけるキャッシュレス決済の利用によ

って、自己の金融機関口座からは引落しが実施されるため、加盟店との取引は完了していると整理できると考えられます。

そのため、加盟店と利用者間で商品を売買し、その時点で、利用者はキャッシュレス決済により代金を弁済したものの、商品が後日入荷後の引渡しとなっていた場合、利用者は、破綻した加盟店に対して、当該商品の引渡しを求めることができるかという問題についても、前払いや後払いと同様、利用者は加盟店に対して、商品の引渡請求権を有するものの、これは倒産債権に該当するため、倒産手続においてその評価額の範囲内で権利行使できるにすぎないと整理できます。

即時払いについても、商品の発送・引渡し等をもって売買を成立させ、その時点でキャッシュレス決済を実行しているものが多く、利用者側にこのような事態が生じないよう配慮されていると考えられ、具体的な取引の流れや利用契約の内容を踏まえて、具体的な対応を検討する必要があります。

イ　加盟店と決済事業者との関係

また、加盟店と決済事業者の間の加盟店契約の帰すう、及び、これに関連して利用者と決済事業者間の利用契約の帰すうについて、即時払いのキャッシュレス決済は、加盟店の金融機関口座とも紐付いたものであることから、その取引銀行との取引が継続できるかという点から、加盟店契約の終了が余儀なくされることとも想定されるところです。そして、具体的な帰すうは後払いの場合と同様と考えられます。

〔堀野桂子＝太田慎也〕

（6）セキュリティ技術―お店のセキュリティは安全ですか

キャッシュレス決済に無線通信やQRコードなどの技術が使われていますが、セキュリティにはどう注意すればよいでしょうか。キッチンカーなど屋外で使う場合はどうなりますか。

KeyWord　WPS、WEP、Evil Twin攻撃、偽QRコード、ゼロトラスト、ログ、デジタル・フォレンジック、NISC、IPA、金融庁

［1］キャッシュレス決済時のセキュリティの基本

　キャッシュレス決済に使用される機器には、複数の種類がありますが、それらを通信経路で分類すれば、インターネット網を使うものと既存の電話網を使うものに分かれます。従来型の固定電話網であれ携帯電話網であれ、電話通信の盗聴は一般的には困難です。そこで、まずは通信のうちインターネットを利用する部分のセキュリティ確保を心掛けることになります。つまりはキャッシュレス決済においても、通常のインターネット利用時に注意しなければならないことと同等のセキュリティ問題があると思えばよいです。これは、キャッシュレス決済用の専用装置を使う場合でも、POSレジに接続されている機器を使う場合でも、クレジットカードの決済装置（CAT端末）にアダプタを接続してFeliCaチップ（Suica、ICOCAやEdyなど）のNFC型チップで非接触の決済を行うタイプの場合でも同じです。

　店舗では、キャッシュレス決済用の装置とインターネット通信のためのゲートウェイ装置となるルーターまでの間を、有線ケーブルで接続する場合と、無線LANいわゆるWi-Fi通信によって接続する場合に分けられると思います。そのため、有線接続の場合はルーター部分のセキュリティの確保をしっかりと行い、さらに無線LAN接続も併用する場合は無線LANの盗聴対策も行う必要があります。また、読み取り装置にはスマートフォンなどに取り付けて使う小型のカードリーダーやチップリーダーもありますが、こちらの場

合も同様で、リーダーで読み取った情報を携帯電話の電波に乗せて直接に処理会社に送る場合は比較的安全ですが[1)]、店舗奥にある処理装置や通信装置までの間を無線LANでつなぐ場合にはその無線LANを安全な状態にしておく必要があります。

［2］無線LANの安全確保

電波を使う無線通信は、有線通信よりも傍受が容易であることはいうまでもありません。そのため、有線ネットワークのみでキャッシュレス決済システムを構築することが可能な場合はそうするほうがよいです。しかし、ビジネスや店舗の形態によっては無線LANを用いたシステムを使わざるを得ない場合も多いでしょう。その場合は、まず何よりも無線LANの通信の暗号化設定を正しく行うことが重要です。無線LANの認証の方式には「WEP」や「WPA」「WPA2」といったいくつかの種類があります。そのうえで「WPA2-PSK」や「WPA2-TKIP」などにさらに分類されます。細かくいえばこの後半部分が暗号化の方式になるのですが、ここではすべてひっくるめて暗号化方式としておきます。最近ではWPA3方式を利用できる製品も市場に出回り始めています。

ここで特に注意すべきことは、最低でもWPA2方式以降のものを採択して利用することです。世間では最も古いタイプのWEP方式のものがまだ一定数使われていることが問題となっています。パソコンに比べ無線LANルーターは更新頻度が少ないことや、初期の携帯型ゲーム機がこの方式にしか対応していなかったことなどの影響を引きずっています。しかし、WEP方式に関しては最近の高性能パソコンを使えば、ものの数分でその暗号キーを解読してしまうことができ、またそのためのソフトやアプリはネット上に多く出回っています。実際に、隣家の無線LANのWEPキーをARPリプライ攻撃という手法で解析して突き止め、それを使ってその無線LANアクセスポイントにタダ乗りして、そこから他人のインターネットバンキング口座へのハッキング等を行い不正アクセス行為の禁止等に関する法律違反や電子計算機使用詐欺罪などで有罪となった事例があります[2)]。なお、この事件は14件

の罪状で起訴されそのうち13件は有罪とされたのですが、肝心のWEPキーを解析した行為は電波法「109条1項」の「無線通信の秘密」を侵害したことには該当しないとされ、この点のみ無罪であるとの判断が出されたことによって注目された裁判例です。しかしながら、これが「109条の2」を根拠とすれば有罪であった可能性もあり[3]、また総務省はこの場合でも通信の秘密の侵害となり得る可能性がある旨のコメントを出しています[4]。そもそも、有罪か無罪かということ以前に、解読され、タダ乗りされてしまっているのですから、自身のルーターが乗っ取られたというインシデントが発生している事実には変わりがありません。

　この暗号化の方式を安全なものにしたうえで、十分な強度をもつ暗号キー（あるいは、「暗号化パスワード」と表記されている場合もあります）を設定することが必要です。十分な強度があるとは、その文字数が十分長く（21文字以上を推奨）、かつ記号や数字などが組み合わされているものをいいます。推測されにくいパスワードの付け方はネット上に多くの解説があるのでそれらを参考にするとよいでしょう。最近は、あらゆる解説書や啓発教材において、電話番号や名前と同じものを使ったり「12345678」や「abcdefgh」などといった単純な文字列を使ったりすることは、付けてはいけないパスワードの例として必ず挙げられており、このようなKeyフレーズを設定していた場合には今後は不法行為として損害賠償や過失相殺の対象になる可能性が十分にあります。

　また、最近はスマートフォンなどの端末とBluetoothを使って接続するタイプのレジや決済装置なども出てきています。Bluetoothはワイヤレスヘッドフォンやワイヤレスマウス等にも使われている無線通信規格です。Bluetoothが比較的安全と思われているのは、比較的新しい規格であることやその小出力ゆえに到達距離が短い[5]ことに起因しています。しかしながら、Bluetoothにも脆弱性が時々報告されており、これが公表された場合は速やかにモジュールやファームウェアのアップデートを行わないと乗っ取られてしまう危険があります。

　ですので、Bluetoothを使うタイプのものであるかどうかにかかわらず、

キャッシュレス決済装置のような業務用の専用機材は、脆弱性やバグなどに関するメンテナンスやケアがどのように提供されるのかについて、契約時にしっかりと確認しておくべきです。パソコンのような汎用機器と異なり、ファームウェアのアップデート作業なども業者からの対応を待たなければならないことが多いためです。

［3］屋外利用時の注意事項

　タクシーのように最初から移動しながらの利用が前提となっているキャッシュレス決済装置は携帯電話回線を利用してリアルタイムでデータ処理するようになっているので、下記［5］で説明するようなことがない限りは安全です。デジタル技術への不信感をたまに耳にしますが、冷静に考えてみれば昔のタクシーでのクレジットカード利用時のように、文字の凹凸にカーボン紙を押しつけて記録をとるものよりはキャッシュレス決済の方がはるかに安全で信頼性が高いことがわかります。恒常的に屋外でのキャッシュレスサービスを提供するのであれば、これらと同等のシステムを導入しておくとよいでしょう。

　イベントへの出店やランチのキッチンカー販売などで、一時的に屋外でキャッシュレスサービスを提供しなければならない場合も、携帯電話回線にてデータ通信をすることが安全といえます。もし決済装置がいったんパソコンへ接続して処理するタイプでインターネット回線を利用したパケット通信にしか対応していない場合は、自身でモバイルルーターを用意してインターネットへ接続するようにすべきです。

　絶対に行ってはいけないのが、公共施設や各種店舗が誰でも使える無線LAN、いわゆるフリー Wi-Fi として提供しているアクセスポイントへの接続です。これらは暗号化を行わずに平文で通信されている状態のもの、つまりパスワードなしで接続できるものがほとんどで、パスワードを入力する場合でもそれは誰もが知り得る状態、見える状態になっていますので、金銭に関わる情報の処理には適しません[6]。

　また、接続先がフリー Wi-Fi ではなく自分が契約している Wi-Fi 接続サー

ビスであって指定されたSSID（無線LANの接続先一覧に表示される識別子）であっても注意が必要です。同じSSIDを設定した偽のアクセスポイントを用意し、それに接続させる「Evil Twin（悪魔の双子）」と呼ばれる攻撃手法があるからです。このような装置は小型ノートパソコンと無線LANルーターがあれば組み立てられるため、それらを段ボール箱などに入れた車を正規のWi-Fiアクセスポイントの近所に停められるともはや区別することはできません。Evil Twin攻撃に対する抜本的な対策方法は存在しないのです。

　よって繰り返しになりますが、屋外でのキャッシュレス決済システムの利用時は、Wi-Fiでの利用は極力回避すべきであり、どうしても必要がある場合には最低でもVPN接続と併用すべきです（ただし、VPNも100%の安全を保障してくれるものではありません）。

[4] 偽QRコードに注意

　海外の雑多な商店街通りなどでは、コード決済時に顧客がカメラで読み取るために店頭に掲示してあるQRコードやバーコードを、勝手に偽物に貼り替えて異なる支払先へ入金させる手口が多く確認されており[7]、日本でも、今後この犯罪手口が使われる可能性が高いので注意が必要です。

　国内では、神戸大学の森井昌克教授のグループによる実験結果が報告[8]されており、実際にこのような攻撃が可能であることがわかっています。

[5] 原始的な攻撃手法への対策

　冒頭にも述べたように、キャッシュレス決済においても通常のコンピュータやネットワーク利用時と同じセキュリティ対策が必要です。これにはメカニズムに対するセキュリティ対策だけでなく、情報管理としてのセキュリティマネジメントも含まれます。たとえば、情報流出はハッカーによっても行われてはいますが、実際には関係者による持ち出しの方がまだまだ数が多いのです[9]。そのため、管理用のID・パスワード等はしっかりと管理すべきですし、特にそれを知っている従業員の退職・異動などがあった際には注意が必要です。

　店頭で支払をしようと思ったときに、客から手元がみえる状態で管理用の
コードを入力している状態をたまにみかけることがあります。もちろん、そ
のようなことのないように機器の配置を工夫すべきです。肩越し・背中越し
に画面や手元を盗み見るハッキング手法は「ショルダーハッキング」と呼ば
れ、実はかなり効果的です。小売店などの店舗ではガラス窓の付近にレジや
決済装置があることが多く、特に夜間などは外からの覗き込みやガラス面の
反射などにも気を配る必要があります。

　同じく店頭では時々、無線LANルーターなどのネットワーク装置が客か
らみえる場所・手の届く場所に置いてあるのをみかけますが、これも避ける
べきです。また、有線LANを使わないポートも（従業員、来訪者どちらで
あっても）勝手に挿すことができないように塞いでおくべきです。

　このような、初歩的なセキュリティへの心配りを随所において日常的に行
うことからセキュリティマネジメントは始まります。神経質だと感じられる
かもしれませんが、現在の情報セキュリティ対策の基本的な考え方は「ゼロ
トラスト」と呼ばれるものに変わってきています。詳細はこの言葉で検索し
てもらえばと思いますが、つまりは「誰も信用しない・何も信用しない」と
いう前提でセキュリティ対策を行うということです。本来は内部システム構
築時つまり機器の認証の際に前提とする考え方なのですが、マネジメントに
おいてもそれが通用することはいうまでもありません。

　また、繰り返し述べているように、キャッシュレス決済に使われる専用機
器は通常のパソコンなどに比べるとセキュリティレベルが高く、その分、攻
撃は困難になります。そこで攻撃者側は、比較的攻めやすいそれらの装置の
初期設定やメンテナンス用に使うためのパソコンをまず狙うものだというこ
とを知っておくべきです。たとえば、月末ごとに決算データを処理するため
に接続するパソコンにコンピュータウィルスを仕込んでおけばその時にキャ
ッシュレス決済装置に対して何らかの不正プログラムを送り込むことが可能
です。このような攻撃手法はセキュリティレベルの高いシステムやネットワー
クに入り込む際にも多用されます。そのため、キャッシュレス決済装置の管
理に使うパソコンの方も安全な状態に保っておくことが必要になります。

[6] ログの記録・保存・保全、デジタル・フォレンジックへの備え

　情報セキュリティの世界においては完璧な防御手段というものは存在せず、問題（インシデント）の発生を前提に備えをしておくことが当たり前の考え方となっています。この考え方は自然災害対策と同じです。

　では、法的側面からみた備えとは何になるかというと、まずは何より第一にログ（コンピュータやネットワーク機器の使用履歴・通信記録などのこと。紙の記録も含まれるが、大部分はコンピュータや通信機器内の記憶装置内に記録されています）をしっかりととり、それを適切に保存しておくことになります。どのようなログが日々記録され、どれくらいの期間保存されているのかは機械や契約サービスによってまちまちなので、導入時に業者にしっかり確認しておく必要があります。特に最近のキャッシュレスサービスはクラウド型のものが多く、ログの開示自体を行っていないものもあるので、ログの扱いに関しては契約前に必ず確認しておくべきです。

　では、どれくらいの期間の保存が必要かというと、実はログの保存期間を直接に定めた法律は残念ながらありません[10]。しかしながら、サイバー犯罪に関する法整備の国際条約である「サイバー犯罪に関する条約」では、最低90日間の保存を要求しているので、少なくとも90日間は保存しておくべきです[11]。現実には、過去にサイバー犯罪被害にあったことが判明するまでの期間は日々長くなっていますので、記録システムに余裕があるならば90日以上保存しておくことを勧めます。また、刑事訴訟法197条3項、4項では検察や警察が通信記録の保全要請ができる旨を定めています。これは依頼があった後に新規に記録をとるのではなく、その時にある記録を消去しないで保存しておくためのものですが、このような要請にも応えられるようなシステムにしておく方が望ましいといえます。

　このようにコンピュータやネットワークに関するデジタルデータに対して、訴訟に耐えられる証拠として証明力をもたせることもデジタル・フォレンジックの一環といえますが、キャッシュレス決済に関してはお金を扱うというその性質上、民事・刑事を問わず法律問題となりやすいので、万が一それが起きた時を前提に、最初からデジタル・フォレンジックを行いやすいよ

うにシステムの設計（デザイン）や対処手順の整備をしておくべきです[12]。

［7］情報セキュリティに関する情報の入手先

キャッシュレス決済にかかわらず、情報セキュリティに関する情勢は非常に変化が激しくまた緊急に対策を要する事案が多くあります。そのため、知識も日々アップデートしていく必要があります。そのための情報源も多くありますが、最低でもセキュリティに関わる政府や行政機関の発する情報はチェックしておく必要があります。

セキュリティ情報を発信する公的機関は多くありますが、ここでは「NISC」、「IPA」という2つの組織を紹介しておきます。これらの機関のホームページの新着欄にはその時々の流行している攻撃や、コンピュータウィルスに関する警報、深刻な脆弱性情報が掲載されていますので、ゼロデイ攻撃（脆弱性が発見されたときに文字どおり零dayで間髪入れずに攻撃すること）に対処するためにも常時確認しておくことが望ましいです。

NISCは「内閣サイバーセキュリティセンター」のことで、文字どおり我が国の情報セキュリティ政策の司令塔です。ここからは、個人向け、民間企業向け、公的機関向けとそれぞれ向けた情報セキュリティに関する情報が発信されています。

たとえば、個人店舗や入門者を対象とした『インターネットの安全・安心ハンドブック』や、中規模店を対象にした『小さな中小企業とNPO向け情報セキュリティハンドブック』が公開されています。また「関連法令等」のページには『サイバーセキュリティ関係法令Q&Aハンドブック』として関連法令が解説してあり、こちらは法務担当者が確認しておくとよいでしょう。TwitterやLINEなどによる情報発信も行っています。

IPAは経済産業省の外郭団体で「独立行政法人情報処理推進機構」のことです。毎年の『情報セキュリティ白書』はここから発行されています。NISCが指令塔だとすれば、IPAはさしずめ実働部隊といったところでしょう。IPAのウェブサイトは情報セキュリティに関するさまざまな資料や教材が充実していることが特徴です。特に毎年1月末に公開される『情報セキュ

リティ 10 大脅威』は、その年の情報セキュリティに関する政策や、報道、民間企業の営業用といった各種アクションプランの基礎資料となるものなので、必見です。上記［5］にて紹介した内部関係者による犯行が多発していることも、この情報セキュリティ 10 大脅威で毎年上位にランキングされ警告されていることからわかります。また、IPA のウェブサイトには細項目に分けた情報セキュリティのためのガイドブックや教育用教材も非常に多く掲載されているので、自社やクライアントのセキュリティに関する規約や行動指針を作成する際にも参考にできます。たとえば、上記［3］で述べた公衆無線 LAN の危険性については、独立行政法人情報処理推進機構技術本部セキュリティセンター『公衆無線 LAN 利用に係る脅威と対策〜公衆無線 LAN を安全に利用するために〜』[13] というレポートが上がっています。

　これらの情報を確認するためには、IPA のホームページからまず "情報セキュリティ" のページを選びます。IPA では読者層を「個人の方」「経営者の方」「システム管理者の方」「技術者・研究者の方」と分けて情報発信しているのが特徴です（前述の情報セキュリティ 10 大脅威でも同様です）。個人店舗の方は「個人の方」メニューにある情報を中心に、フランチャイズ店などの中規模店舗では「経営者の方」メニューにある情報を中心に、機器の管理担当を任されている人は「システム管理者の方」メニューにある情報を中心に参照資料とするとよいでしょう。

　最後に、キャッシュレス決済は、資金決済法などによって規制されていることは他章に記してあるとおりで、「金融庁」が主たる管轄官庁となります。そこで、金融庁のウェブページ上で発表される情報に関しても恒常的にチェックをする必要があることを忘れないようにしてください。

（注1）　ただしこれは通信網の安全性の話であり、スマートフォンがコンピュータウィルスやマルウェアなどに犯されている場合は当然に危険が生じます。よって決済に使うスマートフォンやタブレットはそれ専用のものを用いることが理想であり、キッチンカーや屋外イベントなどでやむを得ず通常使用のスマートフォンを使わざるを得ないような場合は、そのスマートフォンに余計なアプリを入れたり不必要なサイトを閲覧したりしないことが重要となります。

（注2）　東京地判平成29・4・27判時2388号114頁〔28253147〕

（注3）須川賢洋「無線 LAN 装置のただ乗りに関する法的考察―東京地裁平成 29 年 4 月 27 日判決を例に―」情報処理学会 電子化知的財産・社会基盤（EIP）研究報告 Vol.2017-EIP-78 No.20

（注4）2017 年 5 月 12 日付　日本経済新聞及び朝日新聞 記事より

（注5）しかし、Bluetooth も大型のアンテナなどを使えば一般的な利用範囲よりも遙かに遠方から傍受可能であることは知っておいた方がよいでしょう。海外のハッキングコンテストなどでは Bluetooth の遠距離通信や傍受を競うものもあります。まだ被害報告はありませんが、いずれこの Bluetooth の暗号通信を簡単に破るようなハッキングツールが登場する可能性はあります。

（注6）ただし技術的には、同じ暗号キーで通信を行ったからといってその通信内容がすぐにみえるわけではありません。しかしながら金銭に絡む情報をやりとりする際にはこの部分に関しても慎重になるべきです。

（注7）たとえば、日本経済新聞 2019 年 4 月 30 日付朝刊「QR 決済に潜むリスク　中国で偽コード詐欺横行」などの紹介記事があります。

（注8）大熊浩也ほか「偽装 QR コードの構成とその効果、およびその対策について」コンピュータセキュリティシンポジウム（CCS）2018 論文集及び報告など

（注9）警察庁が「サイバー空間をめぐる脅威の情勢等」としてサイバー犯罪に関する統計を半期ごとに公開しています（https://www.npa.go.jp/cyber/statics/index.html）。

（注10）ただし、たとえば税法や各種業法によって特定の記録の保存期間が定められているときは、当然にデジタル記録であってもその期間の保存は必要となります。

（注11）ただし、サイバー犯罪に関する条約は条約締結国家に対して定められた法整備を要求するための条約であって個々人に直接拘束力のあるものではないことに注意が必要です。

（注12）証拠保全時の留意事項に関しては、特定非営利活動法人デジタル・フォレンジック研究会（https://digitalforensic.jp/）が公開する『証拠保全ガイドライン』を参照するとよいです（本稿執筆時の最新版は第 8 版）。

（注13）https://www.ipa.go.jp/security/technicalwatch/201600330.html

〔須川賢洋〕

3 ｜ 決済事業者

（1）決済事業者の破綻

決済事業者が破綻した場合、倒産法上はどのような取扱いがされるでしょうか。キャッシュレス決済の方式によってどのような違いがあるでしょうか。加盟店や利用者にはどのような責任を果たすことが必要でしょうか。

KeyWord　倒産手続、預り金規制、ポイント、保証金

---

［1］前払い（プリペイド）の場合
ア　加盟店との関係

　決済事業者が破綻した場合で問題となるのは、加盟店が、決済事業者から、利用者による前払いのキャッシュレス決済（以下、キャッシュレスによる決済サービスを「キャッシュレス決済」、前払いのキャッシュレス決済において利用者が前払いによって取得する証票等を「キャッシュレス手段」という）の利用額に相当する精算金を受領していないときです。

　なお、ここでは破綻として破産手続、民事再生手続及び会社更生手続を想定して検討します。この点、法的倒産手続として特別清算手続（会社法510条以下）も想定できなくはないものの、決済事業者としてキャッシュレス決済をはじめとした多数の取引関係が残った状態でこの手続を選択することは実務上想定しがたいといえます。

　ただし、具体的にどのような権利としてこの精算を請求することができるかは、前払いのキャッシュレス決済の法律構成によって異なると考えられます（法律構成の詳細は、第2章2「取引関係の事故」を参照）。

　まず、債権的構成であれば、利用者による前払いのキャッシュレス決済に

より、決済事業者は利用者の加盟店に対する債務を引き受けることになるため、加盟店は、決済事業者に対して当該債務の履行を求めることになると考えられます。しかしながら、決済事業者は破綻しているため、当該債権は倒産債権となり、倒産手続において権利行使できるにとどまります。

他方、価値構成による場合、加盟店がキャッシュレス手段における「価値」を決済事業者に対して交付済みか否かによって結論が変わり得ると考えられます。まず、価値を決済事業者に対して交付済みであれば、当該価値の売買代金債権は倒産債権となります。一方で、加盟店が決済事業者に対して当該価値を交付未了である場合、当該価値を目的とした決済事業者と加盟店間の売買契約は、いわゆる双方未履行双務契約に該当し、決済事業者が加盟店の売買請求を受けて履行選択すれば、当該価値相当の売買代金は財団債権等に該当します。ただし、決済事業者が履行選択をしない場合には、倒産債権である損害賠償請求権に転化し、倒産手続においてのみ権利行使できることとなります。

このように法律構成によって結論が異なり得るため、実務上は、当事者間の実質的公平なども勘案して法的に判断されているものと考えられます。また、決済事業者の事業継続の有無によっても判断は異なり得るところです。

イ　利用者との関係

決済事業者が破綻した場合に、利用者から前払金として受領した金員について、決済事業者はこれを利用者に対して返還する義務があるでしょうか。

これについては、本章2（4）「決済事業者の破綻」[1]ウ（ア）のとおり、利用者は決済事業者に対して債務不履行に基づく損害賠償請求権を有していると構成することができるものの、決済事業者に倒産手続が開始している場合には、当該損害賠償請求権は倒産債権となるため、利用者は倒産手続において権利行使できるに過ぎません。ただし、決済事業者に破産手続が開始したときには、発行保証金の還付手続が実施され、利用者はこれに参加することができます。なお、この還付手続に参加できるのは利用者のみであるため、決済事業者の他の債権者（破産手続において優先的に扱われる公租公課も含みます）との関係が問題となることはありません。

　そして、利用者がキャッシュレス決済の利用により獲得したポイントの扱いについても、本章2（4）「決済事業者の破綻」［1］ウ（イ）に同じです。

［2］後払い（ポストペイ）の場合
ア　加盟店との関係

（ア）加盟店の決済事業者に対する請求

　決済事業者が破綻した場合で問題となるのは、加盟店が、利用者の後払いのキャッシュレス決済の利用に対応した支払を決済事業者から受領していないときです。このとき、加盟店が有する決済事業者に対する支払請求権の内容も、後払いのキャッシュレス決済の法律構成によって異なるものと考えられます。後払いのキャッシュレス決済の法律構成には、支払委託構成と債権譲渡構成とがあります（法律構成の詳細は、本章2（3）「取引関係の事故」を参照）。

　まず、支払委託構成であれば、利用者による後払いのキャッシュレス決済の利用により、決済事業者は利用者の加盟店に対する代金債務の立替払いをする義務を負うため、加盟店は、決済事業者に対して代金債務の履行を求めることになると考えられます。しかしながら、決済事業者には倒産手続が開始しているため、当該代金債権は倒産債権となり、倒産手続において権利行使できるにすぎないものとなります。

　他方、債権譲渡構成による場合、加盟店が利用者に対する代金債権を決済事業者に対して譲渡済みか否かによって結論が変わり得ると考えられます。まず、代金債権を決済事業者に対して譲渡済みであれば、加盟店の決済事業者に対する当該債権譲渡の譲渡代金債権は倒産債権となります。一方で、加盟店が決済事業者に対して利用者に対する代金債権を交付未了である場合、当該債権譲渡契約は、いわゆる双方未履行双務契約に該当するため、決済事業者が加盟店の譲渡請求を受けて履行選択すれば、当該代金債権の譲渡代金は財団債権等に該当します。ただし、決済事業者が履行選択をしない場合には、倒産債権である損害賠償請求権に転化することとなるため、倒産手続においてのみ権利行使できるにとどまります。とはいえ、

通常は、さほどタイムラグもなく決済事業者への譲渡は実行されていると考えられるため、やはりこの構成を採用したとしても、倒産債権としてのみ権利行使できるという結論になるものが大半と思われます。

(イ) 加盟店の保証金

　ところで、後払いのキャッシュレス決済では、加盟店が決済事業者に対して保証金を預託している場合があります。この保証金は、一般的に、加盟店に帰責性がある事由によって利用者が決済事業者に対して支払遅延となった場合などを担保するために預託させているものです。そこで、加盟店としては、決済事業者の破綻を理由に、加盟店契約の終了を理由として、決済事業者に預託している保証金の返還請求を行うことが考えられます。他方で、上述したとおり、この保証金は、いわば担保目的のために預託させているものであることから、下記イにおいて後述する決済事業者の利用者に対する債権を回収できない限り、決済事業者としては加盟店に対してこれを返還しないと主張することも考えられます。また、決済事業者に開始した手続が破産手続ではなく、民事再生手続・会社更生手続といった事業継続を前提とした再建型倒産手続の場合、そもそも加盟店は、決済事業者との加盟店契約の終了を主張できるのか、すなわち倒産手続開始を理由に加盟店契約を解除できるのかという問題もあります（いわゆる倒産解除特約の有効性）。そして、保証金返還請求権が認められたとしても、当該債権は、倒産債権であり、倒産手続において権利行使できるにすぎません。

　決済事業者としては、加盟店からの加盟店契約の解除を認めるのか、認めるとして、保証金返還請求権はいつ確定するのか、具体的事案に応じて検討する必要があります。

イ　利用者との関係

　利用者は決済事業者に対して後払いを履行する義務があり、決済事業者に倒産手続が開始したといえども、当然、決済事業者としては、利用者に対して、その後払金の支払を請求することになります。その支払スケジュールは、利用者と決済事業者と合意した支払方法（1回払い、分割払い、リボルビン

グ払いなど）に従うことになります。このとき、1回払いの約定であれば、早期回収が可能といえますが、分割払いやリボルビング払いなどの約定の場合、早期の回収が困難となる場合もあり得ます。とりわけ、決済事業者に清算型倒産手続（破産手続）が開始した場合には、実務上、その手続の進捗に合わせて、利用者との間で早期回収に向けた和解交渉をしたり、サービサーに対して利用者に対する債権を譲渡したりして、管財業務を終了するよう試みることが一般的です。

　他方、後払いのキャッシュレス決済によって利用者が取得したポイントの取扱いは、前払いにおける場合と同様です（上記［1］イ・本章2（4）「決済事業者の破綻」［1］ウ（イ）参照）。

［3］即時払い（リアルタイムペイメント）の場合
ア　加盟店との関係

　即時払いのキャッシュレス決済にはさまざまなものがありますが、いずれも、利用者の金融機関口座と紐づいており、利用した金額が即時に引き落とされて、決済が行われます。ただし、加盟店の金融機関口座への着金が必ずしも直ちに行われるものではないため、これが未了のうちに、決済事業者に倒産手続が開始した場合、加盟店の決済事業者に対する債権が残り、加盟店は倒産債権としてこれを行使できるにとどまります。

イ　利用者との関係

　上記アのとおり、即時払いの場合、キャッシュレス決済と利用者の金融機関口座とが紐づいており、キャッシュレス決済の利用によって金融機関口座から利用額の引落し又は送金があるタイミングで、加盟店に対して、当該利用をした取引の弁済を行ったこととなり、利用者の加盟店に対する支払はこの時点で有効に完了することから、もはや利用者としての支払は問題とならないものと考えられます。

〔堀野桂子＝太田慎也〕

（2）消費者の破産

決済事業者は、利用者に倒産手続が開始した場合、まずどのような対応が必要でしょうか。

 破産手続、破産財団、取引の停止、会員資格の喪失、所有権留保

[1] 前払い（プリペイド）の場合

　前払いの場合は、前払いをした金額の範囲での利用にとどまるため、事後的に利用者の支払ができなくなるといったことは想定されません。そのため、消費者が支払できなくなったとしても、決済事業者として特段の対応が求められるものではないといえます。なお、前払いのチャージをクレジット機能を用いて行い、この支払いができなくなった場合、この回収は、別途、クレジット会社が行います。

　ところで、利用者である消費者に倒産手続が開始した場合、前払いのキャッシュレス手段が倒産財団を構成するかという問題があります。とりわけ消費者に破産管財手続が開始した場合、破産財団を構成する財産の管理処分権は管財人が有することになり、破産財団に属する財産は管財人がこれを換価することになります。そのため、前払いによるキャッシュレス手段が破産財団を構成するとした場合、管財人は決済事業者に対して当該残高の払戻し、又は第三者への売却を試みるものと考えられます。

　この点、前払いについて、①債権的構成によれば利用者が決済事業者に対して有する債権が、②価値構成によれば前払いの支払方法という価値自体が、それぞれ破産財団に帰属すると構成でき、いずれの見解によったとしても前払いのキャッシュレス手段は破産財団に帰属していると整理できると考えられます。

　しかしながら、①債権的構成によると、利用者の事情によって決済事業者

から前払いに相当する払戻しを受けることが可能と構成することは「預り金規制」に違反するため、当然には管財人は、これを求めることはできません。また、これを転売することは、契約上の地位の移転に該当するため（民法539条の2）、少なくとも相手方たる決済事業者の承諾が必要と考えられます。また、②価値構成によれば、価値を示す前払いのキャッシュレス手段は、これを決済事業者との関係にかかわらず譲渡することが可能とも考えられますが、譲渡を自由に認めると為替取引に該当するリスクがあるため、やはり基本的に決済事業者は前払いのキャッシュレス手段自体の譲渡を禁止しているといえます。

　従前より、前払いに相当する、商品券やビール券が破産財団にある場合には、これを管財人が金券ショップで換価するなどして対応していましたが、前払いのキャッシュレス手段は上述のとおり、一般的には転売が禁止されているものが大半で、現状ではこれを換価することは事実上困難です。ただし、決済事業者による自主規制からチャージ上限額が少額に抑えられていることもあって、実務上、前払いのキャッシュレス手段の換価等が問題となる事案はまだまだ少ないといえますが（破産者が自然人である場合には、残高相当額の現金を破産者から破産財団に組入れをさせて、前払いのキャッシュレス手段自体は破産財団から放棄して、破産者の管理処分下に戻すことで解決できる場合が多いでしょう）、今後の実務の集積がまたれるところです。

[2] 後払い（ポストペイ）の場合

　利用者が一般的に支払できなくなった場合、利用約款に基づき、利用者は後払いに対する期限の利益を喪失すると考えられるため、決済事業者としては、利用約款に従い、粛々と利用者に対して請求等を行っていくことになります。ただし、この場合、利用者に倒産手続が開始すれば決済事業者の利用者に対する債権は倒産債権として倒産手続においてのみ権利行使することが可能という整理になります。

　ところで、後払いでは、利用約款において、利用者が加盟店からキャッシュレス決済により購入した商品に対して、利用者の決済事業者への支払が完

了するまで決済事業者にその所有権を留保するとしていることが一般的です。これは、利用者の決済事業者に対する利用料金の支払を担保するためのものです。そこで、利用者に倒産手続が開始したときに、この所有権留保を行使して利用料等を回収することが考えられます。この点、倒産手続では、所有権留保は別除権（破産法65条、民事再生法53条）と扱われるところ、当該商品の売買契約は、加盟店と利用者間で成立しているものであることから、決済事業者がこの所有権留保を行使するにあたって第三者対抗要件が必要とする判例があることに留意が必要です（最判平成22・6・4民集64巻4号1107頁〔28161595〕。ただし、当該事案は支払委託構成による第三者所有権留保売買契約の事案です）。ただし、本書で対象とするようなキャッシュレス決済は、日常の少額決済を想定しており、商品も食料品や日用品などの動産が大半であって、第三者対抗要件が必要としても占有改定による引渡し（民法178条、183条）を観念することによって、実際には、所有権留保の第三者対抗要件の具備が問題となることは少なく、またそもそも日用品など担保価値が乏しく所有権留保を実行する費用対効果も乏しいため、所有権留保の実行が問題となる事案自体は少ないものと思われます。

　また、利用者が一般的に支払ができなくなった場合、利用者の信用が悪化し、信用情報機関にその情報が登録されてしまうことになるため、利用約款上、利用者の後払いの利用停止や、会員資格の喪失にも該当することが多く、この場合には、利用者が後払いのキャッシュレス決済を利用したとしても、これを受け付けないという対応をすることになります。

［3］即時払い（リアルタイムペイメント）の場合

　即時払いでは前払い（プリペイド）の場合と同様、利用者に対する与信はないものの、即時払いのキャッシュレス決済と紐づいた金融機関口座が取引停止となる場合があることなどから、一般的にその利用約款上、利用者の即時払いのキャッシュレス決済の利用停止事由や会員資格の喪失事由に該当すると定められています。

　そのため、このような利用約款になっている場合には、上記［2］と同様、

利用者が即時払いのキャッシュレス決済を用いたとしても、これを受け付けないよう、システム上の対応をすることになります。

〔堀野桂子＝太田慎也〕

（3）購買履歴（個人情報の問題）

決済事業者の利用規約上の条項で顧客の購買履歴の取扱いは、個人情報保護法等との関係でどのような注意が必要でしょうか。サービスを譲渡する場合、個人情報はどのように取り扱えばよいでしょうか。

KeyWord 個人情報、個人データ、購買履歴、個人情報保護法、消費者契約法、ターゲティング広告

［1］決済事業者の利用規約上の顧客の購買履歴の取扱い例

　決済事業者は、顧客の購買履歴について、どのような取扱いをしているでしょうか。具体例を見てみましょう。PayPay株式会社のプライバシーポリシー[1]では、「1．パーソナルデータの取得」の中に、「（3）お客様によるサービス、商品、アプリケーション、ウェブページ、広告、コンテンツの利用・閲覧に伴って送信・提供される場合」があり、これが購買履歴に相当するものと考えられ、住所氏名等の連絡先情報や、eKYC等のための本人確認書類等の情報は「（1）端末操作を通じてお客様にご入力いただく場合」に相当するものと考えられます。利用目的については、「2．パーソナルデータの利用目的」において、「（1）電子マネーサービス（前払式支払手段発行業、資金移動業）、銀行代理業、電気通信事業、その他当社が運営するすべてのサービス（以下「本サービス」という）をご提供するため」「（2）広告、宣伝、マーケティングのため」「（3）本サービスの改善および新サービス等を検討するため」「（4）お客様ごとに最適なサービスやコンテンツをご提供（パーソナライズ）するため」「（5）本サービスを安全にご提供するため」「（6）本サービスの利用・運営上のトラブル解決のため」とされ、それぞれ例が付記されています。個人情報の項目と利用目的の対照はされておらず、すべての個人情報の項目が（1）ないし（6）の利用目的すべてで用いられる可能性があることになります。「3．パーソナルデータの提供」については、（1）

197

いわゆるID連携の場合、（2）「わりかん」、送金等の機能による他のユーザーへの提供の場合、（3）紛争解決等、（4）不正利用対策、（5）合併等の事業承継、（6）個別の同意が挙げられています。予測可能な範囲であると考えられます。他方、「4．パーソナルデータの共同利用」については、「当社が取得するパーソナルデータのすべてを以下のとおり共同利用いたします」「共同利用する事業者は、当社および関係会社※（外国にある会社を含みます。以下同じ。）となります。ただし、当社は、関係会社がパーソナルデータを共同利用する場合、あらかじめパーソナルデータの取り扱いに関する契約を締結し、パーソナルデータが適正に管理される体制作りを行います」として、「関係会社」はリンク先で列挙されています（本稿執筆時点で6社）。なお、定義としては「当社の親会社であるソフトバンクグループ株式会社が直近で作成した連結財務諸表で採用した会計基準において定義されている、ソフトバンクグループ株式会社の子会社および関連会社ならびに共同支配企業をいいます」とされ、共同利用における管理責任者はPayPay株式会社として記載があります。その他、「5．セキュリティについて」「6．機微情報の取り扱い」「7．クッキー等の取扱い」「8．個人情報保護の継続的改善」「9．個人情報の問い合わせ先」「10．個人情報の開示請求」「11．プライバシーポリシーの改定」の各項目があります。特に、「6．機微情報の取り扱い」では、「当社は、法令または金融分野における個人情報保護に関するガイドラインにもとづく場合等一定の例外を除き、機微情報を取得、利用または第三者提供を行いません」としています。

［2］個人情報保護法、消費者契約法等との関係
ア　個人情報保護法との関係

　決済事業者は顧客の購買履歴は、個人情報保護法との関係では、個人情報及び個人データとなります。個人情報保護法やそのガイドライン等では、購買履歴について、特段の取扱いは定められていません。したがって、決済事業者は、顧客の購買履歴を取り扱うにあたっては、単に個人情報保護法を遵守すればよいということになります。前述のPayPay株式会社のプライバシー

ポリシーの具体例に照らせば、利用目的規制（個人情報保護法16条、18条）や第三者提供規制（同法23条）、共同利用の規律（同法23条5項3号）などに配慮されているといえましょう。

　しかしながら、購買履歴には、通常の個人情報とは異なる2つの側面があります。一つは、購買履歴から、思想や信条、病歴等、差別に繋がり得るような情報（個人情報保護法上の要配慮個人情報は典型例ですが、これに限りません）を推知し、実際にそのような情報によって差別することが可能であるということです。もちろん、決済事業者が把握できる購買履歴には粒度があり、いわゆるID-POSと組み合わせることによって個別の商品レベルで把握できる場合もあれば、加盟店でいくら使ったか、までしか把握できない場合もあります[2]。しかしながら、加盟店が特定の疾病に関する病院であったり、宗教系の書籍の専門店であったりした場合、個別の商品レベルの購買履歴でなくとも、差別に繋がり得るような情報を容易に推知できます。このような、行動履歴から差別に繋がり得るような情報を保護しようという考え方は、古くは「図書館の自由に関する宣言」（1979年5月30日日本図書館協会総会決議）に見られます。個人情報保護の考え方が我が国に定着する以前のものですが、「読者が何を読むかはその人のプライバシーに属することであり、図書館は、利用者の読書事実を外部に漏らさない。ただし、憲法第35条にもとづく令状を確認した場合は例外とする」（第3.1.）等の条項は、図書館の貸出履歴が思想や信条に繋がり得ることを背景としています。近年は、テレビの視聴履歴について、「放送受信者等の個人情報保護に関するガイドライン（平成29年総務省告示159号、以下「放送分野GL」という）」が、「受信者情報取扱事業者は、視聴履歴を取り扱うに当たっては、要配慮個人情報を推知し、又は第三者に推知させることのないよう注意しなければならない」としています（34条）。この趣旨は、「受信者情報取扱事業者が放送受信者等の日常の視聴履歴を蓄積することにより取得する個人情報は、多様かつ膨大になり得るものであり、その分析により、放送受信者等の趣味・嗜好等について、高い確度で推知することが可能となると考えられる。このように推知した趣味・嗜好等に基づき、放送受信者等に利便性の高いサービス

の提供が可能となる一方、分析の方法によっては、趣味・嗜好等にとどまらず、放送受信者等の信条等の要配慮個人情報まで、推知することが可能となるおそれが指摘されているところである」「法においては、一般に要配慮個人情報を推知させる情報に過ぎないものは、要配慮個人情報に当たらないと解されているところであるが、放送受信者等の同意の範囲を超え、膨大なデータに基づく分析により、要配慮個人情報を推知する行為は、『真実らしく受け取られる情報』の取得としてプライバシー権を侵害する可能性や、ひいては、要配慮個人情報の取得につながるおそれも否定できないと考えられる」と解説されています[3]。これらの考え方によれば、購買履歴についても、差別に繋がり得るような情報を推知したり、それを元に個人に影響を与えたりするような取扱いについては規律が設けられるべきだと思われますが、この点、「金融分野における個人情報保護に関するガイドライン」（平成29年個人情報保護委員会・金融庁告示第1号、以下「金融分野GL」という）は、既に、「金融分野における個人情報取扱事業者は、法第2条第3項に定める要配慮個人情報並びに労働組合への加盟、門地、本籍地、保健医療及び性生活（これらのうち要配慮個人情報に該当するものを除く。）に関する情報（本人、国の機関、地方公共団体、法第76条第1項各号若しくは施行規則第6条各号に掲げる者により公開されているもの、又は、本人を目視し、若しくは撮影することにより取得するその外形上明らかなものを除く。以下「機微（センシティブ）情報」という。）については、次に掲げる場合を除くほか、取得、利用又は第三者提供を行わないこととする」としています。個人情報保護法上、要配慮個人情報を生成することは（本人の同意を要する）「取得」に該当するかという解釈問題が存在し、放送分野GL34条はこの論点を意識したものですが[4]、金融分野GLではさらに進んで「利用」が禁じられていますので、少なくとも金融分野に属する決済事業者は、金融分野GL上の機微情報を推知・生成することも禁じられます。前述のPayPay株式会社のプライバシーポリシーは、「6．機微情報の取り扱い」において、原則「機微情報を取得、利用または第三者提供を行いません」として、このような利用をしないとしています。適切な取扱いであるといえましょう。

　また、購買履歴が位置情報としての性質を有することも把握しておくべきでしょう。この点については、日本法の規律ではあまり意識されていないようですが、子どもに人気の絵本、「おしりたんてい」[5]でも扱われている題材です。スパイスを失くしたという依頼者の足取りを辿るため、おしりたんていはレシートに注目し、立ち寄った店を地図上でプロットすれば、そのルート上で失くしたはずであるという推理を行います。このようなことが可能なのは、個別の購買履歴であるレシートは、「どこで購入したか」という情報を含み、位置情報としての性質も有しているからです。

　このような、購買履歴の位置情報としての性質を踏まえて立法している例として、韓国感染症法が挙げられます。新型コロナウイルス（COVID-19）感染症等の感染症の対策として行われる積極的疫学調査において、韓国の衛生当局は、交通カードの使用明細や、監視カメラの映像情報の他に、クレジットカードの購買履歴等を取得できることになっています（韓国感染症法76条の2第1項4号、韓国感染症法施行令32条の2第1号）[6]。これによって、感染者等の足取りを把握するわけで、発想はおしりたんていと同様です。

　我が国では、位置情報についての個人情報保護法上の特別な規律は存在せず、総務省の「電気通信事業における個人情報保護に関するガイドライン（平成29年総務省告示第152号）」35条や「位置情報プライバシーレポート」[7]で告示上の取扱いが定められていますが、電気通信事業者を対象としているため、位置情報としては「①基地局に係る位置情報、②GPS位置情報、③Wi-Fi位置情報」が扱われているにとどまります。購買履歴の位置情報としての性質を踏まえた議論が進められるべきでしょう。PayPay株式会社のプライバシーポリシーでも、この点は特に意識されていないようです。

イ　消費者契約法等との関係

　購買履歴の取扱いに関し、個人データに該当する場合の第三者提供については、個人情報保護法上、本人の同意が必要になります。PayPay株式会社のプライバシーポリシーにおいては、（1）いわゆるID連携の場合及び（2）「わりかん」、送金等の機能による他のユーザーへの提供の場合についてはこ

れらの機能を用いる際に本人の同意を取得できますし、（3）紛争解決等、（4）不正利用対策及び（5）合併等の事業承継についてはそもそも例外事由で個人データの第三者提供が可能な場面です。そうすると、PayPay株式会社の例では、プライバシーポリシーへの同意による第三者提供を観念しなくてもよく、特段の問題は生じませんが、利用規約やプライバシーポリシーに第三者提供の条項を含め、これに同意することで個人データを第三者提供しようという試みはしばしば行われます[8]。このような契約について、私法関係と公法関係の整理は必要なものの、消費者契約法10条や、民法の定型約款に関する規定が問題となり得ることは争いがないでしょう。利用規約を一方的に変更して購買履歴の第三者提供に関する条項を含めようとすれば定型約款の問題になり、明らかに消費者たる本人に不利な条項により購買履歴を第三者提供しようとすれば、消費者契約法10条に違反して無効であるということも生じ得ると考えられます。

［3］決済事業者の新規事業と個人情報の取扱い

　以上、決済事業者における購買履歴の取扱いについて考察してきたわけですが、以下では、消費者が気になる点について簡単に解説しましょう。まず、決済事業者が新規の事業を立ち上げる場合に、購買履歴を含めた従前の個人情報を用いることはできるのでしょうか。これは、取りも直さず利用目的の範囲内か、という問題になりますので、従前の事業のためだけに用いられるべきであると解釈される利用目的のもとで収集された個人情報については流用することはできませんが、利用目的は事業単位で定めなければならないと決まっているわけではないので、利用目的の定め方によっては、新規事業において、従前の個人情報を用いることは可能となります。PayPay株式会社のプライバシーポリシーも、「（1）電子マネーサービス（前払式支払手段発行業、資金移動業）、銀行代理業、電気通信事業、その他当社が運営するすべてのサービス（以下「本サービス」という）をご提供するため」としており、従前保有していた個人情報を新規事業に使えないとはされないでしょう。

［4］決済事業者のサービス譲渡と個人情報の取扱い

　サービスが譲渡された場合はどうでしょうか。個人情報保護法23条5項2号が「合併その他の事由による事業の承継に伴って個人データが提供される場合」には、本人の同意なく、購買履歴を含む個人データの第三者提供が可能であるとされていますので、会社法上の事業譲渡等によりサービスが譲渡された場合、個人データも一体として第三者提供されることがあり得ます。この場合、同法16条2項が「個人情報取扱事業者は、合併その他の事由により他の個人情報取扱事業者から事業を承継することに伴って個人情報を取得した場合は、あらかじめ本人の同意を得ないで、承継前における当該個人情報の利用目的の達成に必要な範囲を超えて、当該個人情報を取り扱ってはならない」としていますので、従前の利用目的は継承することになります。「『PayPay』と『LINE Pay』は、2022年4月にLINE Payの国内QR・バーコード決済をPayPayに統合する協議」がされていると報道されていますが[9]、これに伴ってLINE Payの購買履歴を含む個人データがPayPay株式会社に移転するとしても、その原因が合併その他の事由による事業の承継である場合には、本人の同意は不要であり、LINE PayとPayPayの利用目的が重なり合う範囲では、両者が名寄せされて一体の個人データとして取り扱われることはあり得るといえましょう[10]。

［5］キャッシュレス事業とターゲティング広告

　キャッシュレス事業の中で、又はキャッシュレス事業により取得された個人情報により、ターゲティング広告が行われることがあり得ますが、金融分野では機微情報の利用自体に制限があることから、ターゲティング広告のためのいわゆるラベルに、機微情報を用いることは原則できないということになるでしょう。その他、いわゆるCookieの取扱い等を含め[11]、ターゲティング広告をめぐる論点は無数にあり、なかでも利用者情報の取扱いについては、デジタル市場競争会議「デジタル広告市場の競争評価 最終報告」（2021年4月27日）を受けて、総務省「プラットフォームサービスに関する研究会プラットフォームサービスに係る利用者情報の取扱いに関するワーキング

グループ」での議論がなされています（2021年7月17日から「プラットフォームサービスに関する研究会　中間とりまとめ（案）」がパブリックコメントに付されています）。

（注1）　https://about.paypay.ne.jp/docs/terms/privacy/（2021年7月16日最終閲覧）。
（注2）　詳細は、板倉陽一郎「個人情報保護の観点からみたキャッシュレス決済」千葉惠美子編『キャッシュレス決済と法規整―横断的・包括的な電子決済法制の制定に向けて』民事法研究会（2019年）65-85頁参照。
（注3）　総務省「放送受信者等の個人情報保護に関するガイドライン（平成29年4月27日総務省告示第159号）の解説」（2021年1月）7-1。
（注4）　石井夏生利ほか編著『個人情報保護法コンメンタール』勁草書房（2021年）〔森亮二〕200頁は、「視聴履歴から、要配慮個人情報を推知する行為が『取得』に当たり得ることを正面から認めている」と評価しているが、要配慮個人情報を推知・生成することは取得にあたらないからこそ設けられた規定であるとの評価も可能でしょう。
（注5）　トロル「おしりたんていカレーなるじけん」ポプラ社（2019年）14頁。
（注6）　板倉陽一郎「キャッシュレス決済と個人情報保護〜COVID-19（新型コロナウイルス感染症）対策としての積極的疫学調査との関係についての考察〜」法とコンピュータ38号（2020年）57頁参照。
（注7）　総務省「緊急時等における位置情報の取扱いに関する検討会　報告書　位置情報プライバシーレポート〜位置情報に関するプライバシーの適切な保護と社会的利活用の両立に向けて〜」（2014年7月）6頁。
（注8）　板倉陽一郎「プライバシーに関する契約についての考察（1）」情報法制研究1号（2017年）28頁。
（注9）　小島昇「ZホールディングスとLINEの経営統合が完了、『LINE Pay』は『PayPay』に22年4月統合へ」impress BUSINESSMEDIA Web担当者Forum（2021年3月2日）（https://webtan.impress.co.jp/n/2021/03/02/39273）
（注10）　ただし実際はスマートフォン上のアプリも別であるため、統合するためのユーザーの何らかの動作が必要となると思われ、その際に個人データの取扱いについての同意も取得されるのではないかと予想されます。
（注11）　板倉陽一郎「クッキー（Cookie）についての法的規制と事実上の規制」JAAA REPORTS 6月号（2021年）2頁。

〔板倉陽一郎〕

（4）不正利用の補償

キャッシュレス決済の不正利用の場合には、不正利用について一定の補償がなされるようになっていますが、利用者、加盟店、決済事業者の被る損失はどのように補償がされるのでしょうか。

カード盗難保険、チャージバック、保険、ガイドライン、預金者保護法

［1］ はじめに

　キャッシュレス決済は、一般的に不正利用がなされるリスクをはらんでおり、不正利用がなされた場合には、利用者はもちろんのこと、加盟店、決済事業者にも損害が生じる可能性があります。このような損害が、どのようにてん補されるのかということについては、まず、各キャッシュレス決済手段に係る利用者規約や加盟店規約を確認する必要があります。この点、不正利用においては、前払い、即時払い、後払いに係る各法律構成の違いは、結論に影響を及ぼさないため、この場合、どのような補填がされるかは、個々の規約の内容によっています。

　以下では、クレジットカードから説明を始め、その後、前払い、即時払いの順に説明を行います。

［2］ クレジットカードの場合
ア　利用者が被る損害

　クレジットカードは加盟店に提示等するだけで容易に利用できるほか、インターネットを利用した決済では、クレジットカードに記載された情報（カード番号、セキュリティコード、名義人など）を入力するだけで足りるため、容易に紛失又は盗難による不正利用がなされる可能性あります。

　クレジットカードの会員規約上は、紛失又は盗難による不正利用がなされ

た場合であっても、原則として利用者が責任を負うことと定められています
が、利用者が速やかに紛失・盗難の事実を所轄の警察署に届け出るとともに、
カード会社（決済事業者）に所定の紛失・盗難届を提出した場合は、カード
会社が届出を受理した日から一定期間以前に発生したものについて、利用者
に対して支払を免除すると規定していることが多く、限定的ではあるものの
利用者の免責についても認めています。この点、決済事業者が届出を受理し
た日から一定期間以前に発生したものについて、利用者の責任を免除してい
るのは、利用者として、カードの紛失又は盗難があったとしても、なかなか
かかる事実に気付かないこともあるためです。

　また、クレジットカードの会員規約には、カード盗難保険と関連付けて会
員の責任免除について定めている場合もあり、不正利用によって利用者が被
った損害のうち、カード盗難保険によっててん補されない部分を決済事業者
がてん補するとされています。

イ　加盟店が被る損害

　クレジットカード会員がクレジットカード不正利用を理由として利用代金
の決済に同意しない場合に、決済事業者が加盟店に対して支払を拒み又は支
払済みの金員の返還を請求することがあり、これを「チャージバック」とい
います。チャージバックが発生した場合、加盟店は代金相当額の損害を被る
こととなります。

　このようなチャージバックによる損害を補償するものとして、保険会社に
おいて、チャージバック補償保険が用意されています。具体的には、三井住
友海上火災保険株式会社を保険者、GMOペイメントゲートウェイ株式会社
を保険契約者、同社が提供する決済サービスを導入する加盟店を被保険者と
する「チャージバック補償団体保険（クレジットカード盗難保険）」[1] や、
クレジットカードではなく、後払式電子マネーに係るものですが、楽天ペイ
を導入している加盟店が加入できる「楽天ペイチャージバック補償団体保険
制度」[2] などがあります。

ウ　決済事業者が被る損害

　クレジットカードの不正利用により利用者が被った損害を決済事業者が補填した場合には、決済事業者が自ら損害を被ることとなります。この場合、決済事業者として、法律上当然に損害のてん補を受けることはできませんが、決済事業者が自ら被保険者としてカード盗難保険に加入している場合には、保険会社から損害の一部又は全部のてん補を受けることができます。

［3］前払い（プリペイド）の場合
ア　利用者が被る損害

　前払いの場合には、通常、チャージ限度額や利用限度額が比較的低額に抑えられていることから、不正利用がなされた場合であっても、それほどの損害は生じません。とはいえ、利用者が損害を被ることは否定できないところであり、たとえば、スマートICOCAの場合には、使用・保管・管理に際して善良なる管理者の注意を怠り、不正に利用された場合には、利用者が一切の責任を負うものとされています。

　ただし、たとえば、スマートICOCAやnanacoについて、盗難又は紛失があった場合には、カードの利用停止に係る手続を行ったうえで、かかる手続が完了した時点における残高を再発行後のカードに引き継ぐことが可能です。また、Suicaを設定したiPhoneが盗難に遭い、又は紛失した場合についても、利用停止手続を行い、再発行されたSuicaを代替端末に再設定し、利用停止時点の残高を引き継ぐことが可能とされています。これらは、利用者が被る損害をてん補するものではありませんが、さらなる損害の発生を防ぐために有用な手段といえます。

　また、スマホ決済サービスの場合には、LINE CashやPayPayのように、決済事業者が利用者に生じた損害を補償する制度を定めている場合もあります。

イ　加盟店が被る損害

　たとえば、PayPayでは、決済において悪意のある者による不正取引が行

われた場合でも、原則として加盟店に取引金額の全額を入金することとされており、不正利用により利用者が被った損害については、PayPayが負担し、加盟店に負担を求めることはないとされています。

　また、Suica端末に受け取った電子的情報が、偽造又は変造されたものであることが判明した場合には、加盟店はその旨を決済事業者に対して連絡し、決済事業者の指示に従った取扱いを行うこととされているところ、加盟店においてかかる義務を遵守した場合には、決済事業者が確認することができる額を限度として、原則として、偽造又は変造された電子的情報について金銭による補償を行うこととされています。

ウ　決済事業者が被る損害

　上記イのとおり、たとえば、PayPayでは、不正利用により利用者が損害を被った場合には、原則として、決済事業者が最終的に損害を負担することとなります。また、Suicaに関しても、決済事業者が加盟店に補償した場合には、決済事業者が最終的に損害を負担することとなります。

　このように、不正利用による損害は決済事業者の負担となる可能性がありますが、2019年9月には、三井住友海上火災保険株式会社とあいおいニッセイ同和損害保険株式会社が、スマホ決済を取り巻くリスクを包括的に補償する保険として、「スマホ決済事業者総合補償プラン」を開発し、販売を開始しています[3]。商品設計は、スマホ決済の仕組み、補償する条件、保険金額等に応じて個別に行うこととされていますが、利用規約により利用者に被害額の補償を規定している場合には、その補償に係るコストを保険で支払うこととされています。このように、決済事業者が最終的に負担する損害についても、保険によりてん補される可能性があります。

［4］即時払い（リアルタイムペイメント）の場合
ア　利用者が被る損害

　即時払いの場合には、利用者の銀行口座と紐付いているため、不正利用があった場合には、利用者の銀行口座の残高全額が危険にさらされることとな

ります。

　偽造又は盗難キャッシュカードを用いた現金引出しによる被害について
は、「偽造カード等及び盗難カード等を用いて行われる不正な機械式預貯金
払戻し等からの預貯金者の保護等に関する法律」によって保護が図られてい
ますが、デビットカードや資金移動業又は電子決済等代行業に該当するキャ
ッシュレス決済に係る不正利用については、同法による保護の対象外とされ
ています。そのため、不正利用の場合に利用者が被る損害について、法律上
当然にてん補されるわけではありません。

　もっとも、たとえば、SMBCデビットの場合には、第三者による不正利用
が発生した場合において、決済事業者に連絡した日から60日前までの損害
について、60万円を限度として補償することとされています。また、&Pay
の場合には、決済事業者に対して、30万円を限度としててん補対象額の請
求を申し出ることができるとされています。

　これに対して、銀行Payに関しては、不正利用時における補償の有無等に
ついては、別途登録銀行が定める銀行Pay取引規定の定めに従うこととされ
ています。たとえば、株式会社三井住友銀行が定める銀行Pay取引規定によ
れば、利用依頼が不正なものであったとしても、利用者本人により適用かつ
有効に行われたものと取り扱うこととされており、同行の責めに帰すべき事
由がある場合を除き、不正利用に起因して利用者に生じた損害については、
一切責任を負わないとされています。

　もっとも、決済事業者による補償限度額を超える場合や、そもそも会員規
約上、補償に関して定めがない場合であっても、保険によりてん補される可
能性があります。たとえば、保険者を東京海上日動火災保険株式会社、保険
契約者を株式会社NTTドコモ、被保険者を「ネットトラブルあんしんサポー
ト」の加入者とする「不正決済補償特約条項付カード盗難保険」では、デビ
ットカードやQRコード決済サービスの不正利用により利用者が被った損害
につき、最大100万円限度として補償することとされています（ただし、具
体的な補償の可否については、保険者に確認することが必要です）。

イ　加盟店が被る損害

　デビットカードやその他の即時払いに係るキャッシュレス決済において
も、チャージバックが発生し、加盟店としては、代金相当額の損害を被る可
能性があります。加盟店がチャージバックによる損害を補填する保険に加入
している場合において、当該保険が即時払いにおけるチャージバックも対象
としている場合には、加盟店は、当該保険により損害をてん補できる可能性
があります。

ウ　決済事業者が被る損害

　上記アのとおり、利用者が被った損害を決済事業者がてん補した場合には、
原則として、決済事業者が最終的に損害を負担することとなります。

　上記［3］ウのとおり、スマホ決済に関しては、「スマホ決済事業者総合
保険プラン」といった決済事業者用の保険商品が販売されており、これによ
って即時払いの場合も、不正利用により決済事業者が被る損害については、
保険によりてん補される可能性があります。

［5］事業者団体の取組み

　ところで、キャッシュレス決済に関しては、「国内外の関連諸団体、関係
省庁等と相互連携を図り、キャッシュレスに関する諸々の活動を通じて、早
期のキャッシュレス社会を実現することを目的」として設立された一般社団
法人キャッシュレス推進協議会や、「資金決済法に基づき、資金決済業の適
切な実施を確保し、ならびにこれらの健全な発展および利用者の保護に資す
ることを目的」とする一般社団法人日本資金決済業協会といった事業者団体
が存在しています。

　キャッシュレス決済の不正利用に関しては、事業者団体においても議論さ
れており、まず、一般社団法人キャッシュレス推進協議会では、「コード決
済における不正流出したクレジットカード番号等の不正利用防止対策に関す
るガイドライン」（2019年4月16日制定）が策定・公表されています。同ガ
イドラインは、コード決済サービスに関して想定される不正について幅広く

洗い出し、クレジットカード番号等の不正利用を中心に検討されています。また、その中で、コード決済事業者及びクレジットカード事業者が、コード決済に係るクレジットカード番号等の不正利用を防止するために参照すべき水準が定められています。

次に、一般社団法人日本資金決済業協会では、悪意のある第三者が不正に入手した預金者の口座情報等をもとに当該預金者の名義で資金移動サービスに資金をチャージして利用者や出金を被害が生じたことを受けて、「銀行口座との連携における不正防止に関するガイドライン」が策定・公表されています（資金移動者向けのものについて2020年12月3日制定、前払式支払手段発行者向けのものについて2021年1月28日制定）。同ガイドラインによれば、不正が判明した事案において、被害者から決済事業者に対して補償の求めがあった場合、原則として、決済事業者は、当該被害者が預金口座を有する提携銀行と連携し、補償の方針に従って、速やかに被害金額の補償を実施する必要があるとされています。

また、一般社団法人日本資金決済業協会は、前払式支払手段や資金移動サービスのID、パスワード等の情報を不正に入手した第三者が権限なく利用者の意思に反して前払式支払手段や資金移動サービスを利用するような被害も複数生じていたことを受けて、それぞれ「資金移動サービスの不正利用防止に関するガイドライン」（2021年4月2日制定）、「前払式支払手段の不正利用防止に関するガイドライン」（2021年6月25日制定）を策定・公表しています。各ガイドラインでは、同じく不正が判明した事案において、被害者から決済事業者に対して補償の求めがあった場合、決済事業者は、当該キャッシュレス決済手段の内容に応じて策定した補償方針に従って、速やかに被害金額の補償を実施する必要があるとされています。

このように、キャッシュレス決済に関する事業者団体は、キャッシュレス決済が不正に利用された場合の補償のあり方についてガイドラインを策定しているところ、決済事業者として、ガイドラインに基づき、不正利用時の補償を実施することが考えられます。

（注1）　https://www.gmo-pg.com/service/mulpay/security/charge-back/
（注2）　https://hoken.rakuten.co.jp/merchant_support/cb/
（注3）　https://www.aioinissaydowa.co.jp/corporate/about/news/pdf/2019/news_2019090200610.pdf

〔堀野桂子＝太田慎也〕

（5）強制執行の問題

決済事業者が、加盟店や利用者に対して強制執行をするのはどのような場合があるでしょうか。また、決済事業者の前払金や預託金等に対する強制執行が行われる場合、どのように対応すればよいでしょうか。

KeyWord 強制執行、発行保証金

［1］決済事業者が強制執行をする場合
ア　加盟店に対して行う場合

　決済事業者が加盟店に対して強制執行に及ぶ場合としては、加盟店が決済事業者に対して、キャッシュレス決済に係る手数料の支払を怠る場合が考えられます。もっとも、決済事業者は、逆に加盟店に対して金員を支払う立場にあり、加盟店規約上は、当該金員を加盟店に対して支払うにあたり、手数料を控除することとされていることが一般的です。そのため、事実上、決済事業者が加盟店から手数料を回収できない場合は考え難く、決済事業者が加盟店に対して強制執行に及ぶ場合はあまり想定されません。

　その他、決済事業者が加盟店に対して強制執行に及ぶ場合としては、たとえば、加盟店が加盟店規約において定められた、利用者の差別的取扱いを禁止する条項に違反している場合に、その是正を求めて提訴し、勝訴判決を元にかかる条項の履行を強制する場合が想定されます。もっとも、加盟店が加盟店規約に違反している場合には、決済事業者として加盟店契約を解除することが可能であり、一般的には強制執行までには至らず、加盟店契約の解除という形で処理されることになるものと考えられます。

イ　消費者に対して行う場合

(ア) 前払いの場合

　前払いの場合には、文字どおり、利用者として既に前払いを行っていることから、その金額を超えて利用者が不法行為などで決済事業者に対して債務を負担するような例外的な場合を除き、決済事業者が利用者に対して強制執行に及ぶ場合は想定されません。

(イ) 即時払いの場合

　デビットカードによる決済の場合には、加盟店は利用者に対する代金債権を加盟店の取引銀行に譲渡し、加盟店の取引銀行は、その債権の弁済の受領を発行銀行に委託することとなります。発行銀行は利用者の預金から代金額を引き落とすこととなりますが、利用者の預金残高が代金額に満たない場合には、利用者において不足分を支払う必要があります。この場合、理論的には、決済事業者たる発行銀行において、利用者に対して強制執行を行うことが可能です。

　また、資金移動業に該当する&Payの場合には、仮に通信環境、参加金融機関の処理その他の事由により利用者の口座から引落しができなかった場合には、決済事業者たる&Payは、利用者に対して不足額の支払を求めることができるとされています。&Payとして利用者の口座からの引落しにより不足分を賄うことができない場合には、利用者に対して強制執行に及ぶことも理論的には考えられます。

　電子決済等代行業に該当する銀行Payでは、決済事業者は、自ら資金を受け入れることはせず、引落し指図の伝達のみを行うことから、決済事業者が利用者に対して強制執行に及び回収を図るような債権の存在は考え難いところです。

(ウ) 後払いの場合

　後払いの場合には、利用者は、加盟店との間での決済が完了した後、決済事業者に対して利用額を支払う必要があり、決済事業者に対する弁済が滞ることが当然起こり得ます。後払いのキャッシュレス決済における多くの利用規約によれば、利用者が決済事業者に対する弁済を怠った場合、決

済事業者は一定期間の催告を行い、当該期間内に弁済がない場合には、利用者は、決済事業者に対して負担する債務全額につき直ちに期限の利益を喪失するとされています。そして、決済事業者は、利用者に対して債務全額の弁済を求めて訴訟を提起し、勝訴判決を債務名義として、利用者に対して強制執行に及ぶことが考えられます。もっとも、決済事業者としては、利用者の資産状況等を考慮して、現実に強制執行に及ぶか否かについて検討することになります。

［2］発行保証金
ア　発行保証金の供託等

特に前払いのキャッシュレス決済の場合には、決済事業者は、利用者から発行済の電子マネー等に対応する金員の前払いを受けているため、決済事業者の固有の債権者から、当該金員が入金されている口座を差し押さえられる可能性があります。この場合、利用者が加盟店で電子マネー等での決済を行ったとしても、決済事業者から加盟店に対して、代金相当額の支払がなされない可能性があり、加盟店が損害を被るリスクがあるほか、当該電子マネー等の使用ができなくなる場合には、利用者がチャージ分の電子マネー等に相当する損害を被ることとなります。

このように、前払いのキャッシュレス決済の場合には、決済事業者として、加盟店や利用者に損害を及ぼす可能性がありますが、前払いのキャッシュレス決済のうち、①金額・数量の財産的価値が証票等に記載・記録されること、②金額・数量に応ずる対価を得て発行される証票等、番号、記号その他のものであること、③代金の弁済等に使用されること、という各要件を満たす場合（たとえば、電子マネーなど）には、資金決済法上の「前払式支払手段」に該当し（資金決済法3条1項）、資金決済法の適用を受けることとなります。そして、前払式支払手段発行者（同法2条1項）は、原則として、基準日未使用残高（基準日において発行されたが、利用者が物品や役務の購入等に利用していない前払式証票の未使用残高の合計額）が基準額である1,000万円を超えるときは、当該基準日未使用残高の2分の1以上の額に相当する額の

発行保証金を、2か月以内に、供託（同法14条1項）、保全契約に基づく保全（同法15条）又は信託（同法16条）しなければならないとされています。

　これによって、少なくとも、基準日未使用残高の2分の1の財産については、供託、保全契約に基づく保全又は信託により、決済事業者の固有財産を離れることとなるため、決済事業者の固有の債権者からの差押えを免れることができます。このように、利用者及び加盟店が損害を被るリスクは一部ヘッジされているといえます。

イ　権利実行

　他方、前払式支払手段の保有者は、前払式支払手段に係る債権に関して、当該前払式支払手段に係る発行保証金について、他の債権者に先立って弁済を受ける権利を有するとされています（資金決済法31条1項）。利用者において権利の実行を申し立てた場合、又は前払式支払手段発行者について破産手続開始の申立て等が行われた場合において、前払式支払手段の保有者の利益を保護するために必要があると認めるときは、内閣総理大臣は、優先弁済権を有する利用者に対して、60日を下らない一定の期間内に内閣総理大臣に債権の申出をすべきこと及びその期間内に債権の申出をしないときは当該公示に係る発行保証金についての権利の実行の手続から除斥されることを公示しなければならないとされています（同法31条2項）。

　かかる期間が経過した後、金融庁長官は、遅滞なく債権の調査を行うこととされており（資金決済法31条6項、資金決済法施行令11条4項前段）、かかる調査の結果に基づき、上記期間の末日までに供託された発行保証金について、遅滞なく、配当表を作成し、これを公示し、かつ、当該前払式支払手段発行者に通知しなければならず（同法31条6項、同法施行令11条5項）、配当表を公示した日から110日を経過した後、配当表に従って配当を実施するものとされています（同法31条6項、同法施行令11条6項）。

　このように、前払式支払手段の保有者は、発行保証金から優先的に弁済を受けることができ、この弁済は上述したような権利実行に係る手続によることとされています。

　他方、決済事業者である前払式支払手段発行者は、前払保有者が申し立て
た権利実行の手続が行われている間は、発行保証金を取り戻すことができな
いとされているので（資金決済法施行令9条3項）、留意が必要です。

〔堀野桂子＝太田慎也〕

第3章

キャッシュレス社会の法的課題

1 | 個人情報とキャッシュレス社会

キャッシュレス決済を組み込んだスーパーアプリが登場し、利用者のさまざまなデータが収集されるようになりました。個人情報保護との関係はどのようになるでしょうか。

KeyWord　スーパーアプリ、個人情報保護法、業法、利用規約、プライバシーポリシー

[1] スーパーアプリと個人情報保護

　結論からいえば、いわゆるスーパーアプリと個人情報保護の関係は、①問題となる利用者のデータを保有する主体と、②行う事業によって決定されるものであって、スーパーアプリであるからということから個人情報の保護に関する規律が導かれるものではありません。すべて、分解して考える必要があるということになります。

[2] 利用者のデータを保有する主体

　スーパーアプリとは、「多種多様なアプリ群（メッセージング、SNS、決済、送金、タクシー配車、飛行機・ホテル予約、電子商取引など）を一貫したユーザ体験のもとで統合された一つのアプリ」とされています[1]。情報通信白書も通商白書も例に挙げるインドネシアのGojekなどは、通商白書の記述を引くと、「創業者は1984年にシンガポールのインドネシア人家庭に生まれたナディム・マカリム氏。創業のきっかけは、インドネシアのバイクタクシーをテクノロジーで効率化できないかという問題意識であった。一つの特定市場に絞り込むと値下げ競争を回避できないという考えから、一つのプラットフォームに多くのサービスを盛り込み利益を上げるビジネスモデルを採用した」「生活のあらゆる場面で使える『スーパーアプリ』の恩恵を受けたのは

ユーザーのみならず、ドライバーである。貧困状況にあったバイクタクシーの運転手がGojekの運転手になることで収入の増加、生活の安定につながった。また、『スーパーアプリ』のビッグデータが、ドライバーの銀行口座開設や零細業者への低利融資といったフィナンシャル・インクルーシブ・グロースの実現につながっている」と紹介されています[2]。ここでは、「一つのアプリ」であることがポイントのようです。たとえば、日本における代表的なデジタルプラットフォーム提供者の1つである楽天[3]は、2021年4月26日現在、電子商取引アプリとして楽天市場を、ホテル等予約アプリとして楽天トラベルを、キャッシュレス決済アプリとして楽天ペイをそれぞれリリースしており、同じ楽天IDで用いることができますが、「一つのアプリ」ではありません。他方、Zホールディングスグループ（Zホールディングス株式会社を持株会社として、ヤフー株式会社等）[4]は、楽天同様、ニュース等アプリとしてのYahoo!、漫画閲覧アプリのebookjapan、キャッシュレス決済アプリのPayPay等、いまだ複数のアプリを運営している状況ですが、PayPayをスーパーアプリとして、統合していく構想を有しています[5]。

　それでは、スーパーアプリの利用に際して、利用者のデータを保有する主体は誰でしょうか。一般的には、スーパーアプリの運営主体ということになりますが、ここでは、2つの点で注意が必要です。

　まず、スーパーアプリにおけるサービスは、単独の法人によって運営されているとは限りません。業務効率化のため、企業買収の結果など、さまざまな理由で、複数の法人によって運営されていることはまれではありません。たとえば、Yahoo!の運営主体はヤフー株式会社ですが、PayPayの運営主体はPayPay株式会社です。同じZホールディングスグループの企業ですが、法人格が異なるということは、個人情報等の利用者のデータについて、全く自由に共有できるわけではありません。このように、スーパーアプリにおける複数のサービスは、複数の法人によって提供されていることがあり、単独の運営主体が利用者のデータを保有しているとは限りません。利用者からすれば、利用規約やプライバシーポリシーを丁寧に検討する必要がありますし、事業者は、複数の法人でデータを共有しようとするのであれば、それに対応

してスキームを構築し、適切な説明とともに利用規約やプライバシーポリシーを記載する必要があります。一般的に、複雑なスキームであったり、多くの法人が関係したりすればするほど、求められる説明の程度は高くなり、同意が求められる場面では同意のハードルが上がります。たとえば、外国にある第三者への提供を伴う場合は、当該提供が委託に伴う提供であっても、本人の同意等が必要ですが、LINE株式会社のメッセージングアプリであるLINEについて、外国（韓国）の事業者への業務委託に係る個人情報の取扱状況の適法性等について疑義が生じた事案では、個人情報保護委員会は、2021年3月26日に、「法第22条及び第24条の遵守状況について」、「法第22条（委託先の監督）及び第24条（外国にある第三者への提供制限）の遵守状況について、いずれも、期日までに提出された資料のみでは十分な検証ができなかった。このため、LINE社に対し、必要な資料を随時求めながら精査を継続」するとし[6]、2021年4月23日、「法第24条の外国にある第三者への提供の制限」については、「『基準適合体制』については、一部改善を要する事項はあるものの、基準適合体制を整備するための措置がおおむね講じられていた」「『本人の同意』については、プライバシーポリシーにおいて、利用者の個人情報の利用目的（サービスの提供・改善、コンテンツの開発・改善、不正利用防止等）及び業務委託先の外国の第三者へ提供することが明記されており、利用者にとって外国にある第三者に提供する場面を特定できなかったとは言い難い」としたものの[7]、歯切れが悪い印象は否めません。外国にある第三者への提供についての同意を取得するための適切な説明については、十分な準備が必要でしょう。

次に、スーパーアプリのサービスによっては、スーパーアプリの運営主体が利用者のデータを保有せず、スーパーアプリの運営主体はデータの取扱いの委託先等として関与するにすぎないという場合があります。たとえば、LINE株式会社は、メッセージングアプリであるLINEを用いて、新型コロナウイルス（COVID-19）感染症対策として、地方自治体（県）向けに「新型コロナ対策パーソナルサポート（行政）」というサービスを提供しています。ユーザーは、アンケート形式でCOVID-19についての状態を入力することで、

県からの、状態に合わせた情報を伝えるというものであり、利用者のデータは地方自治体が保有します。実際に、たとえば、「神奈川県LINE公式アカウント『新型コロナ対策パーソナルサポート（行政）』個人情報保護方針（個人情報の取扱）」では、「神奈川県は以下の情報を取得することがあります」（2条）として、保有主体は神奈川県であるとされ、（個人情報保護法（平成15年法律57号）ではなく）神奈川県個人情報保護条例が適用されることが前提となっています（前文、1条等）[8]。我が国の個人情報保護法制は、データの保有主体別の極端な縦割り構造（いわゆる個人情報保護法2000個問題）となっており、その問題意識については、端的に、「現在、我が国の個人情報保護に関する法律は、個人情報の保護に関する法律（平成15年法律第57号。以下『個人情報保護法』又は『個情法』という）、行政機関の保有する個人情報の保護に関する法律（平成15年法律第58号。以下『行政機関個人情報保護法』又は『行個法』という）、独立行政法人等の保有する個人情報の保護に関する法律（平成15年法律第59号。以下『独立行政法人等個人情報保護法』又は『独個法』という）の3法に分かれており、各法の所管も、個人情報保護委員会（個人情報保護法を所管）と総務大臣（行政機関個人情報保護法及び独立行政法人等個人情報保護法を所管）とに分かれている。また、地方公共団体等における個人情報の取扱いについては、一部の例外を除き、各地方公共団体が制定した個人情報保護条例により規律されている」「近年、情報化の進展や個人情報の有用性の高まりを背景として、官民や地域の枠を超えたデータ利活用が活発化しており、現行法制の縦割りに起因する規制の不均衡や不整合（法の所管が分かれていることに起因する解釈上の不均衡や不整合を含む）がデータ利活用の支障となる事例が各所で顕在化しつつある。このため、公的部門と民間部門における規律の性格の違いに関する経緯・理由や、我が国の個人情報保護制度の確立に果たしてきた地方公共団体の先導的な役割に留意しつつも、このような不均衡や不整合を可能な限り是正することが求められている」と整理されています[9]。2000個問題はデジタル庁の設置等に伴う関係法令の整備を行う、デジタル社会の形成を図るための関係法律の整備に関する法律（令和3年法律37号）50条及び51条により解消が

目指され、「個人情報保護法、行政機関個人情報保護法、独立行政法人等個人情報保護法の3本の法律を1本の法律に統合するとともに、地方公共団体の個人情報保護制度についても統合後の法律において全国的な共通ルールを規定し、全体の所管を個人情報保護委員会に一元化」されます[10]。2021年改正により、地方自治体ごとに全く別々の条例で規律されるという状況は解消されます（原則として国の公的機関の規律（2021年改正後の個人情報保護法第5章）に統一されます）が、「医療分野・学術分野の規制を統一するため、国公立の病院、大学等には原則として民間の病院、大学等と同等の規律を適用」すること[11]と相まって、データの保有主体ごとにどの規律が適用されるのかを確認しなければならないという状況は残存します。スーパーアプリとの関係でも、スーパーアプリの運営主体自身がデータを保有する場合は（複数法人にまたがる場合にはそれぞれ）民間事業者の規律（2021年改正後の個人情報保護法第4章）が適用されるでしょうが、行政機関や地方自治体等がスーパーアプリを通じてデータを保有する場合は、公的機関の規律（2021年改正後の個人情報保護法第5章、なお、病院、大学については原則第4章）が適用されるということがあり得ます。利用者は、データの保有主体が誰であるのかを利用規約やプライバシーポリシーで確認する必要がありますし、事業者は、2021年改正前の個人情報保護法であれば適用法令が異なることを、2021年改正後の個人情報保護法でも適用される規律が異なることを前提とした利用規約やプライバシーポリシーを用意し、適切に説明する必要があります。利用者の一般的な想定から乖離するものであればあるほど、説明のハードルはあがります。

［3］ スーパーアプリ運営者が行う事業
ア　個人情報保護法とガイドライン

　個人情報保護法は、民間事業者（個人情報取扱事業者）による個人情報の取扱いに関しては業種を問わず適用されますが、事業分野によっては、分野別のガイドラインが制定されています。もともと、個人情報保護法には、個人情報保護委員会によって定められている基本的な4種のガイドライン（通

則編、外国にある第三者への提供編、第三者提供時の確認・記録義務編、外国にある第三者への提供編）が存在し、個人情報保護法が行政法規であることから、規範の一部を構成しているといえますが[12]、事業分野ごとのガイドラインは、さらにそれを上乗せするものです。スーパーアプリは多くのサービスを統合しているため、たとえば、キャッシュレス決済や送金については「金融分野における個人情報保護に関するガイドライン（平成29年個人情報保護委員会・金融庁告示第1号）」や「金融分野における個人情報保護に関するガイドラインの安全管理措置等についての実務指針（平成29年個人情報保護委員会・金融庁告示第2号）」の適用がありますし、電気通信事業に該当するメッセージング部分には「電気通信事業における個人情報保護に関するガイドライン（平成29年総務省告示第152号）」の適用があります。利用者がガイドラインを意識することは困難でしょうが、事業者においては、当然、適用されるガイドラインをすべて洗い出し、当該事業においては遵守するようにスーパーアプリ及びそこでのサービスを構築していく必要があります。

イ　業　法

　個人情報の保護に関して、事業分野によっては、個人情報保護法のほかに、業法により規律がなされている場合があります。キャッシュレス決済や送金に適用される金融関連法令では、そのような取扱いが通常であり、たとえば、銀行法12条の2第2項では、「前項及び第13条の4並びに他の法律に定めるもののほか、銀行は、内閣府令で定めるところにより、その業務に係る重要な事項の顧客への説明、その業務に関して取得した顧客に関する情報の適正な取扱い、その業務を第三者に委託する場合における当該業務の的確な遂行その他の健全かつ適切な運営を確保するための措置を講じなければならない」とされ、これを受けて、銀行法施行規則13条の6の5は、「銀行は、その取り扱う個人である顧客に関する情報の安全管理、従業者の監督及び当該情報の取扱いを委託する場合にはその委託先の監督について、当該情報の漏えい、滅失又は毀損の防止を図るために必要かつ適切な措置を講じなければ

ならない」としています。さらに、金融庁の監督指針（主要行等向けの総合的な監督指針（2020年12月））Ⅲ-3-3-3は顧客等に関する情報管理態勢の詳細を定めています。同様の構造は、金融商品取引法、資金決済法、貸金業法、割賦販売法等でもみられます。スーパーアプリの中でこれらの法令に該当するサービスを提供する場合は、個人情報保護法のほかに、業法における個人情報の取扱いを遵守する必要があります。また、メッセージングサービス等で電気通信事業法上の義務が係る場合には、通信の秘密（電気通信事業法4条）についても遵守されなければなりません。通信の秘密侵害には罰則もあります（同法179条）。前述のLINE株式会社の事案では、個人情報保護委員会のほかに、総務省も、通信の秘密の観点から行政指導を行っています（「社内システムに関する安全管理措置等及び利用者への適切な説明について（指導）」（総基二第61号、2021年4月26日））。金融庁の監督指針や、総務省の「電気通信事業における個人情報保護に関するガイドライン」は、個人情報保護法と業法の規律を統合した指針となっていますが、そのような指針が存在しない分野もあります。たとえば、職業安定法5条の4は、個人情報保護法とは別に、労働者の募集を行う者等における募集に応じて労働者になろうとする者等の個人情報の取扱いを定めており、これについては厚生労働省の指針が存在しますが、個人情報保護法上の規律との統一的な記載はなされていません。事業者において、整理して遵守する必要があるということです。

[4] 結　語

　スーパーアプリは、多くの主体による多くのサービスを内包するものであるがゆえに、適用法令の精査にも問題の分解が必要です。ここでは規律の詳細には触れていませんが、特に、スーパーアプリを運用しようとする事業者においては、①データを保有する主体と、②行う事業、を網羅的に洗い出したうえで、適切な法令遵守体制を構築していただきたいところです。

（注1）　総務省『情報通信白書令和2年版』83頁。

（注2） 経済産業省『通商白書2020』340頁。

（注3） 楽天グループ株式会社が、物販総合オンラインモールとしての楽天市場について、特定デジタルプラットフォームの透明性及び公正性の向上に関する法律（令和2年法律38号、以下「取引透明化法」という）4条1項の規定により、特定デジタルプラットフォームとして経済産業省の指定を受けています。

（注4） ヤフー株式会社が、物販総合オンラインモールとしてのYahoo!ショッピングについて、取引透明化法4条1項の規定により、特定デジタルプラットフォームとして経済産業省の指定を受けています。

（注5） PayPay株式会社プレスリリース「『PayPay』のこれまでの成長と今後の取り組みについて」（2020年4月28日）。

（注6） 個人情報保護委員会「LINE株式会社における個人情報の取扱いについて」（2021年3月26日）。韓国の事業者への運用業務委託のほか、中国に所在する委託先事業者からの日本ユーザーの個人情報へのアクセスも問題となっています。

（注7） 個人情報保護委員会「個人情報の保護に関する法律に基づく行政上の対応について」（2021年4月23日）。法24条以外に、22条（委託先の監督）については行政指導がなされています。

（注8） https://www.pref.kanagawa.jp/docs/ga4/coronaline/privacypolicy.html（最終閲覧：2021年4月27日）。

（注9） 個人情報保護制度の見直しに関するタスクフォース「個人情報保護制度の見直しに関する最終報告」（2020年12月）4-5頁。

（注10） 「デジタル社会の形成を図るための関係法律の整備に関する法律案の概要」。

（注11） 前掲（注10）。

（注12） 正確には、法令解釈の指針である部分と、望ましい措置として任意の措置を促している部分が混在しており、後者は法の執行対象とはできません。なお、2020年改正の施行にあわせて「匿名加工情報編」は「仮名加工情報・匿名加工情報編」となり、新たに「認定個人情報保護団体編」が制定されています（未施行）。

〔板倉陽一郎〕

2 スコアリングとキャッシュレス社会

キャッシュレスは、決済だけではなく、利用履歴等に基づくスコアリングを利用して、新しい融資への活用が期待されています。スコアリングとはどのようなもので、どのようなことに注意が必要でしょうか。

KeyWord 信用情報、AIスコアリング、プロファイリング、利用者支払可能見込額、割賦販売法、貸金業法、AIの倫理

[1] スコアリングとは

　利用者の信用度をAIにより数値評価するスコアリングは重要なフィンテックです。キャッシュレス化が進めば、キャッシュレスを積極的に利用する消費者、これまで現金で支払っていた消費者の日常の取引情報を収集することができます。大量の情報を分析することで、情報の精度が向上していきます。

　消費者は、スコアにより特典を受けることができ、スコアを上げるためにさらにサービスを利用します。消費者に1つのプラットフォーム上の多様なサービスを利用させれば、返済能力だけではなく、より正確な個人特性を把握（プロファイリング）できるようになります。キャッシュレス社会では、消費者は経済活動のプレイヤーとして、常にスコアリングされている自覚をもつことも必要になります。

[2] スコアリングの普及

　アメリカでは、現金決済ではなくクレジット決済によることが多いため、クレジットスコアが社会生活で大きな意味をもっています。顧客の信用力を評価する手法であるスコアリングは、アメリカで早くから発達し、現在主要なスコアリングの1つFICO（開発者の名前頭文字から由来）スコアの手法

は1950年代後半に開発されたものとされます。

　現在、中国ではキャッシュレス化の急速な進展とともにスコアリングが広く使われています。ネット通販大手アリババ系のアントフィナンシャルが提供する芝麻（ジーマ）信用が有名です。ジーマ信用は、2015年にサービスを開始し、決済サービスのアリペイと連携しています。

　ジーマ信用は、身分特質、履約（履行）能力、信用歴史、人脈関係、行為偏好の5つの要素によって、アリペイの使用状況、返済記録など、学歴や職歴、資産状況や交友関係などからスコアを計算しているとされます。スコアは5つのランクに分かれており、高得点のユーザーはさまざまな特典が得られるようになっています[1]。

　日本でも、AIを利用した信用情報についてのスコアリングのサービスとして、J.Score と LINE Score があります[2]。

　J.Scoreは、みずほ銀行とソフトバンクが設立し、2017年9月からサービスを開始しています[3]。リワード（特典）スコアとスコアランクに応じて、提携する企業でさまざまなリワードが受けられます。スコアのランクには6つがあり、利用者は毎月更新されるリワードスコアに応じて特典を受けられます。J.Scoreは融資に際して必要となる信用情報を使用するために、指定信用情報機関のCICとJICCに加入しています。返済方法は、口座振替、Pay-easy（ペイジー）、銀行振替の3種で、残高スライドリボルビング方式によります。

　LINE Scoreは、LINEのスコアリングサービスで、Line Credit 株式会社（Line Financial株式会社、みずほ銀行、株式会社オリエントコートレーションの合弁会社）が2019年8月から提供を開始した個人向け無担保ローンサービス（LINE Pocket Money）で、ユーザーに応じた貸付利率や利用可能額の決定に利用されています[4]。貸金業法により指定信用情報機関の信用情報を参照すると説明されています。Line Creditは、信用情報機関のCICとJICCに加入しています。また、返済はLINE Payが連携する銀行口座からの振替えで、残高スライド元利定額リボルビング方式によります。

[3] スコアリングのメリット

　スコアリングを活用したAI与信の判断は消費者側と事業者側にメリットがあります。事業者側のメリットは、従来の信用情報機関の情報に限定されず、消費者のさまざまな情報に基づき、消費者への融資や投資等の取引のリスクを適切に評価することができます。

　消費者側のメリットは、不動産など物的担保がない人、保証人等の人的担保もない人が、無担保でも、従来の信用情報とは異なる方法で消費者個人の信用度の判断により融資が受けられます。また、ネットワークサービスと結び付いているため、どこにいても1年中24時間融資が受けられます。日本においても信用情報が把握されていない個人が少なくありません[5]。信用情報が得られない個人についても、独自のプロファイリングにより、消費者の信用を評価することができます。信用情報の空白部分を埋める意味でも、スコアリングが役立つことになります。

[4] 従来の信用情報

　従来の信用情報は、信用情報機関により提供されます。信用情報は、個人情報のうち主に返済能力に関する情報です[6]。

　日本には（2021年8月時点で）信用情報機関として、株式会社日本信用情報機構（以下「JICC」という）と株式会社シー・アイ・シー（以下「CIC」という）、一般社団法人全国銀行協会全国銀行個人信用情報センターがあります。貸金業法41条の13以下の定めにより、内閣総理大臣の指定を受けた指定信用情報機関と、割賦販売法35条の3の36以下により経済産業大臣の指定を受けた指定信用情報機関があります[7]。JICCは貸金業法の指定信用情報機関であり、貸金業者、クレジット会社等が会員です。CICは割賦販売法と貸金業法上の指定信用情報機関であり、信販会社、クレジット会社、百貨店等が会員です。

　信用情報の利用に関して、消費者の同意がどのように取得され、登録された情報について消費者にはどのような請求が可能なのか（透明性）が問題になります。消費者の信用情報の収集については、クレジットやローンなどの

申込書・契約書を提出（締結）する際に、信販会社や貸金業者などの会員である会社が、信用情報機関への照会・登録に関して、消費者から同意を取得します。

　消費者はどのような信用情報が登録されているのかについては、開示請求をすることができます。開示請求については、一般社団法人全国銀行個人信用情報センターが郵送でのみ対応するのに対して、JICCとCICには、インターネットや窓口による開示請求が可能です。

　指定情報機関の役割は信用情報の登録と照会への回答であり、消費者の信用に関する審査はしません。

［5］　スコアリングの法的問題

　現在は、スコアリングの法的な定義ないし規定はありません。スコアリング事業者に関しては、個人情報保護法をはじめとして、割賦販売法、貸金業法、出資法、資金決済法等の業法による規制が考えられます。また、スコアリングに基づくポイント等の特典に関しては、消費者契約法、景品表示法、不正競争防止法、独占禁止法の適用も検討が必要です[8]。

　まず、スコアリングと個人情報保護法との関係をみていきます。スコアリング情報は、事業者には大きな価値をもちます。スコアリング情報は価値があるため取引の対象になります。スコアリング情報の作成と第三者への提供が法的な問題になった事例として、就職情報サイト利用者の評価情報を顧客事業者へ提供した事例があります。個人情報保護委員会は、就職情報サイトに登録した利用者に事前の説明や同意を得ることなく内定者の辞退率を第三者へ提供したことについて、個人情報保護法に基づく勧告（個人情報保護法42条1項）及び指導（同法41条）を行いました[9]。

　この事例は、事業者が利用者に説明なくスコアリングを行う場合があることを社会に認識させました。そして、スコアリング情報が利用者の就職という人生に大きく影響を与えるものであったため、利用者の事業者への不信感を抱かせ、事業者の信用を低下させました。

　そこで、スマートフォンの専用のアプリをインストールしてサービスを利

用する場合には、スコアリングに関する約款等を事前に確認できることが望ましいです。スコア情報の利用のうち、第三者への提供について事前の十分な説明と同意の取得が求められます。契約条項の提示として、専用アプリのインストールの説明のみで適切なのかについても、個別に検討が必要です。場合によっては、条件を満たさないような場合もあると考えられます。

　顧客に、サービスの利用でスコアが高くなるキャンペーン広告を行い、実際には異なった場合には、不当な表示として消費者契約法や不正競争防止法等の問題になり得ます。スコアリングで受けられる特典の金額が実際の取引金額に比べて過大な場合には、景品表示法の問題も検討が必要となります。

　以上が事業者側の問題ですが、消費者側の行為も問題となり得ます。たとえば、スコアを上げるための不正行為が考えられます[10]。このような場合には偽計業務妨害罪（刑法233条）にあたる可能性もあります。また、不当にポイント還元や付与を受けようとすれば、詐欺罪（同法246条）の可能性もあります[11]。

[6] 今後の課題と立法等の状況

　2020年には、スコアリングなどの新しいサービスに関する2つの法改正案が成立しました。

　まず、個人情報保護法の一部改正です（令和2年6月12日法律44号、一部を除き令和4年4月1日に施行）。改正法では個人データの本人に個人情報取扱事業者に対する利用停止又は第三者への提供停止の請求権を定めています（同法30条5項）。請求に理由があれば事業者は利用及び第三者提供を停止します（同条6項）。ただし、事業者は、多額の費用を要する場合には、代わりの措置をとればよいとしています（同条6項ただし書）。

　もう1つは、割賦販売法の一部改正です（令和2年6月24日法律64号、令和3年4月1日施行）。

　AIによる与信については同法30条の5の4以下で包括支払可能見込額の調査等の特例が定められました。AIによる与信は、「利用者の支払能力に関する情報を高度な技術的手法を用いて分析することにより利用者支払可能見

込額を適格に算定すること」と規定され、経済産業省令で定める基準に適合すること（同条1項1号）、算定を行う体制が経済産業省令で定める基準に適合する必要があります（同2号）。

　登録少額包括信用購入あつせん業者に関する規定が新設されました（35条の2の3以下）。極度額10万円（割賦販売法施行令24条）までの後払い方式のサービス事業者の登録等について要件が緩和されました。

　ただ、登録少額包括信用購入あつせんでは、利用者の支払可能見込額の算定には指定信用情報機関の信用情報を使用する必要があります（35条の2の4第2項）。さらに、登録少額包括信用購入あつせん業者については、認定包括信用購入あつせんの新規定が適用除外されており（35条の2の3第2項による30条の5の4の除外）、AI与信のみではサービスが行えません。

　これらの法改正に関しては、AIによる与信の妥当性、基礎データについての規律や、特定のスコアが市場支配的にならないことなど、規律として十分なのか疑問が提示されています[12]。

　また、割賦販売法と並んで指定信用情報機関について規定する貸金業法に関しては、スコアリングに関する法改正について、今回は議論されていません。スコアリングが信用情報の一種であるため、従来の信用情報機関に対する開示請求に対応してスコアが変更された場合に理由等を問い合わせる仕組みを整える必要もあります。また、障害を理由とする差別の解消に関する法律への対応等が求められます[13]。

　保険の分野でもスコアリングの利用が広まるにつれ、今後、何らかの法的対応が行われると考えられます。

　スコアリングによるプロファイリングは、平等原則等、憲法の諸原則との関係も考える必要があります。自動処理のみに基づき重要な決定を下されない権利、透明性の要請が指摘されています[14]。さらに、AI倫理が議論されるようになっています[15]。

　今後、スコアリングの利用に関するガイドライン等も整備されていくことになるでしょう。

（注1） 西村友作『キャッシュレス国家「中国新経済」の光と影』文藝春秋（2019年）。

（注2） Yahoo!スコアは、2019年6月にサービスを開始し、2020年8月31日に終了しました。総務省「情報通信白書令和2年版」第1部第3章第3節「2 スコアリングサービスの広がり」参照。

（注3） https://www.jscore.co.jp/

（注4） https://linecorp.com/ja/pr/news/ja/2019/2884

（注5） 一般社団法人信用情報センター2018年の照会ヒット率が79%であることから日本でも約20%の個人に信用情報がないと推定されます。

（注6） 貸金業法は、「信用情報」を顧客ないし債務者の借入れ返済能力に関する情報とし（貸金業法2条13項）、返済能力に関する情報を広く含みます。これに対して「個人信用情報」は、総量規制を実施するために必要な情報（貸金業法2条14項、41条の35）と限定されています。

（注7） 阿部高明『逐条解説 割賦販売法〈第Ⅱ巻〉』青林書院（2018年）241頁以下

（注8） 金子宏直「スコアリング」法とコンピュータ No.38（2020年）41-48頁

（注9） 個人情報保護委員会勧告「個人情報の保護に関する法律に基づく行政上の対応について」2019年8月26日（https://www.ppc.go.jp/news/press/2019/20190826/）

（注10） ステルスマーケティングについて不正競争防止法2条1項14号（平成27年法律54号改正前13号）との関係が問題になった事案に大阪地判平成31・4・11判時2441号45頁〔28271659〕がある。小泉直樹「判批」ジュリスト1536号（2019年）8-9頁は、景品表示法5条1号の優良誤認に該当するおそれを指摘しています。参考、消費者庁「インターネット消費者取引に係る広告表示に関する景品表示法上の問題点及び留意事項」（平成24年改定第2-2-（3））。

（注11） 2020年のGoToトラベルキャンペーンのホテル予約を無断でキャンセルしても、ポイントが付与される等システムの不適切な利用が報道されました。

（注12） 板倉陽一郎「日本弁護士連合会主催シンポジウム『スコアリングを巡る法的問題』レポート及びスコアリングを巡る立法動向の概観」消費者法ニュース124号（2020年）191-192頁。同「AI時代の個人情報保護」法の支配197号（2020年）127-137頁。

（注13） 金融庁「事務ガイドライン第三分冊：金融会社関係（令和2年8月現在）13. 指定信用情報機関関係」（https://www.fsa.go.jp/common/law/guide/kaisya/13.pdf）、「Ⅰ-2-8 障害者への対応」対応に課題がある場合必要に応じて貸金業法41条の30に基づく報告を求め改善を促すとしています。

（注14） 山本龍彦「プロファイリング規制の現状」NBL1100号（2017年）22頁、同「信用スコアの課題と今後（特集 個人データの活用推進に向けて）」経団連 67-10（2019年）26-27頁（https://www.keidanren.or.jp/journal/monthly/2019/10/p26.pdf）、スコアリングプロセスの閉鎖性による課題として、本人のIDを使った行動の本人によることの検証機会の保障がないこと、不安に基づく同調圧力、差別構造の固定化、スコアに応じた身分制を挙げています。

（注15） パーソナルデータ＋α研究会「プロファイリングに関する提言案」NBL1137号（2019年）64-85頁。笹川豪介「AIスコアサービスの可能性と倫理的諸問題への対応」金融法務事情2123号（2019年）20-27頁。

〔金子宏直〕

3 | ユニバーサルデザイン

だれもが利用できるようにするユニバーサルデザインという言葉があります。高齢者や障がいのある人がキャッシュレス決済をするときにはどのような配慮がされているのでしょうか。

KeyWord ユニバーサルデザイン、バリアフリー、アクセシビリティ、高齢者、障がい者

　以下では、法令名条文等で「障害者」が用語として使われている場合以外は「障がい者」と表記します。

[1] ユニバーサルデザイン

　日ごろ街を歩くと、歩道に黄色の点字ブロックが敷設され、階段と並んでスロープが設けられているのを見かけるでしょう。銀行のATMを操作するときも、ボタンの脇に点字のシールが貼られていたりするのに気がつくこともあります。

　すべての人が等しく日常生活に必要なサービスの提供と利益と享受できることは大切です。政府は、「バリアフリー・ユニバーサルデザイン推進要綱～国民一人ひとりが自立しつつ互いに支え合う共生社会の実現を目指して～」（2008年3月28日バリアフリー・ユニバーサルデザインに関する関係閣僚会議決定）を公表しています。

　ユニバーサルデザインは、「年齢・性別・能力・環境にかかわらず、できるだけ多くの人々が使えるよう、最初から考慮して、まち、もの、情報、サービスをデザインするプロセスとその成果」といわれています[1]。

　バリアフリーは、「高齢者、障害者等の移動等の円滑化の促進に関する法律」（平成18年法律91号）が新バリアフリー法と呼ばれるように、日本では公共

施設や交通機関の利用に関連して使われています²⁾。アクセシビリティは、日本では後述する情報通信の利用について使われていますが、アメリカなどでは公共施設や交通機関を利用することもアクセシビリティを使っています。

［2］高齢者を取り巻く状況

　年齢を重ねるにつれて、新しい電子通信機器の操作が難しい、覚えられない等の困難を感じることもあります。小さい文字がみえない、視野が狭くなる、声が聞き取り難くなる、歩行が難しくなる等、加齢につれて身体機能、認知機能等の減退が生じることがありますが、高齢であることそのものは障がいとは区別する必要があります。

　高齢化社会の現状は、総務省統計局によると³⁾、我が国の総人口（2020年9月15日現在推計）は、前年に比べ29万人減少している一方、65歳以上の高齢者（以下「高齢者」という）人口は、3,617万人（男性は1,573万人、女性は2,044万人）、前年に比べ30万人増加し、過去最多になりました。また、総人口に占める割合は28.7％と過去最高になっています。後期高齢者にあたる75歳以上人口は1,871万人、総人口に占める割合は14.9％です。

　2020年の高齢者の総人口に占める割合を比較すると、日本（28.7％）は世界で最も高く、次いでイタリア（23.3％）、ポルトガル（22.8％）、フィンランド（22.6％）などとなっています。キャッシュレス化には高齢化への対応も必要になります。

　高齢者の情報通信機器の利用は、総務省「令和元年通信利用動向調査」情報通信機器の保有状況によると、世帯主65歳以上の世帯でモバイル端末（携帯電話、PHS、スマートフォンのうち1種類以上）を保有するのは90％で、そのうち携帯電話・スマートフォンは61％、パソコンは53％と保有する世帯が減少します。キャッシュレス決済の普及には高齢者が情報通信機器をより広く使えるようにすることが必要になります。

[3] 障がい者を取り巻く状況

　内閣府「令和元年版障害者白書」の「参考資料　障害者の状況」によると、国民のおよそ7.6％が何らかの障がいを有しているとされています。障がい者の総数は、65歳未満が237万人（男性は135万9千人、女性は101万4千人）、65歳以上が353万人（男性は175万6千人、女性は177万2千人）です。このことから障がいへの対応と高齢化への対応を合わせて行う必要もあります。

　障がいは、多様な社会的障壁との関係でとらえる社会的モデルの考え方に基づきます。障害者基本法2条1項1号では、「障害者　身体障害、知的障害、精神障害（発達障害を含む。）その他の心身の機能の障害（以下「障害」と総称する。）がある者であつて、障害及び社会的障壁により継続的に日常生活又は社会生活に相当な制限を受ける状態にあるものをいう」と定められています。

　国連の障害者の権利に関する条約（2008年発効。以下「権利条約」という）は、一般的義務として締約国での障がい者差別の禁止を定め、情報通信機器や支援サービス等の使用や提供促進を定めています（権利条約4条）。また、情報通信機器及び情報通信システム（インターネットを含む）を利用する機会の促進についても定めています（権利条約9条）。

　同条約を国内で実施するため、「障害を理由とする差別の解消の推進に関する法律」（平成25年法律65号（いわゆる、障害者差別解消法））は、合理的な配慮と環境整備義務について定めています。同法5条（社会的障壁の除去の実施についての必要かつ合理的な配慮に関する環境の整備）は、行政機関等及び事業者に必要かつ合理的な配慮のために必要な環境整備に努めることを定めています。障がい者から「現に社会的障壁の除去を必要としている旨の意思の表明があった場合に」、行政機関等は「必要かつ合理的な配慮をしなければならない」（同法7条）、民間事業者は「必要かつ合理的な配慮をするように努めなければならない」（同法8条）と定められています。ただし、この民間事業者による合理的な配慮については努力義務にとどまると考えられています[4]。

［4］政府の取組み

　上記［1］のとおり、政府は2008年に「バリアフリー・ユニバーサルデザイン推進要綱」を公表しています。

　総務省は、「情報バリアフリー環境の整備」を推進しており、キャッシュレス決済に関連するものとして、2005年に「電気通信機器等のアクセシビリティガイドライン」を策定し、2016年に改訂した官公庁等のウェブページについてアクセシビリティに対応するように求めています。これは、国際的ガイドライン（Web Content Accessibility Guidelines WCAG 2.0）（W3C勧告2008年12月11日）に準ずるもので、日本産業規格JIS X 8341-3（第3部：ウェブコンテンツ）として公開されています。

　日本産業規格に関連する法律として、産業標準化法（旧工業標準化法）（昭和24年法律185号）があります。同法2条1項各号の掲げる事項には、機器（1号～3号）のみならず、ソフトウェア（6号）、ウェブサービスやコンテンツのデザイン（10号）も含まれています。

　日本産業規格JIS X 8341シリーズは、「高齢者・障害者等配慮設計指針—情報通信における機器、ソフトウェア及びサービス—」を定めています。JIS X 8341の上位に、アクセシブルデザインに対する基本的な考え方として、規格におけるアクセシビリティ配慮のための指針JIS Z 8071（2017年1月20日改定）があります。

　金融庁は、障害者差別解消法による事業者が合理的配慮を行う努力義務について、「主要行等向けの総合的な監督指針」Ⅲ−6−4（障がい者等に配慮した金融サービスの提供）において[5]、金融機関が「金融庁所管事業分野における障害を理由とする差別の解消の推進に関する対応指針」（平成28年告示3号）に適合しているかという視点から積極的に推進するよう努めることが重要であるとしています。

　ところで、この監督指針は銀行などの金融機関を主な対象にしているようであり、キャッシュレス決済の事業者についてどのような対応が必要なのかは今後の検討が必要です。

　金融庁は、金融機関の障がい者に関する取組みについて調査を行っていま

す[6]。その調査で社会福祉法人日本盲人協会の提出資料には、キャッシュレスに関連する項目として、現在急速に普及しているキャッシュレス決済について、QRコードやスマートフォン、デビットカードやクレジットカードによるものなど多様な決済方法があり、アクセシビリティを確保・向上するための課題整理や解決策の実施に向けて検討すること、ネットバンク、債券、金融商品等のインターネット取引における、画像認証やトークンなど、個人認証やセキュリティ対策が視覚障がい者にも利用できるような環境整備を要望しています。

また、別の資料では金融庁の上述の監督指針を具体化した「金融機関における高齢者・障がい者サービスの望ましい基準」の作成を求められています。

発達障がい者団体から、「お金」の概念を理解するのが難しい傾向があり、キャッシュレスの普及により現金という物理的なものが減ることで、使い過ぎへの不安感があること、金融機関に発達障がい者が気軽に相談できる窓口の設置等が要望に挙げられています。

金融機関から回答された取組みについては、ウェブサイトの障がい者等への配慮として視覚障がい者向け音声読み上げソフトへの対応や視覚障がい者が見やすいページ配色や表示文書の拡大機能の追加が挙げられています[7]。

[5] 情報機器やOSのアクセシビリティ補助機能

ウェブサイトへのアクセスには、スマートフォン等の情報通信機器やOS等のアクセシビリティが不可欠です[8]。このうち、スマートフォンは、消費者がキャッシュレス決済、電子取引をするためのICT機器として重要です。

スマートフォンのカメラで大きくみることができる拡大鏡も、小さい文字が見えにくくなった高齢者に役立つ機能の一例です。その他にスマートフォン等にはさまざまな障がいに対してアクセシビリティを可能にする補助機能を利用することができます。たとえば、GoogleはAndroidのユーザー補助機能として、スクリーンリーダー（TalkBack）、Chromeのユーザー補助機能、AppleはIOSのユーザー補助機能として、視覚のための機能（VoiceOver）、聴覚のための機能、MicrosoftはWindowsのナレーター機能等を提供してい

ます。

　このように情報機器やOS等の開発者は、多様な障がいへの対応に取り組んでいます。Microsoftを例にすると、見ることに困難のある場合（視覚障害（全盲、弱視））、キーボードやマウスを使うことが困難な場合（肢体不自由）、聞くことに困難のある場合（聴覚障害）、発達障害による困難のある場合に対応する機能等について解説を設けています。

　アメリカにおいては、政府機関や政府予算で購入される情報通信機器やOS等にアクセシビリティの確保が義務付けられています[9]。そのため、それらの製品が日本国内でも販売され、日本仕様にカスタマイズされる場合でも、間接的にアクセシビリティが確保されているともいわれています[10]。

［6］今後の課題

　近時のバリアフリーに関連する法的な対応として、聴覚障害者等による電話の利用の円滑化に関する法律（令和2年法律53号）の施行にあわせて、手話の同時通訳などを介した電話リレーサービス等もバリアフリーに対応する取組みとして挙げられます。

　また、2021年5月12日にデジタル改革関連法が成立しました。それに先立ち「デジタル社会の実現に向けた改革の基本方針」（2020年12月25日閣議決定）では、デジタル社会を形成するための基本原則の1つとして「包摂・多様性」を挙げ、アクセシビリティ、高齢・障がい・病気・育児・介護と社会参加の両立を目指すとしています。キャッシュレス決済の分野での具体的な対応も今後必要になってきます。

　ところで、店舗におけるキャッシュレス決済は、店舗における買物の代金支払などの時間と手間を省き、店舗には従業員の労働力の有効活用、人件費節約にもつながると期待されています。そのことは同時に、店舗従業員との対面でのやりとりが減少することも意味しています。キャッシュレスになり対面での取引がなくなることは、買物が便利になる人もいる一方で、対面の取引が減ることで日常の代金の支払に支障を来すおそれもあります。

　キャッシュレス決済のサービス向上の一環として、高齢者や障がい者の利

用しやすい相談窓口を設けることや、キャッシュレス決済を利用する店舗に
おいても合理的な配慮の具体的内容として、バリアフリーやアクセシビリ
ティの確保に取り組んでいくことも期待されます[11]。

（注１）　広瀬洋子「情報社会のユニバーサルデザイン」広瀬洋子＝関根千佳『情報社会のユニバー
　　　　サルデザイン〈改訂版〉』放送大学教育振興会（2019年）10頁
（注２）　国土交通省「バリアフリー・ユニバーサルデザイン」（https://www.mlit.go.jp/sogoseisaku/
　　　　barrierfree/index.html）
（注３）　https://www.stat.go.jp/data/topics/topi1261.html
（注４）　得重貴史「ウェブアクセシビリティに係る諸問題」法律実務研究32号（2017年）243-280
　　　　頁
（注５）　https://www.fsa.go.jp/common/law/guide/city.pdf。告示に関しては、https://www.fsa.
　　　　go.jp/news/27/sonota/20151030-4.html参照。
（注６）　金融庁「障がい者団体と金融機関関係団体との意見交換会」（2019年６月12日）、「障がい
　　　　者等に配慮した取組みに関するアンケート調査の結果について」（2019年８月２日）及び
　　　　「障がい者等に配慮した取組みに関するアンケート調査の結果について」（2020年11月６
　　　　日）。
（注７）　上記アンケート調査（別紙２）「障がい者等に配慮した取組み事例、金融サービス利用者
　　　　相談室等へ寄せられた声」
（注８）　Microsoftのアクセシビリティについて（https://www.microsoft.com/ja-jp/enable）、
　　　　Appleのアクセシビリティについて（https://www.apple.com/jp/accessibility/）、
　　　　Google Androidのアクセシビリティについて（https://www.android.com/intl/ja_jp/
　　　　accessibility/）。
（注９）　米国リハビリテーション法508条の翻訳は、公益財団法人日本障害者リハビリテーション
　　　　協会「障害保健福祉研究情報システム」（https://www.dinf.ne.jp/doc/japanese/law/508/
　　　　#B1194-22）参照。
（注10）　近藤武夫「ICTのアクセシビリティ」広瀬＝関根・前掲（注１）132-151頁。
（注11）　独立行政法人国民生活センターのアンケート調査「消費生活センターにおける障がい者対
　　　　応の現況調査」（2018年１月公表）は相談への対応について参考になります（http://
　　　　www.kokusen.go.jp/pdf/n-20180125_2_2.pdf）。

〔金子宏直〕

COLUMN /

子どもの金銭教育とキャッシュレス決済

　子どもにお金の話をすることは、かつてはタブーのような風潮があったかもしれません。しかし近年、電子マネー（ICカード）やクレジットカードなどキャッシュレス決済をはじめとする「金銭の不可視化（お金の見えない化）」によって、お金は使えば減るという感覚すら感じにくくなっているなか、自立した大人になるためにも、「お金」との上手な付き合い方を子どものうちから養う必要性が高まっています。

　学校現場では、2020年度から小学校、2021年度から中学校、そして成年年齢引下げとなる2022年度からは高等学校において新学習指導要領にもとづく学習内容が全面実施となっていますが、消費者教育がこれまで以上に重視され、そのなかで金銭（金融）教育も扱われています。たとえば、小学校の家庭科では、買い物が売買契約であり、それがいつ成立するかについてや、プリペイドカードをはじめとする支払方法について学習します。それを受けて中学校では、クレジットカードなどの三者間契約についても学習します。高等学校では、未成年取消権が利かなくなる成年年齢引下げの問題を意識して、家庭科（特に「消費・環境」領域）を1・2年生のうちに履修することが推奨されています。

　小学生から高校生まで、消費者被害で一番多いのは、たとえばゲーム課金のようなデジタル・コンテンツに関わるものです。被害にあわずとも、最近では子どもの頃から自分で飲み物や本などを、交通系・流通系ICカードやスマホを通して「見えない」金銭で購入する機会があることでしょう。そこで、お金の流れを「見える化」し、計画的に使う練習をするためには、お小遣い帳をつける経験やお買い物ごっこ遊びが有効だといわれています。子どもは、これらを通して「お金がないと物が買えない」「使えばお金が減る」など、お金について実感をともなった理解を自然と身に付けることができます。また、こうしたお金のような「具体物」を媒介とした活動によって、実社会での活用につながる「計算力」の育成につなげることも期待できます。

　「お金は有限である」「働くことでお金を得られる」ことなど、お金の大切さについて実感をともなった理解を進めることで、お金を有効に使うことや自分の欲求をコントロールする力がつくといわれています。そういう意味でも、実践的・体験的な学習

が重要となるでしょう。

横浜国立大学教育学部教授
松葉口玲子

4 行政手続でのキャッシュレス決済の利用

地方自治体によっては、税金や水道料金などの公共料金の支払、証明書の発行や手数料の支払がスマートフォンでできるところもあります。どのような行政サービスでキャッシュレス決済が進んでいくでしょうか。

KeyWord ペイジー（Pay-easy）、マルチペイメントネットワーク（MPN）、クレジットカード、電子マネー、AIスピーカー、チャットボット、ETC

［1］国や自治体のキャッシュレス決済導入状況

　私たちの社会には、クレジットカードや電子マネー、口座振替等で、支払・受け取るキャッシュレス決済のシーンが多く存在します。いまや、現金の入った財布をもたず、電子マネーがインストールされたスマートフォンを1台もっていれば、日々の生活ができるほどです。

　行政機関でもキャッシュレス決済の導入が進んでいます。行政機関の少額決済手段は、従前、現金書留、収入印紙、収入証紙、郵便為替、切手、金融機関を利用した振込み・引落しなどでしたが、近年では、コンビニ決済、ペイジー（Pay-easy）、各種公金決済収納サービス、クレジット決済等が広く使われるようになってきました。

　内閣官房に設置された情報通信技術（IT）総合戦略室は、国の行政機関24府省を対象に、2017年度から行政手続等の実態把握調査を行っています。その行政手続等の棚卸結果等調査（2020年度）によれば、各府省が所管する行政手続は、全部で62,253種類あり、年間25億件以上の処理を行っています。また、処理件数の88％がオンラインで行われています[1]。

　国の行政手続のうち、2,314種類が有償であり、その手数料をオンライン決済できるものが539種類となっています。2018年度調査ではオンライン決済が可能であった手続は462種類であったので、2年間に77種類増加しまし

た。これらの内訳は、ペイジー（Pay-easy）での支払に対応した手続が284
種類、クレジットカードが利用できる手続が68種類、歳入金電子納付シス
テム「REPS（Revenue Electronic Payment System）」を利用する手続が51
種類等となっています。また、オンサイン決済利用のインセンティブとして、
154種類の手続に減免措置が設定されています。

　他方、2019年3月に総務省から各地方自治体に出された通達「電子マネー
を利用した公金の収納について」（総行行第102号）で、地方自治体の使用料・
手数料等の徴収で電子マネーの取扱いが可能である旨と、留意事項が明確と
なりました[2]。これを受け、多くの自治体（市区町村）では、コンビニエン
スストアのキオスク端末を用いた証明書等の自動交付で、電子マネーによる
支払が可能となっています。また、全国の博物館・美術館等の入館料や、図
書館でのコピー機利用も電子マネーでの支払ができるようになってきまし
た。

　現在、各自治体でキャッシュレス決済を行うことができる主要な項目は、
＜表1＞のとおりです[3]（ただし、自治体によってキャッシュレス決済の状
況や利用できる決済手段は異なります）。

＜表1＞自治体でキャッシュレス決済ができる項目一覧

分　野	種　類
税・社会保障関連	・市区町村民税、都道府県民税 ・固定資産税、都市計画税、不動産取得税 ・個人事業税 ・自動車税、軽自動車税 ・国民健康保険税（料） ・介護保険料、後期高齢者医療保険料 ・市たばこ税 ・入湯税 ・ふるさと納税
手数料関連	・住民票の写し等の交付手数料 ・課税証明、納税証明等の交付手数料
教育関連	・幼稚園、保育園、保育所保育料 ・学童クラブ利用手数料、放課後保育クラブ保育料、放課後学級負担金、放課後児童健全育成事業利用者負担金、児童センター使用料 ・学校給食費 ・入学準備金貸付金償還金
施設利用関連	・公営住宅使用料 ・駐車場使用料、自転車等駐輪場使用料 ・総合情報施設使用料（施設維持手数料を含む） ・施設使用料（宿泊、体育館、体育館、テニスコート等） ・普通財産貸付料（土地・建物）、行政財産貸付料（土地・建物） ・墓園管理料、霊園管理料 ・法定外公共物使用料 ・動物園入園料、科学館入館料
上下水道関連	・上水道使用料 ・開栓手数料 ・公共下水道使用料、公共下水道施設使用料 ・簡易水道使用料 ・農業集落排水施設使用料、小規模集合排水施設使用料、特定環境保全公共下水道施設使用料 ・浄化槽使用料
その他	・くらしの資金償還金 ・一般廃棄物（し尿）処理手数料 ・売店、食堂、土産物、物産の購入代金

［2］キャッシュレス決済の仕組み

　行政手続が利用する主要なキャッシュレス決済手段について、詳しく説明していきます。国の行政手続で最も利用されているのが、ペイジー（Pay-easy）です。ペイジー（Pay-easy）は、請求書番号（収納機関番号、納付番号、確認番号、納付区分）を利用して、金融機関やコンビニエンスストアのATM（現金自動預払機）、又はインターネットバンキングから支払を行います[4]。皆さんも、電気料金等の請求で、番号が印刷された振込用紙をみたことがあるのではないでしょうか。他にも、商品を購入したショッピングサイトからのメールで、請求書番号が通知された経験があるのではないでしょうか。

　ペイジー（Pay-easy）を金融機関やコンビニエンスストアのATMから利用する場合、まず請求書の裏面や支払先のウェブサイトから、利用可能なATMの場所を確認します。ATMでは、ペイジー（Pay-easy）のマークが入った「税金・各種料金支払い」などの項目を選びます。請求書に記載された請求書番号が自動的に読み込まれますので、番号が正しいことを確認し、ATMに現金を投入するか、キャッシュカードで決済を行う流れとなります。一方、インターネットバンキングで利用する場合は、金融機関のウェブサイトにログインしたうえで、請求書に記載された請求書番号を入力します。請求書番号から表示された振込先や振込額が正しいことを確認した後に、預貯金から支払を行う流れとなります。ペイジー（Pay-easy）は、さらに定期的に料金を支払う口座振替にも、印鑑なしで対応しています[5]。

　歳入金電子納付システム「REPS」も行政手続が利用する主要なキャッシュレス決済手段の一つです。各府省等が共同で利用し、電子申請・届出等に係る行政手数料等（登録免許税、自動車重量税含む）の電子納付や、歳入徴収官が発行する納入告知書・納付書による国庫金の納付、官署支出官が発行する返納金納入告知書・納付書による歳出金の戻入れ、各府省等が電子的な納付を認めた供託金や保証金等の歳入歳出外現金の納付を行うものです[6]。官庁会計システム（ADAMSⅡ）等と連携し、行政手数料等が国に納付されたことを通知します。

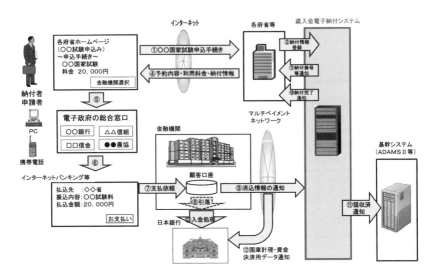

出典：財務省「歳入金電子納付システム（REPS）」

<図1>歳入金電子納付システム（REPS）による電子納付

　ペイジー（Pay-easy）や歳入金電子納付システム「REPS」、さらに地方自治体の公金決済収納サービスは、ともにマルチペイメントネットワーク（MPN）を利用して構築されています。このマルチペイメントネットワーク（MPN）は、国のe-Japan戦略（2001年〜2005年）で電子政府の仕組みに採用され、いまや各収納機関と金融機関を共同のネットワークで結ぶ社会インフラとなっています。

　一方、近年ではスマートフォン端末にクレジットカードや電子マネーとして利用できるアプリケーションがインストールできます。行政手続でクレジットカード決済や電子マネーが利用できれば、納入義務者の利便性は大きく向上します。クレジットカード決済や電子マネーでは、マルチペイメントネットワーク（MPN）を利用せず、民間の企業・団体が構築した仕組みを利用します[7]。行政機関自体がクレジットカード決済や電子マネーの店子（加盟店）となるスキームです。

　具体的には、クレジットカード決済や電子マネーでは、まず地方自治体が

決済代行業者を指定代理納付者に指定し、窓口等にそれぞれの手段に応じた決済端末（モバイル型、据え置き型）を導入します。決済代行業者は、クレジットカード決済や電子マネーで納入義務者から集めた使用料・手数料等を地方自治体に代理納付する流れとなります。現在は、比較的少額の決済に利用されており、行政機関の会計システム等とは連携しない形で使われています。ですが、小口現金管理の事務作業が軽減されることや、印紙の印刷コストや自然環境負荷の軽減、滞納や未納を減らす効果が期待されることから、今後、行政機関のクレジットカード決済・電子マネー導入は進んでいくと考えられます。

[3] 行政サービスのICT利用トレンド

　社会の成熟が進むと、人々の多様なニーズに対応するため、行政サービスも発展します。特に、行政サービスがICT活用で進化していく様は、今後、キャッシュレス決済が導入されていく分野を考えるうえでヒントとなり得ます。そこで、デジタル・スマートシティ構想を掲げる静岡県浜松市におけるICT活用事例を紹介しましょう[8]。

　浜松市は、1998年代後半から民間活力を使い、行政サービスのさまざまな分野で情報化を進めてきました。その一つが、認定NPO法人はままつ子育てネットワークぴっぴと協働で運営している子育て情報ウェブサイトです[9]。自治体からの情報（予防接種や検診の案内等）に、子育ての専門家としての知識・経験を加えたコンテンツを制作するとともに、情報を探しやすいようにウェブサイトのメニューを「知りたい、相談したい、つながりたい」の3種類に集約しました。官民協働の子育て情報ウェブサイト運営は話題を呼び、2006年度の日経地域情報化大賞を獲得しました[10]。現在、多くの自治体が「知りたい、相談したい、つながりたい」の区分による子育て情報の提供方法を踏襲しています。

<図２>浜松市子育て情報サイトぴっぴ

その後も、Facebook・Twitter・LINEを活用したプッシュ型の情報配信の提供など、ICTの進化への対応やリアルサービスとの融合に積極的に取り組んできました。浜松市及び認定NPO法人はままつ子育てネットワークぴっぴの事例は、行政からの情報提供で、先頭集団の一角にあるといえるでしょう。そして、浜松市及び認定NPO法人はままつ子育てネットワークぴっぴが、近年、新たに取り組んでいるのが、AIスピーカーとチャットボットの活用です。

ア　AIスピーカーの活用

子育て中の保護者は、パソコンやスマートフォン等をゆっくり操作する時間をなかなかつくることができません。そこで、音声で端末を操作することができれば、子育ての最中、手を離さずに情報サービスを利用できます。認定NPO法人はままつ子育てネットワークぴっぴでは、2018年11月から浜松市と連携して、AIスピーカー「Amazon Alexa」を使った子育て情報の提供サービスを開始しました。同サービスは、行政情報に対応した子育て分野の情報提供では、日本初の取組みです。

具体的なサービス内容としては、利用者がAIスピーカーに話しかけると、クラウド上の人工知能（AI）がその内容を認識し、市内25か所の中から事前に選んだ子育て支援ひろばの利用可能時間帯等を案内します。また、子育て支援ひろばの案内以外に、官民協働子育て情報ウェブサイトの新着情報を音声で読み上げます。地域のさまざまな子育て支援リソースと保護者を、手軽な手段によって結び付けることで、育児不安からくる産後うつ等の予防につながることが期待されています。

AIスピーカーを利用した情報提供は、子育て中の保護者以外に、高齢者や子ども、外国人に対しても、ユニバーサルデザインのサービスを提供できる有力な手段の一つです。

<図3>ぴっぴのAIスピーカーサービス

イ チャットボットの活用

　近年、ICT業界のトレンドとして、チャットボットという情報へのナビゲーションの仕組みがカスタマーサポートツールとして使われてきています。チャットボットとは、ウェブ上で短文コミュニケーションをおこなう「チャット」と、「ロボット」を組み合わせた造語で、クラウドサーバ上の情報処理により、会話形式の自動応答をおこなうものです。他方、保護者の多くは、パソコンではなく、スマートフォンで子育て情報を探索します。子育て中は、まとまった時間をつくりにくいので、ちょっとした空き時間に、サッとスマートフォンを利用しているのです。このような子育て中の保護者に、適切な情報を案内する手段として、チャットボットが利便性を向上させるかもしれません。

　認定NPO法人はままつ子育てネットワークぴっぴでは、2021年度からチャットボット「LINE Bot」を利用した情報提供サービスを開発しています。

その内容は、子育てに関するさまざまな疑問や、手に入れたい情報を、問答
形式で案内するものです。

　パソコンからの情報探索では、情報の一覧性や、適切な情報を検索エンジ
ンにヒットさせることが重要となります。しかし、スマートフォンからの情
報探索は、表示画面の大きさによる制約や、入力の煩雑さから、従前の情報
提供が通用しない面があります。そこで登場してきたのが、何回かの問答を
繰り返すことで目的の情報にたどり着けるチャットボットです。

　認定NPO法人はままつ子育てネットワークぴっぴは、15年以上にわたる
子育て情報の提供ノウハウをパターン化して、さまざまな子育て情報を案内
するチャットボットを作成しました。チャットボットは、24時間365日稼働
できるため、休日や夜間等、行政の窓口が対応できないタイミングでの応答
が可能となります。また、浜松市の子育て関連オープンデータを活用し、現
在地から近い認定こども園や、子育て支援ひろば等の施設検索を実現してい
ます。

　チャットボットの利用は、案内したい情報を提供するに際してのノウハウ
が成功を左右します。情報提供ノウハウをもたない者が設計すると、メニュー
項目が多くて利便性の低いものとなってしまう危険性があるため、行政機関
からの外注時等には業者選定に注意が必要となります。

　このように新たなICTの仕組みは、行政サービスの利便性を大きく向上
させます。そして、AIスピーカーやチャットボットは、単なる情報提供に
とどまらず、情報提供からの施設・設備の予約や、予約後の利用料支払にサー
ビスを拡張されていく可能性があります。その際、クレジットカードや電子
マネーを利用した決済が行われるのは、自然な流れといえるでしょう。

［4］公的決済システムの民間利用

　クレジットカードや電子マネーは、主に民間企業・団体が開発・運営して
いる決済手段ですが、逆に国が主導して開発した決済手段を民間が利用する
事例も登場しています。

　高速道路や有料道路のゲートで、料金を支払う際に利用しているETC

（Electronic Toll Collection System）は、1994年度に建設省と道路4公団が共同で研究を開始し、翌年度から民間企業・団体が参画して開発が本格化しました。新たに財団法人道路システム高度化推進機構（現在の一般社団法人ITSサービス高度化機構）を設立し、2000年度からサービス提供が始まりました。国土交通省によれば、高速道路や有料道路におけるETC利用率は93.3％に達しています（2021年2月現在）。

　2021年3月から、既に普及したETCを、ファーストフード店のドライブスルーで利用する実証実験が、三重県鈴鹿市のパーキングエリアで行われています。ETCの多目的利用を進めるETCソリューションズ株式会社は、向こう3年間で100か所の施設へETCを利用したキャッシュレス決済の導入を計画しています[11]。

［5］キャッシュレス決済と非常時の安心・安全

　地球温暖化等の影響により、近年、災害が頻発するとともに、その被害が甚大化しています。また、被害が甚大であるがゆえに、避難した人々が長期の避難生活を強いられている姿は、マスメディアの報道等で目にしたことでしょう。被災地の金融機関やATMでは、入出金等の取引が停止されることがありますが、現金以外にキャッシュレス決済が使える環境が増えていくことは、社会のロバストネス（堅牢性）向上につながります。

　また、2020年に入って日本でも新型コロナウイルス（COVID-19）感染症が猛威を振るいましたが、このような感染症への対策として、モノに触れないタッチレス技術が注目されています。コンビニエンスストアで電子マネーを利用する際は、カード若しくはスマートフォンを、レジ横の非接触リーダー／ライターにタッチしますが、これもタッチレス技術の一つです。被災地では衛生管理が重要な課題であり、現金の受け渡しが発生しないキャッシュレス決済は、衛生面からも利用が推奨されます。

　その一方で、キャッシュレス決済の仕組みは、電力や情報通信の社会インフラが確保されてはじめて利用できるものであり、本当に被害が甚大なときに、キャッシュレス決済が使えるのかという問題が存在します。非常時

の安心・安全を確保する方法として、日用品を扱う店舗等では、停電時にも利用できるハンディタイプのキャッシュレス決済端末を用意しておくことが、対策として考えられます。また、キャッシュレス決済を伴う行政手続においても、災害時における取扱いの必要性等を踏まえ、事業継続計画（BCP）において、その代替的な運用方法を検討しておく必要があるでしょう。

（注1）内閣官房情報通信技術（IT）総合戦略室「行政手続等の棚卸結果等の概要」
（https://cio.go.jp/sites/default/files/uploads/documents/InventoryOverviewR1_210402.pdf）

（注2）「電子マネーを利用した公金の収納について」平成31年3月29日総行行第102号総務省自治行政局行政課長通知
（https://www.cao.go.jp/bunken-suishin/teianbosyu/doc/tb_h30fu_06mic_13.pdf）

（注3）内閣官房情報通信技術（IT）総合戦略室デジタル・ガバメント技術検討会議「行政におけるキャッシュレス決済入門」（2019年9月30日）
（https://cio.go.jp/sites/default/files/uploads/documents/cashless_introduction.docx）

（注4）日本マルチペイメントネットワーク推進協議会・日本マルチペイメントネットワーク運営機構「ペイジーの使い方」
（https://www.pay-easy.jp/howto/）

（注5）2020年11月に河野太郎行政改革担当大臣は、記者会見で行政手続きにおける認印の全廃の方針を発表した。押印が必要な行政手続の99.4%に対し、政省令や告示の改正で押印の廃止を検討している。

（注6）財務省「歳入金電子納付システム（REPS）」
（https://www.mof.go.jp/about_mof/mof_budget/review/2020/010002shiryo.pdf）

（注7）経済産業省キャッシュレス推進室・一般社団法人キャッシュレス推進協議会「公共施設・自治体窓口におけるキャッシュレス決済導入手順書（第2版）」（2021年3月）
（https://www.meti.go.jp/press/2020/03/20210331008/20210331008-2.pdf）

（注8）浜松市「デジタル・スマートシティ構想【解説版】」
（https://www.city.hamamatsu.shizuoka.jp/documents/111253/digital_kaisetsu.pdf）

（注9）浜松市子育て情報サイトぴっぴ（https://www.hamamatsu-pippi.net/）

（注10）認定NPO法人はままつ子育てネットワークぴっぴ（https://npo.hamamatsu-pippi.net/）

（注11）ETCソリューションズ株式会社（https://www.etc-solutions.co.jp/）

〔遊橋裕泰〕

5 | 災害とキャッシュレス社会

災害時には、平時から利用している預金通帳やキャッシュカード等の紛失、現金の損傷が発生する場合がありますが、どのような対応がなされるのでしょうか。また、キャッシュレス社会の進展の一方で、大規模災害による停電や通信途絶への対策として、どのような方向性が模索されているのでしょうか。

 災害に対する金融上の措置、新型コロナウイルス感染症、金融機関、損傷現金、印鑑、本人確認、照会制度

[1] 災害とキャッシュレス社会

　キャッシュレスとは、「物理的な現金（紙幣・硬貨等）ではなく、デジタル化された価値の移転を通じて活動できる状態」と定義されています[1]。すなわち、そのため、キャッシュレスによる売買代金等の決済は、それらを支えるネットワークシステムの通信インフラ環境が正常に機能してこそはじめて成立するものです。キャッシュレス決済は、地震や台風などの大規模な自然災害による停電やインフラ設備の損傷がおきて、通信環境が不全に陥った場合には、その利用ができなくなるという脆弱性を抱えていることになります。また、大規模通信障害が発生し、それが長期間に及ぶ場合には、消費者が実店舗で商品を購入する際に現金の利用が不可避的であったり、当該商店側も釣銭のための現金確保が必要になったりすることから、大規模災害時における現金決済の有効性も失われてはいません。本稿では、まず災害時に通帳やキャッシュカードなどを紛失したり、現金を損傷したりした場合にどのような対応がとられているのかについて概説します。そのうえで、災害時にも対応し得るキャッシュレスのあり方や展望についての動向を紹介します。

[2] 預金通帳等の紛失と金融機関の対応

　大規模な停電や通信環境不全が発生しているか否かにかかわらず、災害発生時に預金通帳やカードを紛失したり、避難先への持ち出しができなかったりすることで、当該個人や事業者が、預金口座から現金の払戻しを即時に実施できなくなる不都合が生じる場合があります。このような場合に金融機関が実施する対応としては「災害時における金融上の特別措置」（金融上の措置）[2]が参考になります。金融上の措置とは、災害救助法が適用された地域の被災者に対して金融機関が講ずべき措置について、当該地域を所管する財務省の各財務局及び日本銀行各支店から発出される要請文書です。これによれば、「預貯金取扱金融機関への要請」として、「預金証書、通帳を紛失した場合でも、災害被災者の被災状況等を踏まえた確認方法をもって預金者であることを確認して払戻しに応ずること」及び「届出の印鑑のない場合には、拇印にて応ずること」が要請されており、災害時に契約者が預金通帳等を紛失した場合でも、金融機関側は預金の払戻しを実施する柔軟な対応が求められています。これを受けて、全国銀行協会をはじめとする金融機関の各組織においても、災害時の貴重品等の紛失への対応策が随時発表されたり、個別の金融機関、証券会社、保険会社でも同様に窓口での対応方法などが詳しく示されたりするのが通例です。

　災害時には、預金者が本人確認のための身分証明書（運転免許証等）をも紛失したり持ち出せていなかったりする場合も想定されます。そのような場合でも、金融機関は、その他の資料や口頭での氏名、生年月日、住所等の確認を経て預金者の本人確認に努めることになっています。東日本大震災が起きた際には、通帳や届出印鑑を紛失した場合でも別途の本人確認ができる書類の提示により預金の払戻しができることや、本人確認資料もない場合には、口頭で氏名や住所情報の一致が確認できれば預金の払戻しができることなどが金融庁から発表されました。

[3] 損傷現金の引換え

　「汚染、損傷その他の理由により使用することが困難となった銀行券」や「磨

損その他の事由により流通に不適当となった貨幣」のことを損傷現金と呼び、日本銀行や各銀行窓口で一定の条件に基づき引換え（利用できる現金との交換）ができます。日本銀行では「日本銀行が行う損傷現金の引換えについて」[3]を公表しており、次のような引換基準となっています。ただし、金融機関や損傷状況等によって窓口での即時交換ができなかったり、事前の問い合わせが必要な場合があったりするため、留意が必要です。

（引換基準）

　日本銀行は、以下の基準に従い損傷現金の引換えを行います。以下の基準を満たさないものについては、失効となります。

（1）銀行券

　表裏の両面が具備されている銀行券を対象とします。具体的な引換基準は以下のとおりです。

イ．券面の3分の2以上が残存するもの

　　額面価格の全額をもって引換えます。

ロ．券面の5分の2以上3分の2未満が残存するもの

　　額面価格の半額をもって引換えます。額面価格の半額に一円未満の端数がある場合には、これを切り捨てます。

　　なお、銀行券の紙片が2以上ある場合において、当該各紙片が同一の銀行券の紙片であると認められるときは、当該各紙片の面積を合計した面積をその券面の残存面積として、上記の基準を適用します。

（2）貨幣

　模様の認識ができる貨幣を対象とします。具体的な引換基準は以下のとおりです。ただし、災害その他やむを得ない事由により量目が減少した貨幣については、以下の基準にかかわらず、模様の認識ができることを条件に額面価格の全額をもって引換えます。

イ．金貨

　　量目の98％以上のものについて、額面価格の全額をもって引換えます。

ロ．金貨以外の貨幣

量目の２分の１を超えるものについて、額面価格の全額をもって引換えます。

なお、災害時には被災者にとって損傷現金の引換えが切迫したニーズとなることから、先述した「金融上の措置」では、「預貯金取扱金融機関への要請」として「損傷した紙幣や貨幣の引換えに応ずること」と明記されています。

［４］東日本大震災に係る被災者預金口座照会制度

2011年３月11日の東日本大震災では、亡くなったり行方不明になったりした方の家族が、契約者の取引金融機関がわからないことで各種手続を行えないという事態が多数発生しました。そこで、全国の金融機関が連携して「東日本大震災に係る被災者預金口座照会制度」[4] を創設しました。これは、国内に本支店を有する銀行、農林中央金庫、信用金庫、信用組合、農業協同組合（含む連合会）、漁業協同組合（含む連合会）、商工組合中央金庫の窓口にて、「東日本大震災によってお亡くなりになった方のご遺族、もしくは行方不明の状態にある方のご親族の方（配偶者・親・子・兄弟姉妹・孫）」が、預金者の口座の有無を一括して照会することができる仕組みです。2011年４月28日から2012年２月28日まで運用されました。あくまでも東日本大震災における対応でしたが、巨大災害時の対応の先例として記憶しておくべきです。

［５］災害時におけるキャッシュレスの効用と課題

大規模災害時におけるキャッシュレスの最大の効用は、現金の損傷、焼失、紛失等を防ぐことができる点にあります。津波、洪水、大規模火災、火山噴火等の差し迫った災害において、咄嗟に多額の現金を持ち出すことは容易ではありませんが、キャッシュレスではそのような心配は相当低くなります。コンビニエンスストアやスーパー等では近年多くの事業者がキャッシュレスによる決済システムを常備しています。停電や大規模被害を受けた被災地域

の外へ行けば、日常必需品の購入は可能であるため、災害時においても、キャッシュレスの利便性は相当高いといえます。実際に買い物やサービスを利用する際に、カード又はスマートフォンを利用した、電子マネー、クレジットカード、アプリ（コード決済）等の手段を持ち合わせていない場合は、金融機関のATMから現金を引き出す必要があります。このとき、多くの預金者がATMに殺到することで長蛇の列となったり、停電や地震・津波等の被害で最寄りの金融機関やATMが稼働していなかったりすることも想定されますが、キャッシュレスではその心配がありません。

　また、キャッシュレスには防犯効果もあります。避難生活中の自宅の空き巣対策や、避難所等の共同生活の場において多額の現金を所持することによる強盗・盗難被害を低減できるというメリットがあります。

　さらに、現金や貴重品を自宅や事業所に多く保管している場合は、災害からの避難の際に持ち出すことを試みて避難行動が遅れたり、避難後に自宅や職場等へ引き返したりするなどの行動を抑制できます。キャッシュレス化の推進（現金のみに依存する生活からの脱却）は、命を救う行動にもつながるのです[5]。

　これに対し、課題として残るのは災害時における通信障害や停電です。システムを支えるインフラが機能不全となれば、キャッシュレス手段としてのカード類やスマートフォンが手元にあっても、キャッシュレス決済は実行できません。消費者にとってもキャッシュレスは災害時に弱いというイメージが漠然とした不安として存在していることも事実です[6]。現に、2018年9月6日に発生した北海道胆振東部地震では、道内全域において最大約295万戸が停電する、ブラックアウトが起きました。その後電力が全域に供給できるまで45時間程度を要しました[7]。この間、商店等の事業者は、POS（販売時点情報管理）レジの稼働が停止し、クレジットカード、電子マネー等による決済停止を余儀なくされたのです。

［6］災害時における現金の効用と課題

　災害時における現金の課題は、前項で述べたとおりです。物理的な現金保

管・所持に伴う紛失、損傷、盗難等のリスクが常に存在しており、災害時にはその危険は一層高まる傾向にあります。また、手元に預金通用やキャッシュカードがあっても、ATMの損傷や停電、あるいは混雑等によりスムーズな現金の払戻しができない場合があることも既に述べたとおりです。

　大規模かつ長期の停電に陥った場合には、POSレジの利用停止をはじめ、キャッシュレス決済ができなくなり、現金決済が求められることになります。したがって、消費者としても、最低限の現金確保の手段を用意しておく必要があります。ただし、防災訓練や防災教育において、現金の持ち出しの必要性を過度に強調することには注意が必要です。現金持ち出しに固執することが避難行動開始の遅れを招いたり、危険地域へ戻るような行動につながったりするのであれば、それは絶対に避けなければならないからです。また、小売店などの事業者としても、ATMや銀行窓口が利用できないことを想定し、釣銭確保のために、ある程度の紙幣や硬貨をストックしておくことが望ましいといえます。

　以上から、大規模災害、特に広範な地域の長時間の停電を伴う災害の場合には、消費者も事業者も、キャッシュレスと現金のいずれの利用も長所と短所があることを心得ておく必要があります。

［7］新型コロナウイルス感染症とキャッシュレス社会

　2020年以降、世界的にまん延する新型コロナウイルス（COVID-19）感染症対策の1つとしてキャッシュレス決済が注目を集めるようになりました。新型コロナウイルスへの感染を抑制するために人と人の接触を減らし、飛沫や接触等による感染リスクを低減させることが求められたためです。内閣官房新型コロナウイルス感染症対策本部のもとに設置された新型コロナウイルス感染症専門家会議が公表した「人との接触を8割減らす、10のポイント」では「待てる買い物は通販で」との記述があります[8]。また、同会議が公表した「『新しい生活様式』の実践例」では「日常生活の各場面別の生活様式」の「買物」について「通販も利用」「電子決済の利用」などが明記されています[9]。いずれも、感染症対策としての非対人・非接触を意図したキャッシ

ュレス化が推奨されているものと評価できるでしょう。

　新型コロナウイルス感染症対策に関する政府方針を受け、各業界は感染症対策のためのガイドラインを策定・改訂し続けています。これらは、内閣官房「新型コロナウイルス感染症対策」のウェブサイトに「業種別ガイドライン」として情報集約されています[10]。列挙されているガイドラインの1つである「外食業の事業継続のためのガイドライン」[11] などには「会計処理に当たる場合は、可能であれば、電子マネー等の非接触型決済を導入する」などの方針が記述されています。

　もとより日本は世界各国と比較してもキャッシュレス普及率が極めて低い国です。これは日本が災害多発国であり、国民に災害時を含めたキャッシュレスの脆弱性へのイメージが根強いことも影響していると思われます。一方で、全国的な大規模災害とも呼べる新型コロナウイルス感染症への対策が、事業者のキャッシュレス決済導入を後押しし、同時に消費者のキャッシュレス利用に対する意識変容を起こしているように思われます[12]。

［8］災害とキャッシュレス社会における展望

　キャッシュレスにおいては、災害時の電力喪失・通信障害という脆弱性の克服が最大の課題です。まず実際に災害が起き、大規模な通信インフラ障害が発生した場合でも、携帯電話回線は比較的早期に復旧されてきた実績があります。災害時においてもスマートフォンのアプリなどを経由したキャッシュレス決済の利便性は一定程度維持されるのではないかと考えられます。また、停電が起きた場合に、オフラインでも決済可能な端末についての検討や、オンライン回線の複線化、さらには非常電源の確保などによる端末の継続稼動などが事業者の課題となります[13]。この点について、先進的な取組事例として参考になるのが、北海道全域でコンビニエスストア「セイコーマート」を展開するセコマの取組みです。セコマでは、2018年9月6日の北海道胆振東部地震の前から、レジやシステム端末を最低限稼動させるための自動車からの電力供給キットなどを備えていました。しかし、消費者の方が現金を持ち合わせておらず買物ができないという事態が起きました。そこで、キャ

ッシュレス決済の強化を推進すべく、カード読み取り端末やデータ通信機を
動かす設備を整え、通信には有線と携帯電話の2回線を活用し、一方が損傷
してもキャッシュレス決済ができるように対応を行ったのです[14]。小売業者
やサービス業者にとっては、災害時における企業の事業継続計画（BCP）上
もキャッシュレス化の推進と電源喪失対策が経営戦略として注目されること
になるでしょう。

　経済産業省では、事業者におけるキャッシュレス決済導入の促進を目的と
して「地域におけるキャッシュレス導入支援事業」[15]などの予算措置も行っ
てきています。同事業では、災害等で停電・通信途絶になり決済端末が使用
不能となった場合に対応できるキャッシュレス決済の運用の1つとして、決
済に必要なQRコード登録番号やクレジットカード番号を紙へ記帳すること
等による支払を可能とした場合に、店舗や決済事業者が行う実務処理や不正
対策等を検証することなどを盛り込んでいます。あえてアナログな手法によ
る代替手段を確立することで、キャッシュレス決済導入を推進しようとする
考えです。

　災害時に避難所生活者や応急仮設住宅への入居者にとっても、スマートフ
ォンやパソコンなどから通販や送金手続を利用したいというニーズは極めて
高いです。ところが、避難所におけるWi-Fi環境が十分でなかったり、応急
仮設住宅のインターネット環境が満足いくものでなかったりする場合にはキ
ャッシュレス社会促進を阻害するものとなります。避難所を開設する地方公
共団体では、その候補施設における平時からのWi-Fi環境整備が不可欠にな
ることを心得ておかなければならないでしょう[16]。

　災害時の被災者支援や復興支援のための制度上の公的給付（被災者生活再
建支援法に基づく被災者生活再建支援金の給付や、災害義援金の給付など）
申請のオンライン化促進は、同時に市民側の平時の取引や決済のキャッシュ
レス化を促すことにもつながります。地方公共団体から被災者に対しての公
的給付金の交付履歴管理の利便性も増すことになり、支援漏れや給付漏れの
防止につながることが期待されます[17]。

［参考文献］

岡本正『被災したあなたを助けるお金とくらしの話』弘文堂（2020年）

室﨑益輝ほか『自治体の機動力を上げる先例・通知に学ぶ大規模災害への自主的対応術』第一法規（2019年）

（注1）　一般社団法人キャッシュレス推進協議会「キャッシュレス・ロードマップ2020」（2020年3月31日）1頁。

（注2）　これまでに発出された「災害時における金融上の特別措置」については日本銀行のウェブサイト（https://www.boj.or.jp/about/bcp/fso/index.htm/）を参照。

（注3）　日本銀行のウェブサイト（https://www.boj.or.jp/about/services/bn/hikikae.htm/）

（注4）　一般社団法人全国銀行協会「東日本大震災に係る被災者預金口座照会制度の創設について」（https://www.zenginkyo.or.jp/topic/detail/nid/account-inquiry/）参照。

（注5）　金融機関の取組みとして次の事例を紹介する。「東日本大震災から10年になるのに合わせ、大垣共立銀行は、被災した子供たちを支援するキャンペーンを始めた。手のひら認証だけでATMが利用できるサービスを申し込んだ青年の数に応じて寄付するという企画。このサービスは被災者支援からスタートしたもので、特に災害時には有効と改めて印象づけたい考えだ。同行によると、導入したのは2012年9月。大震災では、キャッシュカードをなくして現金を引き出せなかったり、通帳や印鑑を自宅に取りに行って命を失ったりしたケースがあり、『災害時は体一つで避難してほしい』との願いを込めたという。」（読売新聞2021年3月13日中部朝刊）。

（注6）　一般社団法人キャッシュレス推進協議会「キャッシュレス・ロードマップ2019」（2019年4月）81頁。

（注7）　内閣府『令和元年版防災白書』より。

（注8）　内閣官房「新型コロナウイルス感染症対策専門家会議（第11回）」（2020年4月22日）資料より。

（注9）　内閣官房「新型コロナウイルス感染症対策専門家会議（第13回）」（2020年5月4日）資料。なお2020年6月19日に内容を更新し厚生労働省ウェブサイト（https://www.mhlw.go.jp/stf/seisakunitsuite/bunya/0000121431_newlifestyle.html）に掲載。

（注10）　内閣官房「新型コロナウイルス（COVID-19）感染症の対応について」「業種別ガイドライン」（https://corona.go.jp/prevention/pdf/guideline.pdf?20210302）

（注11）　一般社団法人日本フードサービス協会・一般社団法人全国生活衛生同業組合中央会「新型コロナウイルス感染症対策の基本的対処方針（改正）に基づく外食業の事業継続のためのガイドライン」（2020年5月14日策定、同年11月30日改正）（http://www.jfnet.or.jp/contents/safety/）

（注12）　一般社団法人キャッシュレス推進協議会「キャッシュレスの利用、提供における新型コロナウイルス感染症対策に関する実践例」（2021年1月8日）では、新型コロナウイルス感染症の拡大防止におけるキャッシュレス決済サービスの環境整備を推進すべく、キャッシュレスサービスを提供する金融業界（提供サイド）、小売業・宿泊業などサービスを導入する事業者（導入サイド）、キャッシュレスで支払を行う個人や法人（消費者）に対してサービス促進のための実践例を提示しています。

(注13) 一般社団法人キャッシュレス推進協会「キャッシュレス・ロードマップ2020」（2020年3月31日）において同協会の「災害時に強いキャッシュレスのあり方」プロジェクトの提言などが報告されています。

(注14) 日本経済新聞（2019年9月7日地方経済面北海道）「全道停電1年・未体験の災害教訓生かせ（下）／産業再起動、苦境をバネに／地域インフラ役割果たす　コンビニ、備え万全に　セコマ丸谷智保社長」。

(注15) 経済産業省「地域におけるキャッシュレス導入支援事業」（令和2年度補正予算額10.0億円）。
https://www.meti.go.jp/policy/mono_info_service/cashless/cashless_local_R2_hosei.pdf

(注16) 災害救助法適用災害においてその最低限の運用指針を示した内閣府（防災担当）による「災害救助事務取扱要領」（随時更新）においても、避難所におけるインターネット環境整備の推奨が記述されているところです。また、「新型コロナウイルス感染症対応地方創生臨時交付金」（令和2年度第1次補正予算で1兆円、第2次補正予算で2兆円、第3次補正予算で1兆5,000億円）の活用例としても、避難所のWi-Fi環境整備が例として掲げられているところです。

(注17) キャッシュレスによる行政給付や社会保障に関する政策を考察するものとして、財務省財務総合政策研究所「『デジタル時代のイノベーションに関する研究会』報告書」（2019年6月）第4章、渡辺智之「キャッシュレス化の政策的インプリケーション」等参照。

〔岡本　正〕

キーワードインデックス
(50音順)

※各項目のKeyWordをまとめています。数字は章-項目番号を示しています。

編集・執筆者一覧

（2021 年 9 月 1 日現在）

編　集

金子　宏直　　　東京工業大学准教授

執筆者 (50音順)

Tanel Kerikmäe　Tallinn University of Technology

荒武　慶二　　　弁護士（シティユーワ法律事務所）

板倉　陽一郎　　弁護士（ひかり総合法律事務所）

井口　加奈子　　弁護士（シティユーワ法律事務所）

上沼　紫野　　　弁護士（虎ノ門南法律事務所）

太田　慎也　　　弁護士（北浜法律事務所・外国法共同事業）

岡本　正　　　　弁護士（東京弘和法律事務所）

奥田　崇仁　　　弁護士（シティユーワ法律事務所）

尾形　健　　　　学習院大学大学院法務研究科教授

小倉　秀夫　　　弁護士（東京平河法律事務所）

川和　功子　　　同志社大学法学部教授

神田　秀樹　　　学習院大学大学院法務研究科教授

坂　勇一郎　　　弁護士（東京合同法律事務所）

篠島　正幸　　　弁護士（リンク総合法律事務所）

芝　知美　　　　司法書士（司法書士法人　芝事務所）

須川　賢洋　　　新潟大学法学部助教

高田　賢治　　　慶應義塾大学大学院法務研究科教授

早川　吉尚　　　立教大学法学部教授

裵　埈晧　　　　韓神大学名誉教授

堀野　桂子　　　弁護士（北浜法律事務所・外国法共同事業）

松葉口　玲子　　横浜国立大学教育学部教授

松本　恒雄　　　一橋大学名誉教授

271

サービス・インフォメーション

――― 通話無料 ―――

① 商品に関するご照会・お申込みのご依頼
　　　　　TEL 0120(203)694／FAX 0120(302)640

② ご住所・ご名義等各種変更のご連絡
　　　　　TEL 0120(203)696／FAX 0120(202)974

③ 請求・お支払いに関するご照会・ご要望
　　　　　TEL 0120(203)695／FAX 0120(202)973

● フリーダイヤル(TEL)の受付時間は、土・日・祝日を除く
　 9:00〜17:30です。
● FAXは24時間受け付けておりますので、あわせてご利用ください。

―――――――――――――――――――――――――

～法律構成の違いがわかる!～
依頼者の属性別 弁護士が知りたいキャッシュレス決済のしくみ

―――――――――――――――――――――――――

2021年10月10日　初版発行

編　著　　金　子　宏　直

発行者　　田　中　英　弥

発行所　　第一法規株式会社
　　　　　〒107-8560　東京都港区南青山2-11-17
　　　　　ホームページ　https://www.daiichihoki.co.jp/

装　丁　　篠　　　隆　二

印刷・製本　株式会社光邦

弁護士決済　ISBN 978-4-474-07495-8　C2032（5）